天津社会科学院2016年度
后期出版资助项目

　　世纪之交，我们站在时代的入口，亟待着文化价值系统的重构，并深感任重道远；而重新阐释和挖掘中国传统哲学的意义世界，促使其精神的现代转生，是现代性文化价值体系确立过程中不可或缺的重要一环。

　　《中国哲学青年学术文库》正有志于这一文化精神的担当，精心筛选了一批在中国哲学博士论文基础上撰写而成的优秀著作。在这里，聚集着一批活跃于中国传统哲学研究领域的青年学人，他们贵于创新，展现和昭示着未来。我们希冀本文库的出版，有助于他们对中国传统哲学做出新的开掘，从中发现一片新的精神世界；我们也诚邀更多的博士俊杰加入到我们的文库行列，祈盼庶几能推出一批学术新人。

价值与理想

JIAZHI YU LIXIANG

中国哲学青年学术文库
ZHONGGUO ZHEXUE QINGNIAN XUESHU WENKU

张永路 著

——《国语》『和合』思想研究

人民出版社

策划编辑:方国根
责任编辑:方国根　段海宝

图书在版编目(CIP)数据

价值与理想:《国语》"和合"思想研究/张永路 著. —北京:
人民出版社,2016.9
ISBN 978 - 7 - 01 - 016822 - 7

Ⅰ.①价…　Ⅱ.①张…　Ⅲ.①中国历史-春秋时代-史籍
②《国语》-研究　Ⅳ.①K225.04

中国版本图书馆 CIP 数据核字(2016)第 238237 号

价值与理想
JIAZHI YU LIXIANG
——《国语》"和合"思想研究

张永路　著

人民出版社 出版发行
(100706　北京市东城区隆福寺街 99 号)

北京明恒达印务有限公司印刷　新华书店经销

2016 年 9 月第 1 版　2016 年 9 月北京第 1 次印刷
开本:880 毫米×1230 毫米 1/32　印张:9.25
字数:220 千字

ISBN 978 - 7 - 01 - 016822 - 7　定价:35.00 元

邮购地址 100706　北京市东城区隆福寺街 99 号
人民东方图书销售中心　电话 (010)65250042　65289539

序

张立文

"十载寒窗积雪余,读得人间万卷书"。张永路博士在十年寒窗无人问的情境下,艰辛苦读,从小学到博士,又何止十年、廿年。他自言在写博士论文最艰难时,已然寒冬,那段时间几乎都是通宵写作,写累了便在宿舍楼道来回踱几步,待到窗前渐白,才觉肚饿难耐。其中寒窗的坎坷和艰辛,只有饮水者自知。大凡做学问,都会有这种体验。孤室到晓犹灯火,怀抱世间问古今。恪勤朝夕夜撰书,皇天不负苦心人。永路博士探赜和合学所依傍的《国语》中和合思想和义理蕴含,而取得佳绩。

为道屡迁,唯变所适。尚和合的时代价值,体现了全球化、信息革命时代精神的精华。和合学之所以选择《国语》作为其依傍的诠释文本,是因为文本是思想言说的符号踪迹,是智慧觉解的文字报告,是主体精神反思思想的思想的信息互联网。思想家、哲学家凭借对一定文本的追究,以寻找思议思想的思想的源头活水,以提炼时代精神的核心话题,探求融入民族精神和人类生命智慧的人文语境,以渴求哲学思维不断创新,建构当代哲学理论思维新形态。

《国语》的选择和价值,是基于:其一,依傍的诠释文本与主体生命心路历程的相契。我于1948年参加中国共产党领导的温州瓯海中学进步青年群众组织,懂得革命斗争的道理;1950年参加反霸、剿匪、土改,以及互助组、合作社、三大改造运动和粮食统购统销工作;1956年考入中国人民大学,又经历反右派斗争、向党交心运动、拔白旗插红旗思想改造、四清运动、五七干校劳动改造、文化大革命运动,以至清除精神污染等。1949年以后历次政治运动都亲身经历、感受以阶级斗争为纲的体验。在与天斗其乐无穷、与地斗其乐无穷、与人斗其乐无穷的推动下,有人乐,有人悲,乐者为己而乐,自得其乐,悲者惨痛万状,以致家破人亡;有人喜,有人忧,喜者,既得权力得以巩固,异己者得以打倒,忧者,忧人民不能安居乐业,国家民族遭受悲惨命运;有人爱,有人恶,爱者,爱个人崇拜得以夯实,一句顶一万句获得落实,恶者,恶国家形象受到损害,民族精神受到污染。在那知天命与耳顺之年,诚思如何不搞动乱,使以经济建设为中心的方针得以维护? 如何使人民大众安居乐业、生活幸福? 如何使国家民族富强和谐,改变积贫积弱? 如何振兴中华,使具有五千年文明的中华古国在世界上具有其应有的地位和价值。唯有和平、发展和合作,中华民族穷则思变,才能变落后为先进,变贫穷为富裕,变积弱为强大,其唯一出路是和平、合作,国家和平、和谐、和合,才能发展政、经、文、军,动乱是一种破坏,不仅不能发展,还是一种倒退。合作、融合、结合,才能更好发展,对抗、冲突,亦不能发展,而且一损俱损。

主体的心路历程和致思的生命智慧与《国语·郑语》所载史伯对郑桓公所说的"高契能和合五教,以保于百姓者也"相契合。"五教"韦昭解为"父义、母慈、兄友、弟恭、子孝"。这是中华民族古来基本伦理道德关系和原则,也是维护国家安定团结最重要的原则,特别是在家国同构的古代中国,所谓"孝子出忠臣",家国密切联系一起,家安则国安,家亡则国亡。父母、儿子、兄弟若遵守义、慈、友、恭、孝伦理道德,家庭、家族和睦、和谐、融洽,不仅能保养百姓,也能保养国家、民族。当前保家卫国相辑,家和万事兴,国和万事成,凸显了《国语》的价值。

其二,文本思想与时代精神相融合。是指某一时代诸多人所关怀的自然、社会、人生、心灵的主要冲突与人对主要冲突所思所想而提出化解的理念或道理,这些理念或道理体现了这个时代的主流思潮,可称为时代精神。在世界多极化、经济全球化、信息普及化、危机多发化、文化多样化的时代,如何应对这五化? 其最佳的选择是和平、发展、合作、共赢,简言之,即和平、合作,这五化都亟须和平的国内、国际环境才能发展、发达、繁荣;没有国内外的和平、和睦、和谐、和洽,人民不能安居乐业,国家、民族就不能发展繁荣;没有国内外合作、交流、交通,亦不能更快、快好地发展。和平、合作各方都应遵守《国语·郑语》所说"以他平他谓之和,故能丰长而物归之"的原则,即和平、发展、合作,共赢各参与方都应平等地互相尊重,诚信地互相合作,恪勤地互相履行,不是两面三刀,当面说人话,转身说鬼话;不是言行不一,当面笑脸相迎,背后踩你一脚;当面立约保证,转身立即违约,这样如何能共同丰长发展。自然和而万物生长,国家、民族和而万民归附。若互相不平等、不尊重、不诚信、不笃行,犹如"小人比而不周"。小人是以眼前利益需要而相互勾结,却不顾道义原则,这是喻于利的小人。小人与"君子周而不比"、"君子喻于义"之君子殊异,君子坚持道义原则,忠诚守信,不是为暂时的利益而相互勾结,背信弃义。邢昺的《论语注疏》说:"忠信为周,阿党为比。"周,才能亲密合作;比,结党营私,遏制、造谣、污蔑坚持道义原则、忠诚守信者。他们犹如《国语·郑语》所说:"若以同裨同,尽乃弃矣。"小人们把暂时利益奉为最高圭臬,结合成党派、集团,共谋私利,破坏道义,甚至不惜发动战争,挑起动乱,破坏和平、合作,造成极端的人道主义危机,不过中国有一句老话,叫做"搬起石头砸自己的脚","恶有恶报,不是不报,时候一到,一定要报",反思难民潮,就可知这句古老的话不假也、不虚也。这也是之所以选择《国语》作为和合学所依傍的文本的依据所在。

其三,和实生物与思维路向的融合。天地万物从哪里来? 这是中西哲学家不能不回答的问题,对于这个共同的问题,中西理想思维差分。中华民族是以"和实生物,同则不继"来回应,西方是以"一"来回应。韦昭解:"阴阳和而万物生。"如何和实生物,是由性质相弃相对的事物融突和合而生。《国语·郑语》回答是"故先王以土与金木水火杂,以成百物"。《郑语》自我的回答较后来韦昭注解更符合和合学的理论思维体系的逻辑结构。史伯用相左、相异、相对的五种形相的"杂合"而解释万物生成,而不是两种相异的形相,也许韦昭把阴阳作多元、多样形相来理解。五行的相反相成是多元、多样形相的杂合,这与《周易》所说:"天地缊缊,万物化醇,男女构精,万物化生"意义相同。天地,古人认为是阴阳、乾坤、父母、男女,是多样性质的形相的融合,亦是相反形相的相成、和合成万物。具体而言,史伯记:"和五味以调口,刚四支以卫体,和六律以聪耳,正百体以役心,平八索以成人,合十数以训百体。"意谓调口的五味,卫体的四支,聪耳的六律,役心的百体,成人的八索,训百体的十数,都是由多样、多元差异相对而又融合相成的形相构成,即差异相对的形相,通过缊缊、构精、杂合、融合的方式,而和合为万物。

西方认为天地万物是由上帝创造的。《圣经·旧约·创世纪》记载:神创造天地,头一天创造了光,分光与暗、昼与夜;第二天创造空气与水;第三天创造青草、蔬菜、树木、果实;第四天创造众星,并摆在天空;第五日创造飞鸟、鱼;第六天创造牲畜、昆虫,又照着自己的形象造人。造人后上帝要他们管理海里的鱼、空中的鸟、地上各样行动的活物,并将蔬菜、水果都赐给人作食物。一切都造好了,第七日为安息日(星期天)。上帝在亚当身上取下一条肋骨,又把肉合起来,便创造了夏娃,并结为夫妻。这就是说天地万物的一切都是上帝一个神所创造的。上帝是唯一的、全知全能的。这个唯一神是真理的化身,凡是与上帝意志、思想相异的都是邪端、谬误。夏娃和亚当没有遵守上帝不允许吃的智慧树(或称善恶树)上的果子,有了罪恶,结果被上帝逐出伊甸园,并受到惩罚,这便是原罪。西方哲学基本上是上帝的变种,都追究物理学之上的本体,无论是水、火、原子,或是理念、绝对观念都是唯一的,故讲存在便是一。由一元而排斥多元,一样而拒斥多样,从而导致"一"是真理,真理是唯一的,多元多样是导致谬误,而与唯一的真理相对相敌。上帝不仅惩罚了亚当、夏娃,而且也惩罚了引诱夏娃吃上帝不允许吃的那树上果实的蛇,并且对蛇说:"我又要叫你和女人彼此为仇,你的后裔和女人的后裔,也彼此为仇,女人的后裔要伤你的头,你要伤他的脚跟。"人和蛇彼此之间成为仇敌,而且他们的后裔亦世代为仇。世世相仇何时了!中华民族互相包容,以德报怨,"仇必和而解"。西方是不和也不解,而导致斗争哲学、二元对立,不是你死我活,就是互相仇杀。作为真理化身唯一者,就具有独裁性、霸权性、主宰性。中国多元差异,融突而和合生物便具有包容性、互渗性。中西哲学从源头上就开出理论思维的两条路向,和合学开出"和实生物"的理论思维路向,体现了当前人类所祈望的路向,是呈现世界发展潮流总趋向,是全球化首要的时代价值,是化解21世纪人类所共同面临的冲突危机之道。

其四,五教教化与道德文明的融合。道德文明是一个社会有序、有安、有和、有业、有富、有乐的先决条件,是人际间有仁、有义、有礼、有信、有诚、有忠、有孝的应有实践,是人心有善、有真、有爱、有情、有耻、有美的内在动力。社会无道德文明,社会、国家、民族就无序、无安、无和、无业、无富、无乐,就会发生战争、动乱、恐怖、凶杀、欺诈、贩毒,无休无止;人际间无道德文明,就无仁、无义、无礼、无信、无诚、无忠、无孝,就会发生邪恶、私利、放肆、相欺、说谎、伪装、不敬;人心无道德文明,就无善、无真、无爱、无情、无耻、无美,就会发生为恶、造假、虐待、施暴、淫逸、丑陋。在物欲横流,权、钱、色迷的情境下,道德文明缺失。因此,我们应传承中华民族道德文明精髓,弘扬创新中华道德,树立道德文明标杆,培养道德文明楷模,转变社会风气,自觉做礼仪之邦的好公民;尊重他者,互助友爱,互帮互学,忠孝诚信,礼义廉耻,温良恭俭让;己所不欲,勿施于人,己欲立而立人,己欲达而达人,使中华民族屹立在道德文明的高地。

《国语》不仅提道德文明基本内涵和规范,而且把父义、母慈、兄友、弟恭、子孝的五教推及国家、社会,以和合为核心价值,作为其道德文明的价值标准,以"和德"为价值维度,展开"慈和"、"惠和"、"和安"的阐述。《国语·周语上》记载:"至于文王、武王,昭前之光明,而加之以慈和,事神保民,莫弗欣喜。"又载:"周之将兴,其君齐明衷正,精洁惠和,其德足以昭其馨香,其惠足以同其民人。"无论是祭公谋父对周穆王的奏谏,还是内史过为周惠王论神降于莘的原因。祭公谋父以先王以德服人,不宣扬武力立论,文王、武王继承先王弃的德行和事业,遵照其教导和法度,守以敦笃,奉以忠信,亦世载德,以仁慈、和善奉事神,保护百姓,神、人欢欣喜悦。这里把宗教性的神的形象作为和德的化身,及崇拜的对象,恪守奉事神的意志,神与圣王一致,而与纣等相对立。如果国家兴盛,国君明察一切,中正无邪,诚信廉洁,惠爱仁和,其明德足可以照鉴神灵,其恩惠足以和协民众,神受祭祀,民众协和,神就降惠。若"其君贪冒辟邪,淫佚荒怠,粗秽暴虐。其政腥臊,馨香不登。甚刑矫诬,百姓携贰、民神怨痛,无所依怀,故神亦往焉,观其苟慝而降之祸。"神视国家、君主的治国理政的情况,而降祸福。神在这里是以公正者、正义者、评判者的身份,而决定给予其祸或福。古代中华以神为外在力量,监督、制约君王的善恶、是非、仁与不仁、和德与不和德等行为,以降其祸福、奖罚。

和合学的伦理道德文明,其宗旨和目标就是和合。人一旦被抛到这个世界上,就成为生态、社会(国家、民族、种族)、人际、心灵、文明以及政治、经济、文化、制度、军事、法律等网络结构的聚焦点、融突点。和合伦理学是指人与自然、人与社会、人与人、人的心灵及各文明间伦理道德的冲突、融合,与在冲突、融合的动态实践中,融突而和合成新的伦理道德规范、理则,唯变所适地体现时代精神。《国语》的和德、慈和、惠和、和安的伦理道德精髓,具有其时代价值,这亦是和合学之所以选择为依傍的诠释文本的缘由。

其五,内圣外王与治国和民的相通。内圣外王的话语权虽最早见于《庄子·天下》篇,但其实践则由儒家发扬光大。正如张永路博士论文中所说,儒家将其作为修身养性与天下情怀的思想范畴,至于将其奉为圭臬。内外既分又合,内而言,为自我伦理道德修养,即修身养性,也含推己及人,修己修人,教己教人,内中有外;外而言,为事功的实现,即治国理政的实践。若能从君主到一般百姓都能做到格致诚正的修身之本,就能齐家治国平天下。内圣与外王是可以相通的。这种相通,体现在礼乐教化上。《国语·晋语八》载:"乐以开山川之风,以耀德于广远"的教化功能。其教化的功能就在于"夫耳目,心之枢机也,故必听和而视正。听和则聪,视正则明。聪则言听,明则德昭,听言昭德,则能思虑纯固"。耳目是心的关键,视听彰显道德,思虑纯正。是因为听和谐的声乐则聪慧,看正当的颜色则明是非邪正。听和视正不仅能陶冶自己情操和德性,加强内圣修身养性,而且也使他人获得道德修养的提升,为己、为人都起教化的作用。

《国语》认为外王的事功优劣、好坏的动机与效果,内圣具有先决性的影响,它既是内圣实践于外王,亦是外王检验内圣的方式,古谚曰:"上梁不正,下梁歪。""政者,正也。"外王必须正,此正蕴含着王(外王事功的实现者)必须有内圣的道德高度。《国语·周语上》载:"民之所急在大事,先王知大事之必以众济也,是故祓除其心,以和惠民……然则长众使民之道,非精不和,非忠不立,非礼不顺,非信不行。"消除心中的私念、邪念、恶念,使自我思想无私、无邪、无恶而纯洁清明,做到使民之道精、忠、礼、信,摒弃此四者,就将不和、不立、不顺、不行,就不可达到"以和惠民"的宗旨,将何以守国。一个国家民族若能以和惠民、慈民、和民、安民,就能实现齐家治国平天下的治国理政的外王事功。简言之,治国理政的外王事功,就在于和德的德民,以德保民,惠慈和民,这是当今世界人民的期盼和诉求,特别是人类共同面临着五大冲突和危机的当下,以及处于战争、恐怖、动乱中深受灾难和痛苦的人民,多么急切地希望和平、和民,和德保民,彰显了《国语》的当代价值。

其六,和合二仙与终极信仰的相契。信仰是人的特别价值需要,在中国古代人与神之间,可相互会通,在内圣外王的和民世界,神就会降福,这是由内圣外王向价值信仰的转变。公元前684年齐鲁长勺之战前,曹刿与鲁庄公关于战争胜败的分析。《国语·鲁语上》载:"长勺之役,曹刿问所以战于庄公。公曰:'余不爱衣食于民,不爱牲玉于神。'对曰:'夫惠本而后民归之志,民和而后神降之福。若布德于民而平均其政事,君子务治而小人务力;动不违时,财不过用;财用不匮,莫不能使共祀'。"曹刿认为,施恩惠于民众,民众才会归附您,民众和睦团结,然后神才会降福保佑。如果能对民众广布恩德,公平地治国理政,君子虔诚治国理政,民众致力于生产,动用民力不违背农时,使用财物不逾越礼制,国家和民众财用才不缺乏,上下才都有丰盛的祭品祭祀神,是以民无不听,福神降福。"民和而后神降之福",神降祸福与否,是以民和不和为标准。

民敬畏神,信仰神,神降福,是在社会有序、治世有义的语境下实现的。周灵王时,谷水与洛水争流,将毁王宫,灵王欲堵塞水流,太子晋劝谏灵王说:"唯不帅天地之度,不顺四时之序,不度民神之义,不仪生物之则,以殄灭无胤,至于今不祀。及其得之也,必有忠信之心间之。度于天地而顺于时动,和于民神而仪于物则,故高朗令终,显融昭明,命姓受氏,而附之以令名。"那些丧失了姓氏,倾覆不振,绝后而无人替祖先祭祀,子孙沦于隶仆的,是因为他们不遵循天地自然的法度,不顺从四季变换的次序,不顾民众和神灵的义理,不取法生物成长的规则,所以灭绝后嗣,连祭祀祖先的也无人。只有以忠义诚信之心取代其放纵奢侈之行,"和于民神而仪于物则",才能有显贵善终,彰明功业,赐姓受氏,而得到美好名声。若社会腐败,天地无度,四时失序,民神不协和,就会绝嗣无祀,这就把和作为民与神的共同祈求和目标,即民和神福之间有一种必然的、不可分离的关系,这是当时人的价值理想境界,也是其信仰体系。

先秦神的信仰体系,在不同时期,落实到不同载体上,它如何与和合二仙,或和合神相契,有其演变的历史过程。在先秦是《墨子》、《管子》、《国语》共同使用和合的概念,后道教、佛教亦使用,唐代万回哥哥被说成是和合,清代寒山、拾得被封为和合二仙或二圣,似为文殊和普贤菩萨的化身,在民间被尊奉为和合神。和合神渗透到政治、经济、文化、思想之中,亦在戏曲、绘画、小说、民俗中广为传播,并具有重要地位,和合神成为民间求平安、福贵、消灾避难的对象,逐渐成为民间信仰体系。和合信仰体系是《国语》"民和神福"信仰的传承和发扬,可弥补当前一些人信仰的缺失,犹"家和万事兴"那样,成为人们心目中的一种精神家园的终极关切形式。

上述是我之所以选择《国语》作为和合学依傍的诠释文本的主要根据,也是受张永路博士《价值与理想——〈国语〉和合思想研究》的启发,此博士论文是立足于"尚和合"的时代价值,对《国语》和合思想的再诠释。古人云:"若要功夫深,铁杵磨成针。"永路在苦读、熟论的"人一能之,己百之,人十能之,己千之"中体贴《国语》和合之意之思,然后开拓、创新,立异义于众人之外,而能从自我心中流出,言前人所未言,发前人所未发,因此本书可以说是《国语》和合思想研究的补白之作。

是为序。

于中国人民大学孔子研究院

2016 年 5 月 20 日

目录

绪论 《国语》时代的生活世界

《国语》是先秦时期的重要典籍。全书共二十一卷,分记周、鲁、齐、晋、郑、楚、吴、越等八国事语,自西周穆王至鲁悼公大约五百年的时间,几乎囊括整个春秋时期的历史。无论是地域分布,还是时间跨度,《国语》作为记述先秦历史的重要典籍的地位都是无可争议的。三国时期韦昭在《国语解叙》中曾说:"采录前世穆王以来,下讫鲁悼、智伯之诛,邦国成败,嘉言善语,阴阳律吕,天时人事逆顺之数,以为《国语》。"《国语》所载内容不仅有邦国间的政治叙事,还有嘉言善语的道德价值,甚至阴阳天时的天道信仰,可谓囊括"天人之际、古今之变"。所以,韦昭赞其曰:"所以包罗天地,探测祸福,发起幽微,章表善恶者,昭然甚明,实与经艺并陈,非特诸子之伦也。"①在韦昭看来,《国语》因其叙事之恢弘、立道之周正,已远非诸子之类可比,而应被纳入经学之列。总之,在《国语》中,广大之世与精微之理同时并存,为我们呈现出了一个完整的先秦生活世界以及时人对整个世界的认知理解。其中,从对万物化生基本原理的探求,到对圣人道德修养的追求,再到对治国安民之道的寻求,以及对安身立命终极信仰的渴求,这四个维度都被完整

---

① 徐元浩撰,王树民、沈长云点校:《国语集解》(修订本),中华书局 2002 年版,第 594 页。

地纳入《国语》记述中。纵观先秦时人理解世界的四个维度,我们会发现有一条思维总线贯穿其中,这就是"和合"。总而言之,在《国语》为我们呈现出的先秦生活世界中,"和合"成为先民认识理解整个世界的思维主线并贯彻于生活世界的各个维度中,这就是本书力图还原出的先秦世界。

一

《国语》呈现给我们的世界,在时间上始于西周穆王西征犬戎,终于韩、赵、魏三家分晋,所记历史事件除少数处于西周末期外,大多都集中于春秋时期;在地域上北起长城一线,南至长江流域,西起关中平原,东至大海,涵盖了当时整个华夏世界。

在这一广阔时空之中,历经数千年的族群融合,作为整体的华夏民族正在逐渐形成;周初奠定的周文化也日渐成为华夏文明的核心,传统中国的基本精神与思想内核已大致塑成。所以,这一时期仍然传承着自龙山文化后形成的族群血缘与文化基因,这是古代中国的奠基期。同时,这也是古代中国的变革期。在这一时期,先秦中国正面临着古所未有之大变动,政治上春秋诸国不断上演着一幕幕纷争融合的大戏,社会层面也发生着急剧的变革,思想世界思潮涌动正处于战国诸子思想大爆发的前夜。因此,在《国语》时代的世界,不易与变革同时共存,这是一个重要的时代,这也是一个独特的世界。

在《国语》的时代,华夏世界的核心已经形成,中国文化也奠定了基调,无论从地域,还是文化上,可以称为"中国"的共同体基本已经出现。其实,从文化的形塑过程来看,春秋时代之前的数千年,自新石器时代诸多聚落出现开始,到夏商两个时期,华夏文明或中国文化都属于形成期。中国文化的最终奠基要等到周代大行分封制,"郁郁乎文哉"的周文化被统合为华夏世界内的主导文化,中国共同体才在《国语》记述的世界范围内真正形成。

在古代中国的地域上,考古发掘的人类遗址所标示的年代很古远,几十万年前便已有人类活动。但是,文明起源却是有明确标准的,那就是农业耕作的出现。早在公元前 6000 至公元前 5700 年,河北南部和河南北部的磁山·裴李岗文化就有了半地穴式住宅,并可种植粟类、饲养家畜以及制作陶器。之后,仰韶文化、大汶口文化以及河姆渡文化、良渚文化,都相继涌现在黄河流域、山东半岛和长江流域。数千年的文明发展,一直到公元前 2000 年的龙山文化,传说中的夏朝才开启了历史的叙述。但是,从传统文化的内核来看,夏以及之后具有完整文字体系的殷商,并没有完成中国文化的最终塑造,毋宁说这是中国文化漫长的初创期。直到公元前 1000 年左右的殷周之变,中国文化内核才最终凝练完成。

如果说新石器时代都是物质文化意义上的发展,那么真正奠定中华文明精神基因和思想内核的时间节点只能定在殷周之际。王国维先生曾在其名篇《殷周制度论》中说:"中国政治与文化之变革,莫剧于殷周之际。"[1]在这殷周鼎革之际,变革不仅仅来源于政治王朝的更替,更重要的是文化基因的革新。周王朝的建立,承袭并极大创新了之前的夏商文化,建立了以"德"和"礼"为核心的周文化。同时,周王朝通过大力推广分封制,将周文化带到先前各个区域文化核心地带,如封鲁于少皞之墟、卫于殷墟、唐于夏墟等等,借此不仅将广阔地域整合在周王朝治下,更将各种族群纳入周

---

① 王国维:《观堂集林》,中华书局 1959 年版,第 451 页。

文化影响下。由此,华夏民族及华夏文化通过广泛融合汇通而最终塑成。

在《国语》记述的年代,以礼乐文化为表征的周文化已经成为华夏大地上的主导文化。特别是对于儒家来说,周初创立的人文精神成为儒家思想的核心。孔子屡屡称颂周道,"郁郁乎文哉!吾从周"(《论语·八佾》),"周之德,可谓至德也已矣'"(《论语·泰伯》)。又说:"甚矣吾衰也! 久矣吾不复梦见周公。"(《论语·述而》)①周公及其代表的周文化就是孔子念兹在兹的精神偶像和思想家园,其文化内核由此成为儒家思想的主体,继而影响了后世两千年的传统社会。在这个意义上,我们可以说这一时期奠定了中国文化的基调。

另一方面,《国语》时代还是一个急剧变革的时期。无论是诸侯国间的政治角力,还是社会结构的剧烈变动,抑或思想世界的思潮涌动,都成为这一时期变易革新的时代注脚。一言以概之,整个先秦世界都处于变革时期。

西周后期,周王朝已经处于风雨飘摇之中,面临着内忧外患的大困局。《国语》叙事第一条即是"祭公谏穆王征犬戎",周穆王西征犬戎,祭公谋父极力劝谏,陈述先王"耀德不观兵"的道理,但是穆王仍然一意孤行,最后只是"得四白狼、四白鹿以归",换回的却是"自是荒服者不至"的结果。② 最终,内困外忧的西周王朝亡于幽王之世。之后,尽管周平王东迁洛阳,周王室国祚得以延续,但是全然已经丧失了作为周天子的威严,不得不居于诸侯国保护之下。自此,中国历史进入了纷乱的春秋时期。在这一时期,诸侯国

---

① (清)阮元校刻:《十三经注疏》,中华书局1980年版,第2467、2487、2481页。
② 徐元诰撰:《国语集解》(修订本),中华书局2002年版,第1页。

之间的战争频繁发生,并相继涌现出春秋五霸,其间国亡君死者众多。同时,诸侯国内部也是纷争不断,权臣僭礼甚至弑君者比比皆是。司马迁曾说:"《春秋》之中,弑君三十六,亡国五十二,诸侯奔走不得保其社稷者不可胜数。"(《史记·太史公自序》)①这就是征伐内乱频仍的春秋时代。

如果说诸侯纷争仅是政治表象的话,那么社会结构方面的变革就属于深层次的变动了。春秋时期,随着分封制的解体,农业生产取得了很大的进步,各种农具及农业技术的出现和发展也推动了农业经济兴盛。这一时期,商品经济也得到了很大促进,富商巨贾纷纷涌现,传说中的陶朱公即是一例。《史记·越王勾践世家》载范蠡居陶,没多久便"致赀累巨万"②。经济结构的变革必然导致社会阶层的变化。农人更具有独立性,孔子所遇长沮、桀溺及荷蓧丈人等大概都属于此类,而商人阶层也更多地活跃于社会中。同时,诸侯相征、权臣乱政的政治乱象也导致了社会各阶层间的加速流动。晋国大夫史墨曾指出"三后之姓,于今为庶",并将这种阶层变动形容为"高岸为谷,深谷为陵"③。可见,春秋社会处于巨大的变革时期,大量传统贵族的衰落与平民阶层的崛起就成为这一变革时期的重要表征。

《国语》时代的世界还处于诸子时代的前夜。被学界称为前诸子时代④的这一时期,尽管没有异彩纷呈的百家争鸣,但是思想

---

① (汉)司马迁撰:《史记》,中华书局 1959 年版,第 3297 页。
② (汉)司马迁撰:《史记》,中华书局 1959 年版,第 1753 页。
③ (清)阮元校刻:《十三经注疏》,中华书局 1980 年版,第 2128 页。
④ 前诸子时代是对包括老子、孔子的诸子时代之前一段时期的统称,因此,前诸子时代的时期下限即是老子、孔子的年代,而其上限大致可定于殷周之际。(参见郑开:《德礼之间——前诸子时期的思想史》,三联书店 2009 年版,第 33 页。)

领域仍然是思潮涌动,酝酿着、等待着不久之后的思想爆发。这一时期思想领域的首要变动就是人文主义精神的崛起以及由此而来的人的主体挺立。在经历了漫长的蒙昧状态之后,周初敬德思想为"人"充实了最重要的内核。由此,人自身获得了主体挺立的坚实基础,随之而来的就是天人之辨、人兽之别的讨论。人获得主体地位之后,开始重新认识理解整个世界,后世的很多思想都可以在此时找到端绪。按照《汉书·艺文志》"诸子出于王官"的观点,诸子各派思想都承自王官之学。当然,这种比附并没有太多意义,但是诸子思想确实都发源于这一阶段。如阴阳与五行就在这一时期开始成为人们理解世界的理论工具,伯阳父以阴阳之气论地震、史伯以五行论"和实生物",这无疑是影响中国两千年的阴阳五行思想的开端。

身处这个纷乱的世界,春秋先民如何认识理解这个世界?面对这个大变革时代,春秋先民又是如何应对这个时代?如果我们将视线集中于《国语》,就会发现春秋先民面对当时那个世界的理解方式和应对之道即是"和合"。作为先秦时期的重要典籍,《国语》为我们呈现了西周末期至整个春秋时期的世界,同时也记述了当时人们对那个世界的认知和理解。在这些认知理解中,"和合"是最为重要的一种思维方式,这无疑是人们面对诸多乱象的思考成果。

二

西周末年,社会中弥漫着一种末世感,即使隔绝两千多年,我们现在依然可以从当时的记述中体会到周人的这种心理情感。

"天方荐瘥,丧乱弘多","昊天不傭,降此鞠讻。昊天不惠,降此大戾。"(《诗经·小雅·节南山》)"浩浩昊天,不骏其德。降丧饥馑,斩伐四国。"(《诗经·小雅·雨无正》)[1]《诗经》中的这些诗篇正是这一时期人们心境的真切反映。最后,宗周的覆亡给了周人沉重打击。王室衰微、诸侯并争、夷狄乱华、大夫乱政,加之春秋时期整个社会层面的变革,人们开始思考如何理解并应对这个"礼崩乐坏"的世界。这些思考就成为日后诸子时代诸多思想的开端,其中最重要的就是和合思想。

"和合"一词出现在《国语·郑语》中,即"商契能和合五教"[2],这是迄今为止所知的有关"和合"的最早出处。由此,《国语》奠定了在和合思想发展史上的重要地位。当然,在《国语》书中,还蕴含着关于和合思想的大量表述,如著名的"和实生物"[3](《国语·郑语》)即是其一。归结起来,这些表述可分为四个维度,即世界图式、价值品质、外王理想与信仰秩序。这四个维度是先秦生活世界的组成部分,是春秋先民对世界的理解层级,同时也构成了和合思想的完整体系。

首先,世界图式是人们对世界的根基性理解,是对世界生成、万物化生等根本层面的思考体系。《国语》中的"和实生物"论述,无疑便是当时知识阶层理解万物生成以至整个世界演化的世界图式。本书第二章就是讨论《国语》"和生"的世界图式。具体而言,第一节主要针对"和实生物"的相关论述展开讨论,通过对《国语》中有关"和实生物"、"和五味"、"和六律"等三类表述的梳理,从生物、饮食、音乐三方面讨论《国语》中的和生意蕴。第二节分别

① (清)阮元校刻:《十三经注疏》,中华书局1980年版,第440、441、447页。
② 徐元诰撰:《国语集解》(修订本),中华书局2002年版,第466页。
③ 徐元诰撰:《国语集解》(修订本),中华书局2002年版,第470页。

讨论《国语》时代所处的生存之境,以及根植于这一生存之境中的"和生"之理。因为无论是"和五味"的饮食体验,还是"和六律"的音乐感悟,抑或从根本义上立论的"和实生物",都是春秋先民于生存之境中体悟出的"和生"之理。最后论述了和合思想这一生存维度在诸子时代的影响,也就是诸子时代和合思想的生成论路向。

其次,价值品质是人们对自身价值的认定,是人之为人的重要体现。《国语》中的"和德"价值就是当时人们对道德规范的理解。本书第三章就是讨论《国语》"和德"的价值品质。其中,第一节首先梳理"慈和惠和"等价值范畴,然后以"道之中德"为题分析"慈和惠和"之所指,最后通过"听和德昭"论述价值范畴如何由生存世界提升而来。第二节讨论《国语》中的意义世界,以"性"与"情"、"中"与"和"等范畴分析"和德"的具体内涵。最后阐述了和合思想的价值维度在诸子时代的流衍,也就是诸子时代和合思想的情感论路向。

再次,外王理想是人们对国家治理的期待,是对理想社会的向往。《国语》中的"和民"就是通往理想社会的重要途径,也是其重要表现形式。本书第四章主要讨论《国语》"和民"的外王理想。其中,第一节首先通过分析"柔和万民",阐述"和民"的含义,然后通过对"非精不和"与"和合五教"的论述,讨论君主自修德行以及以德教养民众来达到"和民"的目的,并解答了从和合思想的价值维度落实于政治维度的路径问题。第二节以"内圣外王"、"宗法家国"为理论工具,分别分析了"非精不和"与"和合五教"两种"和民"途径。最后讨论了"和民"蕴含的民本意蕴,以及其所指向的理想社会,特别是诸子时代的大同社会,这也就是诸子时代和合思想的人世间路向。

最后，信仰秩序是人们对自身与神灵之间关系的判定，是对信仰世界的规划。《国语》中的"和神人"就是先秦信仰世界中神人关系的体现。本书第五章主要讨论《国语》"和神人"的信仰秩序。第一节首先分析"民和神福"，探讨和合思想的政治维度向信仰维度的转换，然后就"和于民神"与"安靖神人"两个方面展开梳理和阐述工作，前者主要讨论神与民之间的关系，而后者涉及的则是神人关系。第二节通过对"神"、"人"、"民"等范畴的梳理，继续扩展对"神民"以及"神人"关系的分析，特别是对宗教意义上的"天人"关系进行了讨论，指出"和神人"的信仰秩序适用于宗教意义上的"天人"关系，而诸子时代的天人合一观念，与此也有着关联。

　　因此，《国语》和合思想的四个维度不仅是对先秦和合思想的辨析，还反映了先秦世界的普遍思想状况和知识构成。在《国语》的时代，先民面对的是一个"礼崩乐坏"的世界，而"和合"就是先民思索的理论成果。在关于万物生成、世界演化方面，先民悟出了"和实生物"的道理；在价值品质、道德规范方面，先民总结出了"和德"的规范；在治国安民、理想社会方面，先民施行了"和民"的举措；在安定信仰、整顿秩序方面，先民得出了"和神人"的判定。总之，世界图式、价值品质、外王理想与信仰秩序不仅是和合思想的构成维度，更是春秋先民理解世界的思考维度。这四个维度共同组成了春秋先民视野中的生活世界，而所有这些都被记述进了《国语》之中。这就是《国语》之于和合思想、之于先秦世界的价值所在。

第一章 《国语》与"和合"

《国语》是记述前诸子时代的一本重要典籍,可与《左传》相表里。但是,也正因为与《左传》的联系,《国语》在历史上一直被视为"春秋外传",这"外传"的称谓无疑表示其属于《左传》的附庸。因此,《国语》的重要性一直未被认识。其实,《国语》与《左传》仅是记述年代与事件多相类似,二者都是对先秦世界的文本呈现。但是,历史上关于《国语》的一些基本问题并未得到有效梳理,如作者、年代等问题都存在着争议。同时,"和合"范畴也需要得到更进一步的梳理,这就要对"和合"进行意义的考察,使针对《国语》文本的和合思想研究成为可能。总而言之,对于《国语》和合思想的研究,我们首先需要从《国语》与"和合"两个基本点出发,为研究的后续开展打下基础。

第一节 研究现状的综述

对于《国语》与和合思想来说,《国语》相关研究更侧重于文献考察,而和合思想研究则侧重思想阐释。就前者而言,近代之前多属于传统注疏范围,音义辨证、训诂考据等是主要研究方法。而近代之后,随着现代学术体系的逐渐确立,《国语》研究不再限于文献考察,对其蕴含思想的研究方兴未艾,特别是和合思想研究更是重中之重。和合思想研究肇始于张立文先生的和合学。自张立文先生在 20 世纪 80 年代末提出和合研究并建构起和合学理论体系之后,思想界关于"和合"的讨论便逐渐兴盛起来,遂至蔚为大观之象。

一、《国语》研究总览

作为先秦时期的重要文献,《国语》在历史上一直备受重视。特别是汉代之后,《国语》被视为"春秋外传",屡屡被纳入经学研究的序列。因此,历代注解《国语》者众多。进入近代之后,随着史学界疑古风潮的兴起,传世古书的真伪问题成为当时学界讨论的重点话题,特别是与今古文之争纠缠在一起时,更是成为学术热点问题。在这种情况下,有关《国语》的研究大量涌现。随着学界研究范围的扩展,以及对新材料的渴求,《国语》研究在 20 世纪后期以及 21 世纪初,又得到了进一步的发展和创新。可以说,近一百年以来,《国语》研究是伴随着现代学科以及研究方法的逐渐确立而发展起来的,其研究成果也由此最先跳出了传统注疏研究的窠臼,呈现出现代学术的气象。

首先,因为文献考察的需要,对《国语》文本的选择必须精细化。传世《国语》有着两个版本系统,即明道本与公序本。① 两个

---

① 明道本为北宋仁宗明道二年(1033)所刊,因以仁宗天圣七年(1029)本为印本,所以又称为天圣明道本,此本为《国语》最古本;公序本得名于北宋宋庠之字,大致刊于北宋仁宗天圣年间,即 1023 年至 1032 年间。(参见俞志慧:《〈国语〉版本源流及公序本系统二子本之对比》,载方铭主编:《〈春秋〉三传与经学文化》,长春出版社 2009 年版;戎辉兵:《〈国语〉流布、研究及版本概述》,《唐山师范学院学报》2009 年第 11 期。)

系统都各自有众多版本①,而且各版本间也略有差异,考虑到文本的普及性以及典型性,本书于两系统中分别选取《四部备要》本和《四部丛刊》本,以作为明道与公序两版本系统的代表。前者是据士礼居黄氏重刊本排印,后者则是杭州叶氏藏明嘉靖中翻宋本。但是,研究过程中,两本往复查看殊为不便,而近人徐元诰所撰《国语集解》②对于明道、公序两版本异文都有罗列,而且注解也是集先前研究之大成,所以本书讨论行文中所依据及引用《国语》文句皆以徐氏《国语集解》为正,并同时参考上述两本以避免不应有的舛误。另外,现代学者的《国语》版本校勘成果中,成就最大的当属台湾学者张以仁先生的《〈国语〉斠证》③,其书"广采古注、类书、关系书中材料,以理其讹脱,正其谬误"(是书《前言》),可谓是代表了《国语》校勘方面的最高水平,因此也成为本书研究的重要参考。另外,除了单个文字的讹脱外,《国语》在流传过程中也出现过语句甚至段落的佚失,学者们已注意到这种情况,并对其有了系统的整理。④ 这其中属香港中文大学何志华等人所编《唐宋类书征引〈国语〉资料汇编》⑤最为翔实,其辑录《北堂书钞》、《艺文

① 明道本系统中有《四部备要》本,吴增祺的《〈国语〉韦解补正》,上海古籍出版社校点本等,而公序本系统中则有国图藏宋元递修本、《四部丛刊》本、《四库全书》本、董增龄的《国语正义》等。(参见俞志慧:《〈国语〉版本源流及公序本系统二子本之对比》,载方铭主编:《〈春秋〉三传与经学文化》,长春出版社2009年版;戎辉兵:《〈国语〉流布、研究及版本概述》,《唐山师范学院学报》2009年第11期。)
② 徐元诰撰,王树民、沈长云点校:《国语集解》(修订本),中华书局2002年版。
③ 张以仁:《〈国语〉斠证》,台湾商务印书馆1968年版。
④ 洪业:《〈春秋经传〉引得〉序》,《春秋经传引得》,上海古籍出版社1983年版,第84、85页。
⑤ 何志华等编:《唐宋类书征引〈国语〉资料汇编》,香港中文大学出版社2010年版。

类聚》、《太平御览》等唐宋类书所引《国语》原文及诸家佚注,对于恢复《国语》古本原貌无疑有着重要帮助。当然,本书重点并非《国语》的文字校勘,之所以关注及此,主要是担心文字的差异所导致的思想变动,有时可能一字的改换便可引发文意的整体变动,因此本书希望借助最新的校勘成果将这种思想变异的可能性降至最低。

除了版本所带来的原文差异,历史上《国语》的注解也颇多,而这些注解对我们的研究无疑也起着至关重要的作用。在《国语》的注解中,三国时期的韦昭注是现存最完整也是最重要的早期注本,因此成为本书研究所倚重的关键文本。但是,韦昭的注解也由于个人及时代等种种原因而存在着诸多不足之处,后世学者对其多有辨正。除上述徐元诰《国语集解》之外,近人吴增祺《〈国语〉韦解补正》①以及石光瑛《〈国语〉韦解补正》②都对韦昭注解有所补正。而今人俞志慧先生所撰《〈国语〉韦昭注辨正》③可称得上是这一领域的最新成果,对于厘正韦氏误解之处多有助益,可以与《国语集解》相互参看。至于其他更早注本,大多都已亡佚,不过清人对此多有辑佚。以目前所存资料来看,韦昭之前及同期注解《国语》的有东汉郑众、贾逵、魏晋王肃、虞翻、唐固、孔晁等,诸人注本在马国翰《玉函山房辑佚书》④、王仁俊《玉函山房辑佚书续编三种》⑤、

---

① 吴增祺:《〈国语〉韦解补正》,商务印书馆1933年版。

② 石光瑛:《〈国语〉韦解补正》,《国立中山大学文学院专刊》1933年第1期。

③ 俞志慧:《〈国语〉韦昭注辨正》,中华书局2009年版。

④ (清)马国翰辑:《玉函山房辑佚书》,光绪九年(1883)长沙琅嬛馆刊本。内辑有:(汉)郑众撰《国语章句》一卷;(汉)贾逵撰《国语解诂》二卷;(吴)唐固撰《春秋外传国语唐氏注》一卷;(晋)孔晁撰《春秋外传国语孔氏注》一卷;(吴)虞翻撰《春秋外传国语虞氏注》一卷;阙名撰《国语音》一卷。

⑤ (清)王仁俊辑:《玉函山房辑佚书续编三种》,上海古籍出版社1989年版。内辑有:(汉)贾逵撰《国语贾氏注》一卷;(吴)虞翻撰《国语虞氏注》一卷。

黄奭《黄氏逸书考》①以及汪远孙《〈国语〉三君注辑存》②中都有
辑佚收录。另外，台湾学者张以仁先生也曾广辑诸家旧注，著有
《〈国语〉旧注辑校》③，其书不仅辑录旧注，而且对其辨析甚详，堪
称现代学术辑佚典范。在众多学者的努力之下，《国语》旧注已经
颇为可观，因此完全可以补韦昭注之缺，更为完整地展现早期学者
对于《国语》的注解情况，这对《国语》文本的理解无疑是大有裨益
的。当然，后世学者特别是清人对于《国语》的注解因乾嘉学风的
影响而显得尤为精当，因此成为本书研究中不可或缺的参考。这
一重点参考书目中拥有着以下的名字：黄丕烈《国语札记》④、王引
之《经义述闻·国语》⑤、俞樾《群经评议·春秋外传国语》⑥、汪远
孙《国语发正》⑦、陈瑑《国语翼解》⑧、董增龄《国语正义》⑨。其
中，黄氏、王氏、俞氏三人著作都属读书札记性质，但其中对于《国
语》诸义多有发明，可资参考，而汪氏、陈氏、董氏三人则属专著类
别，但汪氏《国语发正》只是采择单句单语作注解，与此相比，陈、
董二人所著体例更为中正，只是精解不多。不过，对于本书研究而

---

① （清）黄奭辑：《黄氏逸书考》，清道光黄氏刻民国二十三年朱长圻补刻
本。内辑有，（汉）郑众撰《国语解诂》一卷；（汉）贾逵撰《国语注》一卷；
（吴）唐固撰《国语注》一卷；（魏）王肃撰《国语章句》一卷；（晋）孔晁撰
《国语注》一卷；（吴）虞翻撰《国语注》一卷。
② （清）汪远孙：《〈国语〉三君注辑存》，道光丙午年振绮堂刊本。内辑有贾
逵、唐固与虞翻三人注本。
③ 张以仁：《〈国语〉旧注辑校》，载《张以仁先秦史论集》，上海古籍出版社
2010 年版。
④ （清）黄丕烈：《国语札记》，《四部备要》本。
⑤ （清）王引之：《经义述闻·国语》，商务印书馆 1935 年版。
⑥ （清）俞樾：《群经评议·春秋外传国语》，《皇清经解续编》本。
⑦ （清）汪远孙：《国语发正》，《皇清经解续编》本。
⑧ （清）陈瑑：《国语翼解》，《丛书集成初编》，中华书局 1991 年版。
⑨ （清）董增龄：《国语正义》，巴蜀书社 1985 年版。

言,诸多注解中并无一种可以完全独尊,都需要相互参看,再还原到文本之中,以此定注义短长。上述诸书,无论是版本、文字校勘,还是佚文辑录,抑或文意注解,都属于本书研究所需的最基本文献,是本书进一步深入研究的基础所在。

自进入20世纪之后,《国语》研究逐渐摆脱了传统注疏模式,呈现出现代学术的面貌。但是,《国语》的相关研究并非起于对《国语》本身的关注,而是依傍《左传》展开的。这一切皆源于康有为极具争议性的论点。康有为在其《新学伪经考》中,为经今文学派张目,极力贬斥古文诸传,特别是其中的《左传》,认为其是从《国语》中分化出来的。① 由此,众多学者展开了对《左传》和《国语》关系的研究,而且这种比较研究一直持续到当代,成为中国学界长久的话题。这种研究大都以《左传》、《国语》的叙事、文风、语法等作为比较对象,如瑞典汉学家高本汉的《〈左传〉真伪考》②最先运用现代研究方法比对两书的文法,由此对当时中国学界产生了极大影响,随后诸多学者开始运用相似方法展开比较研究或考察《国语》真伪。③

① "盖五十四篇者,左丘明之原本也。歆既分其大半凡三十篇,以为《春秋传》,于是留其残剩,掇拾杂书,加以附益,而为今本之《国语》,故仅得二十一篇也。"(康有为:《新学伪经考》,宏业书局1987年版,第74页。)

② 高本汉:《左传真伪考》,载陈新雄、于大成编:《左传论文集》,木铎出版社1976年版。

③ 卫聚贤:《古史研究》,新月书店1928年版;孙海波:《〈国语〉真伪考》,《燕京学报》第16期;[美]卜德:《〈左传〉与〈国语〉》,《燕京学报》1934年第16期;洪业:《〈春秋经传〉引得》序,《春秋经传引得》,上海古籍出版社1983年版。至于童书业的《〈国语〉与〈左传〉问题后案》,冯沅君的《论〈左传〉与〈国语〉的异点》,卫聚贤的《读〈论〈左传〉与〈国语〉的异点〉以后》,孙次舟的《〈左传〉、〈国语〉原非一书证》,杨向奎的《论〈左传〉之性质及其与〈国语〉之关系》,具载于陈新雄、于大成编:《左传论文集》,木铎出版社1976年版;顾颉刚:《春秋三传及〈国语〉之综合研究》,巴蜀书社1988年版。

对两书的比较研究一直持续到当代,其中最具代表性的是台湾的两位学者,顾立三先生的专著《〈左传〉与〈国语〉之比较研究》①以及张以仁先生的《论〈国语〉与〈左传〉的关系》、《从文法、语汇的差异证〈国语〉、〈左传〉二书非一人所作》②、《从〈国语〉与〈左传〉本质上的差异试论后人对〈国语〉的批评》③等数篇论文。可以说,经过众多学者的持续研究,《左传》与《国语》的比较工作已经大致完成,两书叙事各有异同,但都属于先秦世界的文本呈现,康有为所作假设已经无须再论,这都已经被大部分现代学者所接受。

　　20 世纪中叶以来,《国语》的重要性为学界所认识,从而逐渐地摆脱了《左传》的影响与牵扯,开始作为独立的研究对象出现在学者视野中。关于《国语》的单独论著,较早的有白寿彝《〈国语〉散论》④、谭家健《关于〈国语〉的成书时代和作者问题》⑤、王树民《〈国语〉的作者和编者》⑥、沈长云《〈国语〉编纂考》⑦等。从其论述角度来看,对《国语》的讨论主要还是停留在作者、年代等方面,这一方面说明了当时《国语》研究的初步性,另一方面也说明了作者、年代等问题的复杂性。其实,关于这一问题的讨论,自从汉代

---

①　顾立三:《〈左传〉与〈国语〉之比较研究》,文史哲出版社 1983 年版。

②　张以仁:《论〈国语〉与〈左传〉的关系》、《从文法、语汇的差异证〈国语〉、〈左传〉二书非一人所作》,载《张以仁先秦史论集》,上海古籍出版社 2010 年版。

③　张以仁:《从〈国语〉与〈左传〉本质上的差异试论后人对〈国语〉的批评》,载《春秋史论集》,联经出版事业公司 1990 年版。

④　白寿彝:《〈国语〉散论》,《人民日报》1962 年 10 月 16 日第 5 版。

⑤　谭家健:《关于〈国语〉的成书时代和作者问题》,《河北师院学报》(哲学社会科学版)1985 年第 2 期。

⑥　王树民:《〈国语〉的作者和编者》,载《国语集解》(修订本),中华书局 2002 年版,第 601—604 页。

⑦　沈长云:《〈国语〉编纂考》,载《上古史探研》,中华书局 2002 年版,第 332 页。

司马迁以来便一直在持续。司马迁并未完全明确《国语》作者是否是左丘明，这一问题是在班固时得到确认的，而晋人傅玄则开始对此质疑，之后支持与质疑两派观点一直争论到现在。对此，当今学者也未能达成共识，依据传统观点认为是左丘明作《国语》的有之①，持严谨态度不限定任一作者的也有之②。但是，就《左传》与《国语》的差异以及《国语》自身的问题而言，我们更倾向于将作者宽泛地认定为某一国人或某一群人，且成书年代也并不固定。当然，我们仍将左丘视为一位主要作者。③

除了复杂的作者、年代问题之外，《国语》的其他研究则呈现出丰富化、清晰化的发展趋势。上文中，我们已经提到了有关《国语》版本与校勘方面的大量成就，这些大多都是最近数十年的研究成果。除此之外，随着新材料的出现，《国语》研究也出现了新

① 徐仁甫受康有为影响，认为《左传》是刘歆采《国语》并旁及先秦汉初诸书而成，《国语》则是左丘明所作，而且此人姓左丘名明（参见徐仁甫：《〈左传〉疏证》，四川人民出版社 1981 年版，第 1—19 页）。李宝通认为《国语》实为左丘明所作，但司马迁所言"左丘失明，厥有《国语》"并非说左丘明目盲，而是指"失其明细"[参见李宝通：《左丘失明，厥有〈国语〉新解》，《西北师大学报》（社会科学版）2006 年第 6 期]。刘建国认为左丘明作《国语》在早期史家及历代史志中都有记载，而且与《左传》时代与内容都相合，所以二书同为左丘明所作，而且是左氏先作《左传》后失明作《国语》（参见刘建国：《先秦伪书辨正》，陕西人民出版社 2004 年版，第 206 页；还有董立章：《国语译注辨析》，暨南大学出版社 1993 年版，第 1 页）。

② 谭家健、王树民、沈长云等人持此观点。与此相同者，还有顾静：《〈国语译注〉前言》，《国语译注》，上海古籍出版社 1994 年版，第 3 页；同文见于金良年：《〈国语〉导读》，载梁谷整理：《国语》，上海世纪出版集团 2008 年版，第 4 页；来可泓：《〈国语直解〉前言》，载《国语直解》，复旦大学出版社 2000 年版，第 10 页。

③ 参见拙文：《〈国语〉作者与年代问题综论——以开放文本为分析视角》，载台湾高雄师范大学经学研究所主编：《经学研究集刊》2010 年第 9 期。

的关注点。1973 年,长沙马王堆三号汉墓出土的大量帛书中有一种文献被命名为《春秋事语》,学者们在研究中注意到了其与《国语》的相似性,从而引发了对《国语》性质的重新思考。① 《国语》记言的特色很早便已被人们注意,人们一直是将其作为史书看待的,刘知几在《史通》中便将《国语》划分为国别体史书。② 但因为其书与传统史书的区别,《国语》在《四库全书》中又被划入杂史类,其重要性一直未被承认。《春秋事语》的出土让人们对《国语》有了一个重新认识的机会,学者们注意到先秦时期大量语书的存在和流行,而《国语》的语体性质也逐渐被学者所认同。上述王树民和沈长云二位先生对此都已提及,沈长云先生还特别说道:"其实《国语》并不是一部史,它的目的并不在于纪事。以国为类,也不是它的主要特色。《国语》的特点在于它是一部'语',是按国别汇集成的'语'。"③金良年先生也认为"《国语》的性质其实并非是History,而是 Discourse,事实上国外的《国语》译本就是译作'Dis-courses on the States'"。④ 随着更多简帛文献的出土,大批语类古书得以面世,由此关于《国语》的定性问题,学者们在语书的类别上逐渐得到了共识,有的学者还更为深入地展开了对语类古书的研究。⑤

---

① 参见张政烺:《〈春秋事语〉解题》,《文物》1977 年第 1 期。
② (唐)刘知几撰,(清)浦起龙释:《史通通释》,上海古籍出版社 1978 年版,第 1 页。
③ 沈长云:《〈国语〉编纂考》,载《上古史探研》,中华书局 2002 年版,第 325 页。
④ 金良年:《〈国语〉导读》:《国语》,上海世纪出版集团 2008 年版,第 4 页。
⑤ 参见李零:《简帛古书与学术源流》,三联书店 2008 年版,第 297—299 页;俞志慧:《古"语"有之——先秦思想的一种背景与资源》,华东师范大学出版社 2010 年版。

随着对《国语》研究的深入,研究范围也不再限于文献层面,《国语》所蕴含的丰富思想也逐渐被人们注意到。其实,早在傅庚生先生的《〈国语选〉前言》中,便简要提及了书中所含的"民本"、"忠恕"、"崇儒"、"正名"、"天命"等思想。① 随后,《国语》中大量思想类材料成为学者们辨析的对象。殷孟伦先生在《〈国语〉哲学思想研究》中,梳理出了《国语》中所含的"民本"、"礼治"、"五行说"、"自然观"等思想,并据此认为书中含有农家、法家、阴阳家、道家等思想成分。②《国语》中有关政治学③、伦理学④乃至心理学⑤的材料也都被一一梳理研究,同时因为《国语》所记述年代处于前诸子时期,所以《国语》也往往会被学者放入先秦思想流变的大视野中,来探讨诸子时代众多思想的源流。在陈来先生的相关著作中,如《古代宗教与伦理》、《古代思想文化的世界》⑥都是如此,而白奚先生也通过对《国语》中"仁"观念的考察,分析了孔子对"仁"的价值提升。⑦

---

① 参见傅庚生:《〈国语选〉前言》,《国语选》,人民文学出版社 1959 年版。
② 参见殷孟伦:《〈国语〉哲学思想研究》,《中国哲学史研究》1984 年第 1 期。
③ 参见吴显庆:《〈国语〉政治辩证法思想论略》,《上海社会科学院学术季刊》1995 年第 4 期;伍星明、黄生文:《〈左传〉、〈国语〉中的重民思想》,《甘肃社会科学》1995 年第 2 期;陈鹏程:《简论〈国语〉的政治哲学》,《岱宗学刊》2009 年第 6 期。
④ 参见钱国旗:《〈国语〉中的伦理世界》,《青岛大学师范学院学报》1997 年第 12 期。
⑤ 参见燕国材:《〈尚书〉、〈左传〉、〈国语〉中的心理学思想研究》,《心理科学》1994 年第 4 期。
⑥ 陈来:《古代宗教与伦理》,三联书店 2009 年版;陈来:《古代思想文化的世界——春秋时代的宗教伦理与社会思想》,三联书店 2002 年版。
⑦ 参见白奚:《从〈左传〉、〈国语〉的"仁"观念看孔子对"仁"的价值提升》,《首都师范大学学报》(社会科学版)2007 年第 4 期。

综上所述，《国语》因"春秋外传"的定位，在历史一直与《左传》并列，由此也得到了众多学者的关注，历代几乎都有注本传世。20世纪以来，《国语》本身的价值越来越得到彰显，相关思想研究也逐渐进入学者视野中。不过，总体而言，《国语》所含思想尚未得到充分阐发，还有待进一步挖掘梳理。

二、"和合"研究回顾

关于《国语》和合思想的专门研究，起始于张立文先生。张立文先生从传统文化中体贴出"和合"二字，并以此为核心范畴建构了和合学体系。和合学作为一种新的哲学理论思维形态，是对传统思想资源的创新和转生。在这些传统思想资源中，其中时代最早且最重要的便是《国语》。

张立文先生对《国语》"和合"范畴及相关思想的梳理和阐发，主要集中于《郑语》史伯"和实生物"的著名论述以及"和合五教"的历史叙述。他对"和实生物"论述给予了极高的评价，在与西方哲学的比较视域下，予以解答哲学根本问题的定位。张立文先生认为，"和实生物"回答了天地万物从何而来的本原问题，这种回答是决然不同于西方二元思维方式的。与西方哲学总是追溯事物背后本体不同，"和实生物"则意味着"多元事物的冲突融合而和合化生万物，是金木水火杂而生百物"，这种思维方式更具包容性、宽容性、吸纳性。① 张立文先生对"和实生

---

① 参见刘景钊、韩进军：《和合之路：中国哲学"自己讲"的努力与贡献》，《晋阳学刊》2006年第3期；张立文：《和谐、和合的中华哲学资源》，载《中国哲学年鉴》哲学研究杂志社2007年版，第33页；张立文：《和合与东亚意识——21世纪东亚和合哲学的价值共享》，华东师范大学出版社2001年版，第152—154页。

物"论述的开创性阐发和诠释,无疑是对其哲学乃至文化根源意义上的最大肯定,也是对"和合"范畴的进一步充实。随后,他认为"基于对宇宙自然、社会政治、人际事物诸多冲突融合现象的理性探索",《国语》一书提出了"和合"的范畴,而这便是史伯关于商契"和合五教"的历史叙述。这不仅是"和合"一词的首次明确提出,也是"和合"范畴的进一步扩展,更是对之后的中国文化产生了巨大影响。①

自张立文先生在 20 世纪 80 年代末提出和合研究并建构起和合学理论体系之后,思想界关于"和合"的研究便逐渐兴盛起来,学者们在涉及和合研究时,大都依循张立文先生的研究成果,或遵其观点,或依其材料。② 和合研究在繁荣的同时,也呈现出多样化的面貌。总体来看,和合研究可以归纳为三个层面。

(一)作为概念的和合:首先我们应该明确地是有关"和合"概念③的研究。顾名思义,"和合"概念即是指"和合"这一词汇以及其所表示的含义,而这一含义并不会考虑语境问题。对此,学界的研究是不太充分的。在相关研究中,自觉对"和合"作出明确定义

---

① 参见张立文:《和合学——21 世纪文化战略的构想》,中国人民大学出版社 2006 年版,第 380 页;张立文:《和谐、和合的中华哲学资源》,载《中国哲学年鉴》哲学研究杂志社 2007 年版,第 33 页。

② 参见蔡方鹿:《中华和合文化研究及其时代意义》,《社会科学研究》1997年第 6 期;李振纲、方国根:《和合之境——中国哲学与 21 世纪》,华东师范大学出版社 2001 年版,第 287、288 页。

③ 此处所用概念是依照张立文先生逻辑结构论意义上的使用,即概念是信息元在思维中的类,而与此相对应,范畴是概念的类,两者关系如张立文先生随后所举实例,即《易经》中的"道"指道路的道,此是概念,而《易传》中的"道"则有道理、规律的意思,便是范畴。[参见张立文:《中国哲学逻辑结构论》(修订本),中国社会科学出版社 2002 年版,"序言"第 6页,正文第 7、8 页。]

的只占少数部分①，大多数学者对此并未涉及。对于"和合"定义的普遍缺位，并不能简单地认定为是学者们缺乏自觉且理所当然地使用，这其中的主要原因可能是多数研究模糊了"和合"概念与思想的界线。在不同的哲学理论学说中，和合思想固然形态有异，但对于"和合"一词来说，一定是在一个相同含义层面上使用的，否则这个概念便不成立。如"理"，尽管在各个学派那里有差异，但是我们仍然可以在原理、规律意义上达成共识。② 在澄清这一问题后，我们再回到和合定义的问题。其实，张立文先生在和合学创立伊始就全面而精确地定义了和合，即"自然、社会、人际、心灵、文明中诸多形相、无形相相互冲突、融合，与在冲突、融合的动态变易过程中诸多形相、无形相和合为新结构方式、新事物、新生命的总和"③，反观其他涉及"和合"定义的研究，大都不会超出这

---

① 对"和合"的定义有："和合"是"在承认不同事物之矛盾、差异的前提下，把彼此不同的事物统一于一个相互依存的和合体中，并在不同事物和合的过程中，吸取各个事物的优长而克其短，使之达到最佳组合，由此促进新生事物的产生，推动事物的发展"（蔡方鹿：《中华和合文化研究及其时代意义》，《社会科学研究》1997 年第 6 期）；或是"多种并存的、矛盾的、甚至是对立事物的协调、结合、统一、发展"（韩绍祥、刘立德：《和合思想与加强先进文化建设》，载《和合文化传统与现代化——第三届海峡两岸中华传统文化与现代化研讨会论文集》，人民教育出版社 2006 年版，第 56 页）；或者是"和合就是指对立面的相互渗透和统一，而且，这种统一是处于最佳状态的统一，对立的双方没有离开对方而突出自己"（杨建华：《中华早期和合文化》，浙江人民出版社 1999 年版，第 1 页。）

② 参见张立文：《中国哲学范畴发展史》（天道篇），中国人民大学出版社 1988 年版，第 2 页。

③ 张立文：《和合学——21 世纪文化战略的构想》，中国人民大学出版社 2006 年版，第 58 页。有关这一定义，《和合学》与旧版即《和合学概论——21 世纪文化战略的构想》（首都师范大学出版社 1996 年版）略有差异，旧版定义中的"元素、要素"在新版中改为"形相、无形相"，使得表意更为全面，见是书第 71 页。

一定义的范围。这一定义是在和合学视域下作出的,其对传统"和合"概念来说是一种超拔和擢升,而这种超拔和擢升同时也是建立在对传统"和合"概念细致梳理之上的。以本书涉及的先秦时期为限,在这一时期的"和合"概念,一般都是指诸多差分元素、事物的融突转生,只是依据这些差分元素的类属差别,"和合"对象或为人际五伦,或为天地阴阳。这无疑是完全符合上述"和合"定义的。因此,本书中的"和合"依照张立文先生的定义为准。

(二)作为思想的和合:我们将继续厘定和合思想的所指。经过上面的梳理,"和合"概念与思想之间的界线逐渐明晰起来。"和合"概念是指"和合"一词及其所表示的含义,因此,首先必须符合"和合"的词语限定,也就是说相关表述中必须且仅含有"和合"二字才可以。而和合思想则无需此限定,即和合思想研究并不一定需要限定在"和合"概念之下。依照学者们的研究,除了"和合"之外,含有"和"或"合"的思想表述都可以被归为和合思想。在谈及此时,大多数学者都会指出"和"具有"和谐、和睦、和平、和善、祥和、中和等意",而"合"则有"汇合、结合、联合、融合、符合、组合、合作等意",由此"和"、"合"两字都可以"代表'和合'整体概念所表达的意思"。① 其实,通过文字学的考察,我们可以发现"和"、"合"二字在本字字义上是相通相连、互训互释的,且已是成例而多见于古代典籍之中,这无疑成为"和合"一词产生并流行的字义根源。而又因为这种字义、词义间的联通,"和合"一词产生之后,便逐渐成为了传统"和"思想的范畴载体,这不仅有其字义根源和历史源流,而且有其相同的含义及相通的思想为坚实

---

① 《中华和合文化研究概述》,《石油政工研究》1997 年第 2 期。

依据,所以古代众多学者才会常常以"和合"训解"和"。① 因此,对于含有"和"的思想表述,我们认为完全可以归入和合思想研究范围。但是涉及"合"时则需要更为谨慎的分析,因为"合"字字义复杂,甚至含有"相同"义,而这正与"和合"不相兼容,在这种情况下是不能归为和合思想的。在此,我们还需要对范畴作一说明。作为传统"和"思想载体的"和合"范畴,与作为概念的"和合"是需要区分的。在张立文先生逻辑结构论的体系中,范畴是较之概念更高一级的应用。具体而言,"和合"范畴虽然仍旧以"和合"为语词表述上的限定,但是其思想内涵较之"和合"概念大为扩充,其思想维度也大为丰富。而"和合"范畴的这种思想内涵即是和合思想。因此,对和合思想的考察便有利于理清"和合"范畴的多层次意义以及"和合"的范畴化过程。众所周知,"和合"一词首次出现在《国语》中,即"和合五教",此处"和合"便仅具有概念层面的意义,指多元素融突融洽,其并不具备"和合"完整的范畴意义。而"和合"范畴化的最终完成,则需要等到和合思想完全赋义于"和合"一词之后。

（三）作为文化的和合:我们还需要区分和合文化与和合思想研究。在很多研究中,"和合"常常在人文精神或某种思维方式的层面被阐释和论述。较之和合思想研究,这种阐释和论述无疑对"和合"有着更为广泛的理解。但是,人们对二者的区别却很少察觉到,这便会模糊和合文化与思想研究的界线,造成不必要的误会。这种模糊体现在具体研究中,便是和合研究的扩大化,也就是研究范围更广,研究对象更复杂。如依照人文精神层面的理解,那么"天人合一,体用一源,知行不二,神形兼备,道器不离,以及宗教与政治、天道与伦理、出世与入世,自然秩序与社会秩序、宇宙意

---

① 　参见拙文:《"和合"考释》,《鹅湖月刊》2011 年 3 月总第 429 期。

识与价值取向,道家与儒家等的紧密结合,都是和合文化精神在传统文化上的投影"①。或者如另外一些学者认为的,"'和合人文精神'起源于中国,指中国文化中的'诚信、和谐、仁爱、中庸'、'和而不同'、'和为贵'、'和合'相处、'克己复礼'和'己所不欲,勿施于人'等思想和原则"②。另外一部分学者将"和合"理解为思维方式,其研究范围也同样很广泛,如"和合思想不只是一种辩证的矛盾观。它广泛地体现在五行学说、阴阳观念、气论、知行合一说、致知论、形神观、中庸之道、大一统论、理想人格论和人生理想论等思想学说中,并以'天人合一'这一核心观念表现出来"③。以上两种对"和合"的理解,我们可以将其归为和合文化研究。如果说和合思想研究需要以坚实的文献基础为考察依据,那么和合文化研究则有着更为广泛的研究范围,研究对象也更趋多样化,而这两者是不应该混淆的。如果不加区别,很可能导致和合思想研究的复杂化,以及"和合"范畴的无限定。

经过以上对"和合"研究的三个层面的考察,我们对于和合思想已经有了基本认识,即"和合"、"和"及有限的"合"等相关的思想表述都可以作为我们的研究对象,这些都可以包含在和合思想的内涵所指之中。而此和合思想又与"和合"范畴紧密相关,因此对和合思想的研究还需要特别关注思想间的层级性,这些都将是"和合"范畴蕴意的多维度展现。当然,对于和合思想的考察也并

---

① 杨建华:《中华早期和合文化》,浙江人民出版社1999年版,第2页。

② 李世安:《和合文化与"文明冲突"——东亚国际关系中的文化》,《史学理论研究》2006年第3期。与此相同的还有冯来兴:《中国传统"和合"文化与构建和谐社会》,《江汉论坛》2006年第5期。

③ 李刚:《和合思想及其演变》,《西北大学学报》(哲学社会科学版)2001年第1期。与此相同的还有左亚文:《和合思想的当代阐释——唯物辩证法与东方智慧的对话》,湖北教育出版社2003年版,第4页。

不会仅仅局限于《国语》一书,思想是有其弥散性和流动性的,对思想的划限是没有必要而且也不可能的。因此,和合思想在其他先秦文献中的呈现也会根据情况出现在本书的讨论视野之内,相信这是不会有太大问题的。

第二节　《国语》文献考察

《国语》一书中蕴含着丰富的思想资源,尤其是其中的和合思想,亟待挖掘和梳理。但是,历代以来,《国语》一直被视为历史著作,或被称为春秋外传,或被定为国别史,或被列入杂史,甚至只被视作史料汇编。①《国语》的这种定位,使其在很长一段时期内仅作为史料的提供者而存在,相关研究也只停留在《左传》研究的附庸位置,唯一的调剂或许也仅是作为散文鉴赏的对象,而得到文人雅士的评点。② 然而,不管是史学研究,还是文学考察,由于受到文本定位和研究视角的限定,关于《国语》的整体研究始终缺失着重要一环,即思想研究。

尽管自 20 世纪末,有关《国语》思想研究开始逐步展开,如对其哲学思想的梳理和探讨等。③ 但是,这些研究在一定程度上呈

---

① 春秋外传的称谓始于西汉末刘歆,其引《国语》文而称之为《春秋外传》(《汉书·韦玄成传》),之后班固、王充明确称《国语》为春秋外传,遂成定名。国别史的分类则始于唐刘知几,成于清人浦起龙,后经现代学科划分体制的强化,遂成定论。《国语》被归为杂史,则属《四库全书》的分类。而史料汇编的定性则彻底否定了《国语》之为系统性著作的可能,使其沦为资料集。此说大概发于宋人司马光、李焘,他们便认为《国语》是左丘明作《左传》所余糟粕材料的汇集,至现代,一些学者们遂以其为史料汇编。
② 程继红:《明清〈国语〉评点研究》,安徽师范大学 2007 年硕士学位论文。
③ 如殷孟伦:《〈国语〉哲学思想研究》,《中国哲学史研究》1984 年第 1 期。

现出碎片化的状况,即依据学科门类分别择取相关材料进行研究,无论是探讨其中的政治学、伦理学,还是心理学,莫不如是。当然,不可否认,这种碎片化研究为《国语》思想研究作出了有益的探索,然而依照这一研究模式,《国语》被支离殆尽之时,所谓思想研究也便再无以为继。问题的症结何在? 穷究之下,我们会发现,上述研究虽然细致,但也只是在史学、文学研究的基础上分一杯羹而已,其根基性问题并未解决。这一问题或许可以更为明确地转化为如下表述,即如果《国语》仅是一本史学著作,其思想研究又如何成为可能。简而言之,也就是《国语》思想诠释的可能性。而有关文本诠释可能性的考察,无疑需要重新探讨《国语》文本的定位,这便要从根本上抛开所谓史学、文学的研究视角,对《国语》进行重新审视。

一、编者而非作者

《国语》文献考察的第一个问题,便是作者问题。[①] 依传统主流观点,《国语》乃是左丘明所作,至于此左丘明是《论语》中孔子所称之左丘明,还是另有其人,则是众说不一。但是,就此观点所能达成的共识而言,《国语》确是名为左丘明之人所作。当然,针对这一观点,历代以来质疑声不断,特别是进入 20 世纪之后,讨论尤为激烈。时至当下,回顾这一系列争论,我们发现问题的根源是有关作者与编者的观念纠缠,而其源头则是司马迁有关作者问题的模糊性论述。

《国语》是何人所作? 就目前所见史料而言,最早对此作出判定的当是司马迁。在《史记·太史公自序》中,司马迁谈及往圣前

---

① 其实,作者之说并不妥当,更为准确的说法应是编撰者,但此处为叙述方便计,暂统称为作者。

贤遭遇困厄而发奋有成时,说道:"左丘失明,厥有《国语》。"①据
此可知,在司马迁看来,《国语》是一位名为左丘②或更准确地说是
名中带有"左丘"的人所作,而且是其在失明的情况下完成的《国
语》一书。但是,司马迁并未在此明言左丘即是左丘明。那么,司
马迁在其他地方的论述又是如何呢? 在《史记·十二诸侯年表》
中,司马迁分别提到了左丘明和《国语》:

> 鲁君子左丘明惧弟子人人异端,各安其意,失其真,故因
> 孔子史记具论其语,成《左氏春秋》。③

> 太史公曰:儒者断其义,驰说者骋其辞,不务综其终
> 始;……于是谱十二诸侯,自共和迄孔子,表见《春秋》、《国
> 语》④学者所讥盛衰大指著于篇,为成学治古文者要删焉。⑤

司马迁在此认定左丘明写成《左氏春秋》,至于《国语》则是自己撰
写《史记》的参考资料。而对于左丘明与《国语》的关系,司马迁并
未给我们一个明确的答案。对于这一问题,在另一篇著录于《汉

---

① (汉)司马迁撰:《史记》,中华书局 1959 年版,第 3300 页。
② 后世学者中,宋人叶梦得指出:"古有左氏、左丘氏",并认为《国语》出自
左丘氏。自此,其他学者也多有持此论者。台湾学者张以仁先生对此曾
有详细辩驳,认为《左氏春秋》之左丘明并非复姓左丘。但其对司马迁所
提《国语》之左丘乃姓左名丘的讨论并不让人信服,即"孙子膑脚"为孙
膑,"左丘失明"则应是左丘明。(张以仁:《从司马迁的意见看左丘明与
〈国语〉的关系》,载《张以仁先秦史论集》,第 136 页。)张以仁先生所举
的只是孤例,《史记·太史公自序》于此所说"西伯拘羑里"、"孔子厄陈、
蔡"、"屈原放逐"、"不韦迁蜀"、"韩非囚秦"等皆非此类。
③ (汉)司马迁撰:《史记》,中华书局 1959 年版,第 509、510 页。
④ 此处应是《春秋》与《国语》,而非《春秋国语》。张以仁先生对此问题态
度模糊,推测此处可连读,以别于其他《国语》,但同时又认为此处也很有
"分读的可能"。(张以仁:《〈国语〉辨名》,载《国语左传论集》,东升出版
事业公司 1980 年版,第 4、5 页。)
⑤ (汉)司马迁撰:《史记》,中华书局 1959 年版,第 511 页。

书·司马迁传》中的《报任少卿书》中,有一处貌似很明确的判定。在一如上述所言的举例"左丘失明,厥有《国语》"之后,司马迁进一步论述道:"及如左丘明无目,孙子断足,终不可用,退论书策以舒其愤,思垂空文以自见。"①由此看来,司马迁似乎明确将《国语》的作者认定为左丘明。但是,《昭明文选》所录司马迁此文却偏偏在"左丘"之后没有这最为关键的"明"字②,而且《史记》的一些版本中,也无"明"字,让人突然有些不知所措。③

关于《国语》的作者,最早谈及这一问题的司马迁,除了上述这一因版本问题打了折扣的证据之外,并未给我们一个非常明确的答案。而对于那些明确声称司马迁认定《国语》为左丘明所作的观点,我们是持保留态度的。总结来看,司马迁明确提到的《国语》作者是"左丘失明"之左丘,而此左丘是否与完成《左氏春秋》的左丘明为同一人,司马迁并未给出一个百分之百准确的判定。当然,我们可以说,司马迁既然没有特意解释《国语》之左丘与《左氏春秋》之左丘明为二人,那即是说明在其看来,这不成为问题,也即是在司马迁看来,二者是同一人。在司马迁为我们提供的一系列有限证据之上,我们便可作出这一逻辑的推定。由此,在整个两汉时期,以班固《汉书》、王充《论衡》为代表所呈现出的汉人观点,都是认定左丘明既作《左传》又撰《国语》的,一直到三国时期作《国语解》的韦昭,都是如此。但是,这终归是推定,从晋人傅玄开始,便逐渐有学者质疑《国语》为左丘明所作的传统观点。傅玄之下,还有隋人

① （汉）班固撰:《汉书》,中华书局 1962 年版,第 2735 页。
② （梁）萧统编,(唐)李善注:《文选》,上海古籍出版社 1986 年版,第 1865 页。
③ 王先谦、王念孙都指出《史记》越本无"明"字,王念孙更认为"明"字乃后人增入。(详见张以仁:《从司马迁的意见看左丘明与〈国语〉的关系》,载《张以仁先秦史论集》,第 136 页。)

刘炫,唐人啖助、赵匡,宋人叶适、陈振孙、叶梦得,清人姚鼐、赵翼、崔述,其间各人观点虽有差异,但都可归入质疑反对一类中。①

　　进入 20 世纪后,有关《国语》作者的研究大多继续纠结于是否左丘明所作的传统问题上,结论也大致可分为赞成与反对两个派别。不过,与先前不同的是,通过现代科学研究方法的运用,两派观点的力量对比出现了微妙的变化。20 世纪初,有关《国语》和《左传》关系的大讨论是变化发生的关键,而这场讨论则是由康有为极具争议性与挑衅性的观点引发的,他认为《左传》是刘歆从《国语》原本中分出的。② 为反驳康氏论点,众多学者利用现代科学研究方法对《左传》和《国语》展开了详致地比较分析。③ 尽管这种比较分析在当代仍然偶有行之,甚至在 20 世纪 70 年代徐仁甫先生重申康有为论点后,同样掀起了一场争论,但是问题本身其实早在 20 世纪

---

① 详见谭家健:《历代关于〈国语〉作者问题的不同意见综述》,《中国史研究动态》1994 年第 7 期。

② 康有为认为,左丘明只作了《国语》,并无所谓《春秋传》即《左传》。因《汉书・艺文志》除了署名左丘明的《国语》二十一篇之外,尚有五十四篇《新国语》,题为刘向所分,康氏便以此为据(参见康有为:《新学伪经考》,宏业书局 1987 年版,第 74 页。)

③ 最先针对这一问题进行讨论的是瑞典汉学家高本汉(Bernhard Karlgren),由于高氏采取了新的科学研究方法,其所作《左传真伪考》被迅速翻译进来,并引起了众多学者的响应。在文章中,高本汉选择了七种助词,如"若"与"如"、"及"与"与"、"於"与"于"等,借以比对《左传》与先秦诸种古籍的文法,最后得出结论"周秦和汉初书内没有一种有和《左传》完全相同的文法组织的,最接近的是《国语》",但是因为《左传》和《国语》之间有着一个很重要的不同点,即解作"像"时,《左传》用"如",而《国语》用"若"和"如",所以这两书不能是一个人作的。[(瑞典)高本汉:《左传真伪考》,载陈新雄、于大成编:《左传论文集》,木铎出版社 1976 年版,第 55、56 页。]高氏之后,更多的学者对这一问题进行了讨论。《古史辨》第五册中也收有当时的相关讨论,参见顾颉刚编:《古史辨》第五册,上海古籍出版社 1981 年版。

前叶便已经终结,70 年代的讨论只是力量悬殊的重演而已。① 这场旷日持久争论的终结点便是《左传》和《国语》二书非同出一书,且非同一人所作。以此为基点,又可以逻辑地推演为:《左传》明确为左丘明所作,所以《国语》作者便不会是同一人。延续千年的疑案似乎已经有了定论,20 世纪 80 年代,在张舜徽先生主编的《中国史学名著解题》中,甚至称左丘明作《国语》之说"现在基本上已被否定"②。

《国语》非左丘明所作,那么作者到底是谁呢? 这无疑是悬在学者们心中的巨大问号。其实,早在疑云渐被清除的 20 世纪上半叶,学者们便已经开始了寻找《国语》作者之路。钱穆先生认为《国语》各篇杂出自铎椒、虞卿诸家,"而诸家书皆采《左氏》,故史公亦遂以《国语》归之左氏尔"③。卫聚贤先生认为《国语》一书全由左丘明子孙所完成,从其孙左人郢开始至郢之玄孙分篇撰就。④郭沫若先生则认为《国语》由楚国左史倚相即左丘明撰写一篇,而全书成于吴起之手。⑤ 观之上述诸说,臆测成分难免过多,观点并不能让人信服。寻《国语》作者而不获,于是便有很多学者仍坚持旧说,特别是各种《国语》出版物都题为左丘明所作。对此,殷孟伦先生的看法最具代表性,他说:"疑古而无确证即应疑疑古者而信成说。"⑥这种观点当然有其合理性在焉,所以才有了相当一部

---

① 徐仁甫重申康有为论点,并撰《左氏疏证》(四川人民出版社 1981 年版)详加阐述,引起杨伯峻等众学者反驳。(参见谭家健:《历代关于〈国语〉作者问题的不同意见综述》,《中国史研究动态》1994 年第 7 期。)

② 张舜徽主编:《中国史学名著解题》,中国青年出版社 1990 年版,第 6 页。

③ 钱穆:《先秦诸子系年》,中华书局 1985 年版,第 453 页。

④ 参见卫聚贤:《古史研究》,新月书店 1928 年版,第 255 页。

⑤ 参见郭沫若:《中国古代社会研究》(外二种),河北教育出版社 2000 年版,第 509 页。

⑥ 参见殷孟伦:《〈国语〉哲学思想研究》,《中国哲学史研究》1984 年第 1 期。

分学者对传统观点的支持,但殷氏的说法多少带有些无可奈何的意味。然而,在众多学者持续几十年的细致研究下,《国语》、《左传》二书非同出一书,非同出一人之手已成确论。① 在这种情况下,继续纠结于《国语》作者为左丘明的传统观点,也只能说是作者观念在起作用了,即一定要归于一位有名姓的人撰作。但是,事实却往往并非如此简单、明确。

作者即是作书之人,但是先秦古籍中所题撰人并非都是作者,而且其中也有很多是后人所题。因此,著作权问题在先秦时期并不是完全明确的,著作与编撰的区分也不十分清晰。余嘉锡先生所总结的古书体例之一便是"古书不题撰人"②,而据李零先生的观察,出土简帛中也从未出现过题写作者名姓的情况③。细而言之,所谓经书官学暂且不论,因其大多并无明晰的作者概念,即便诸子书也只是弟子门人编辑整理,其中难免依个人所见所闻,对其书内容增益、修饰,但因全是一派一家之学,所以总题某子,而不分谁作谁编。④ 当一书大致成型之后,也并不会完全固定下来,而是在流传抄写过程中,因各种原因不断变化,甚至可以说,这流传的过程也便是编辑的过程。古书的流布,特别是在写本时代,大体与此相类。李零先

① 参见张以仁:《论〈国语〉与〈左传〉的关系》、《从文法、语汇的差异证〈国语〉、〈左传〉二书非一人所作》,载《张以仁先秦史论集》,上海古籍出版社 2010 年版。
② 《四库全书总目》中,《国语》条下便已经不题撰人,不过纪昀仍然说:"《国语》出自何人? 说者不一,然终以汉人所说为近古。所记之事,与《左传》俱迄智伯之亡,时代亦复相合。中有与《左传》未符者,犹《新序》、《说苑》同出刘向,而时复抵牾。"度其意,似又坚持旧说。[参见(清)永瑢等撰:《四库全书总目》,中华书局 1965 年版,第 460 页。]
③ 参见李零:《出土发现与古书年代的再认识》,载《李零自选集》,广西师范大学出版社 1998 年版,第 27 页。
④ 参见余嘉锡:《古书通例》,中华书局 2009 年版,第 200—210 页。

生在校读出土本《孙子》过程中,便发现今本往往将古本难懂的字换为通俗的字,而且喜欢增加虚词、助词,把散文改为对句,甚至添加后世的事件。① 其实,《国语》中也存在着这种现象,如张以仁先生在统计《国语》助词时,便发现所得结果与另一位学者的统计数据相差很大,最后发现原来是由于版本的差异导致的。② 两位学者所据两种版本都是印刷术发明之后的传世本,其间尚有如此大的差距,亦可知《国语》从写本时代流传下来所经历的变化之大。因此,无论从先秦古书的产生角度讲,还是从古书的流布情况看,作者观念都是不甚体贴的,在此,我们更愿意使用编纂者的概念。

由此我们再反观《国语》一书的产生和流布。最初,如《汉书·艺文志》所说"左史记言,右史记事"③。我们不知道历史是否真如其所言有此之分划,但是依照《国语·楚语上》所载,楚大夫申叔时建议楚太子傅如何教育太子时便曾说道:"教之《春秋》,而为之耸善而抑恶焉,以戒劝其心;……教之《语》,使明其德,而知先王之务,用明德于民也。"④就此看来,记言之"语"确是当时贵族教育中的一种重要教材。而且大概这种"语"各国都有,为数不少,现今出土的马王堆帛书《春秋事语》以及上博简中的大量古书都可以反映当时的情境。⑤ 而《国语》也一定与这些古书相似,其取材想必也大致相

---

① 参见李零:《出土发现与古书年代的再认识》,载《李零自选集》,广西师范大学出版社 1998 年版,第 31 页。

② 在对《国语》"于"和"於"的考察中,张氏所据明道本"於"字的一种用法要比冯氏少 33 处之多,因此与"于"字大致相等,便不会得出冯氏的结论。(参见张以仁:《从文法、语汇的差异证〈国语〉、〈左传〉二书非一人所作》,载《张以仁先秦史论集》,第 83 页。)

③ (汉)班固撰:《汉书》,中华书局 1962 年版,第 1715 页。

④ 关于这一段引文,在上海古籍本中,其句读为"知先王之务用明德于民也",本文依徐元诰《国语集解》(修订本),中华书局 2002 年版,第 485 页。

⑤ 参见李零:《简帛古书与学术源流》,三联书店 2008 年版,第 294—298 页。

同。所以,现代作者概念在这里便不再适用,而应该更为准确地称为编撰者。而这位编撰者在选择材料时所面对的便是上述称为"语"的大量材料,所以《国语》是采集多种材料而成的,这也已经为学者所证明。① 但是,这位编撰者对于材料的选取是有一定标准的,而非杂乱地汇编材料。其标准即是"明德",与此相关或有益于此的材料便可入选,从《国语》书中可以很明显地观察到这一主题。但是《国语》编成之后,如同大多数古书一样,开始了被附益、修饰的过程。除了简单的语言修改之外,以事件为纲目的形式也决定了《国语》可以更容易的被改编。因为这种形式,又加之古书单篇流行的情况,使得后人可以《国语》主题为标准,继续对其中的材料进行编辑甚至更换,即如《太平御览》所引几条《国语》材料便不见于今本②。如其中《兵部》"决战"条引"《国语》曰":

> 齐庄公且伐莒,为车五乘之宾,而杞梁、华舟独不与焉,故归而不食。其母曰:"汝生而无义,死而无名,则虽非五乘孰不汝笑也;生而有义,死而有名,则五乘之宾尽汝下也。"趣食乃行,杞梁、华舟同车侍于庄公,而行至莒,莒人逆之。杞梁、华舟下斗,获甲首三。庄公止之曰:"子止与子同齐国。"杞梁、华舟曰:"君为五乘之宾,而舟、梁不与焉,是少吾勇也;临敌涉难,止我以利,是恶吾行也;深入多杀者,臣之事也。齐国之利,非吾所知也。"随进斗,坏军陷阵,三军不敢当。③

① 参见洪业:《〈春秋经传引得〉序》,载《春秋经传引得》,上海古籍出版社1983年版,第81页;谭家健:《关于〈国语〉的成书时代和作者问题》,《河北师院学报》(哲学社会科学版)1985年第2期。

② 参见洪业:《〈春秋经传引得〉序》,载《春秋经传引得》,上海古籍出版社1983年版,第84、85页。

③ (宋)李昉编,夏剑钦等校点:《太平御览》卷第三百一十一,河北教育出版社1994年版,第795、796页。

这段记述完全符合《国语》体例,可作为书中的单独单元存在,但此条却整段佚失,不见于今本。从其佚失情况来看,我们可以更为形象、具体地明了上述所说《国语》的编辑过程,即编辑者可以根据全书主题,依照相同时期、相关题材的材料,整体删除或增添书中条目。

由此,我们可以将《国语》称为一种开放文本。何谓开放文本,我们可举互联网中维基百科或百度百科为例,以更好地理解这一概念。在互联网的维基百科或百度百科中,当一位作者建立一个词条之后,这个词条便处于一种开放状态,可以由任何人附益、增饰,甚至删改。在词条最终定型之前,修改工作可能会经历很长一段时间,而在这种反复增饰、修正之后,最终词条会达到一个大多数人都可接受的样貌,此时文本也就固定下来,较少会出现变动了,而一个完整词条也便最终完成。这种处于开放编辑状态的文本,我们可称其为开放文本。《国语》的情况大概也与此相似,因此,在开放文本的视角之下,我们可以将《国语》的编撰者视为一个群体,而其编撰年代将成为一个时间段。也就是说,《国语》是由若干编撰者在一段时期内完成的。当然,这并不意味着《国语》的编改是完全随意化的,其最初的版本与今本虽然有差异,但主体是相同的,而这正是其作为著作的本质所在,否则其便会失去作为著作的合法性,而成为可以任意更换的数据夹。这一切都是因为《国语》鲜明主题的存在。主题的存在,意味着一定存在一位主要的编撰者,这样才可将这一主题确立并贯穿于编选之中。而这位编撰者依据主题完成《国语》的编选时,也就意味着作为一本特定著作的《国语》的出现,而不必如后世学者那样,将成书年代定在最晚的时间点上。因此,《国语》的最终完成虽然是持续一段时期的群体工作,但最初那位主要编撰者完成编撰之日也便是《国语》

之为《国语》确立之时。这也如同网络百科中的词条一样,当作者最初完成词条的写作之后,词条也即宣告形成,之后其他编者的工作也只是增饰、修改而已。

至于这位主要编撰者,除了司马迁提供的一些线索之外,我们并没有确定的证据证明定是左丘明,这便是古书不题撰人所导致的不确定性吧。与其不经考察的接受左丘明作《国语》的旧说,不如更为谨慎地依据有效线索划定大致范围。这一有效且唯一的线索即是司马迁在《史记·太史公自序》中所说的:"左丘失明,厥有《国语》。"①先前,我们已谈到,此处之左丘并无确切证据证明为左丘明,而对于此左丘是姓左名丘,还是复姓左丘,我们也并不会继续纠结于此类传统猜想。在现有证据下,我们只知有关《国语》

---

① 关于此条证据的准确性,历来有学者持质疑态度。如崔述称:"《世纪自叙》自文王、孔子以下凡七事,文王羑里之诬,余固已辨之矣;孔子之作《春秋》,亦不在于陈、蔡;《离骚》、《兵法》、《吕览》、《说难》之作,皆与本传之说互异,然则此言亦未可尽信也。且列左丘于屈原后,言失明而不言名明,尚未知其意果以为即作传之左丘明否,不得强指为一人也,故今不采此文。"[(清)崔述:《洙泗考信余录》卷三,商务印书馆1937年版(《丛书集成初编》排印《畿辅丛书》本),第52页。]崔氏此论即是针对司马迁"昔西伯拘羑里,演《周易》;孔子厄陈、蔡,作《春秋》;屈原放逐,著《离骚》;左丘失明,厥有国语;孙子膑脚,而论《兵法》;不韦迁蜀,世传《吕览》;韩非囚秦,《说难》、《孤愤》"[(汉)司马迁撰:《史记》,中华书局1959年版,第3300页]而发。其"不得强指为一人"的结论可采,但其论证不可采。杨伯峻先生也同样有此质疑,认为吕不韦非迁蜀《吕览》,韩非也非囚秦作《说难》、《孤愤》,并进而认为"左丘失明,厥有《国语》"也是如此,是不足信的,是司马迁写文章而非写史书。(杨伯峻:《〈左传〉成书年代论述》,载《杨伯峻学术论文集》,岳麓书社1984年版,第212—214页。)文王、孔子之下,屈原或许并非被放逐而作《离骚》,《吕览》、《说难》、《孤愤》也并非吕不韦、韩非遭难时所作,但是其中作者与作品的关系是非常明确的,文王与《周易》、孔子与《春秋》的关系,也是久传旧说,可疑的只是何时、何地而作。因此,在对是否失明存疑的情况下,我们仍然认定"左丘失明,厥有《国语》"叙述的准确性。

编撰者的论述，唯有这一条具有效性。而据此一条证据，我们也仅能获得编撰《国语》者乃是司马迁所说之左丘的结论。而对于这一左丘的情况，我们知之甚少，但是依据现有材料，我们仍可以了解一二。我们知道，《国语》是依国别分章的，其中，最多的便是《晋语》，全书二十一篇中独占九篇，由此我们可以做最低限度的推断，即编撰者左丘是三晋之人，至少是与之接近之人，这是极有可能的。① 而有关《国语》的年代，据《晋书·束皙传》所载，"初，太康二年，汲郡人不准发魏襄王墓，或言安厘王冢，得竹书数十车"。② 其中有"《国语》三篇，言楚晋事"，这三篇已如上述，是古籍单篇行世的例证。此处已经有《国语》之名，而且题名最可能是书中原有的，因为这些书"大凡七十五篇，七篇简书折坏，不识名

---

① 王树民先生便是持此论者，他认为司马迁所说"左丘失明，厥有《国语》"之左丘与作《左氏春秋》之左丘明并非同一人，编《国语》者即是左丘。又根据《晋语》所占篇幅多，而《晋语》中又记赵氏为多，认为左丘是赵国人，或是与赵国接近之人。但是，王氏认为司马迁所列文王、孔子、屈原、左丘、孙膑、吕不韦、韩非皆是以时间先后为次序，而左丘"列于屈原与孙子之间"，所以应是战国中期人。［参见王树民：《〈国语〉的作者和编者》，载《国语集解》（修订本），中华书局 2002 年版，第 603、604 页。］在此之前，孙海波先生也通过考察时间先后次序得出同一结论，认为作《国语》者是战国人。（参见孙海波：《〈国语〉真伪考》，《燕京学报》第 16期。）但关于诸人时间先后，也并非毫无问题，张以仁先生便考证所谓孙子膑脚当在屈原出生之前，不应次于其后。（参见张以仁：《从司马迁的意见看左丘明与〈国语〉的关系》，载《张以仁先秦史论集》，上海古籍出版社 2010 年版，第 149 页。）因此，通由此法考定编撰者年代是需要商榷的。谭家健先生也通过分析《晋语》所占《国语》篇幅为多，而得出《国语》成于三晋史官的结论。［参见谭家健：《关于〈国语〉的成书时代和作者问题》，《河北师院学报》（哲学社会科学版）1985 年第 2 期。］沈长云先生同样由此得出《国语》成于三晋人之手。（参见沈长云：《〈国语〉编纂考》，载《上古史探研》，中华书局 2002 年版，第 332 页。）

② （唐）房玄龄等撰：《晋书》，中华书局 1974 年版，第 1432 页。

题"。七篇因为折坏所以不知道题名,那即是说这些书原都是有题名的,所以《国语》一名应是书中原有的。而且,据行文语气,出土《国语》应是与当时传本相同的,至少不会大异,因为其他出土诸书与当时传本都有对照,如有出入都有所说明。① 因此,依照现有证据,《国语》最早有史记载是安厘王卒年,即公元前243年,而其编撰则应在此之前。最后,我们可以得出结论,一位三晋人士左丘于公元前243年之前,根据当时材料编撰了这部《国语》。

二、著作而非汇编

《国语》文献考察所面临的第二个问题,即是文本性质的问题。虽然《国语》是包括一位主要编撰者在内的群体编撰而成,但是这并不意味着《国语》便是资料汇编。然而,自从司马光述其父称《国语》是左丘明所采资料稿②,李焘随即广其说于后③,延及现

---

① 张以仁:《论〈国语〉与〈左传〉的关系》,载《张以仁先秦史论集》,上海古籍出版社2010年版,第68、69页。

② 司马光曰:"先君以为:丘明将传《春秋》乃先采集列国之史,因别分之,取其精英者为《春秋传》,而先所采集之稿,因为时人所传,命曰《国语》,非丘明之本志也。故其辞语繁重,序事过详,不若《春秋传》之简直精明、浑厚遒峻也;又多驳杂不粹之文,诚由列国之史学有厚薄、才有浅深,不能醇一故也。"[(清)朱彝尊撰,林庆彰等主编:《经义考新校》卷二百九,上海古籍出版社2010年版,第3800页。]不过,认为《国语》是作《左传》后剩余各国史料编集而成的观点自唐代便已有之,赵匡便持此论,他说:"盖左氏广集诸国之史以释《春秋》,《传》成之后,盖其家子弟及门人,见嘉谋事迹多不入《传》,或有虽入《传》而复不同,故各随国编之,而成此书,以广异闻尔。"[(唐)陆淳:《春秋啖赵集传纂例》,《丛书集成初编》本,第9、10页。]但细究此言,赵氏与司马光观点明显有异,司马光对《国语》有贬斥,在其看来,《国语》只是资料汇编而已。

③ (清)朱彝尊撰:《经义考新校》卷二百九,上海古籍出版社2010年版,第3801页。

代,便有《国语》是史料汇编的论点行世。① 诚如前之所言,如果《国语》仅是史料汇编,其作为著作的根本属性便面临着颠覆,即从拥有主题思想的著作沦为依照国别排列划分的零散史料集。而这对于《国语》思想研究来说,无疑又将成为麻烦的制造者,使其不得不重蹈碎片化研究的覆辙。当然,这种将《国语》视为史料汇编的论点是错误的,因为《国语》自始便是一部有着明确主旨、精心布局和统一结构的著作。②

(一)就编纂主旨而言,《国语》全书有着鲜明的主题。正如上节讨论"编者而非作者"问题时所说,编纂《国语》者在选编材料时是有一定标准的,其绝非简单地堆砌材料,更不是搜罗所谓《左传》的残余材料。编纂者选编材料的标准即在于其编纂意图,而此编纂意图也便是《国语》的主旨所在。傅庚生先生曾提及过这一问题,他说:

> 史家在整理史料的时候,往往想集中某一部分材料去解释某一个问题,剪裁删汰和重点突出的结果,便自然在若干部分中都形成它自具的重心,这是可以理解的。③

---

① 参见谭家健:《关于〈国语〉的成书时代和作者问题》,《河北师院学报》(哲学社会科学版)1985 年第 2 期;陈桐生:《〈国语〉的性质和文学价值》,《文学遗产》2007 年第 2 期。

② 此处是在现代意义上使用"著作"一词,其是对文本性质的一种称谓,是与汇编性质的资料集相对而言的。而依照传统含义,著作则是指前无所承、开后世之先的创造。张舜徽先生区分了传统意义上的著作、编述、抄纂,认为前无古人的创造才能称为著作,而材料的整理集合只能称为抄纂,编述则介于二者之间,是指将过去已有的书籍材料重新加工改造。(参见张舜徽:《中国文献学》,中州书画社 1982 年版,第 31、32 页。)依照此义,本文所使用的"著作"一词与"编述"较为接近,也可以用上节所使用的"编撰"替代。

③ 傅庚生:《国语选》,人民文学出版社 1959 年版,第 3 页。

第一章 《国语》与「和合」

在傅庚生看来,史家面对一堆材料时,绝非简单编辑了事,而是定一标准,以此选取相关材料,同时删减修饰,最后形成主旨重心。其实,这也应是编纂的普遍情形,而具体到《国语》,傅庚生认为:

> 它既经过史家在纷杂的材料中有规划、有目的地撷取,又经过改编和润色,有一定程度的系统性,所以我们觉得《国语》还不是自然散佚而偶然余存的一部分残缺不完的史料。①

也就是说,《国语》并不是残缺无序的原始史料,而是编纂者有规划、有目的地选取材料后的成果。而在选取材料时所依据的规划或目的,便是编纂者所持有的标准,也即是《国语》一书的主旨,如此才能具有某种程度上的"系统性"。②

其实,关于《国语》主旨的问题,三国时期注解《国语》的集大成者韦昭便已有所观察。在《国语解叙》中,他曾说道:"所以包罗天地,探测祸福,发起幽微,章表善恶者,昭然甚明,实与经艺并陈,非特诸子之伦也。"③也就是说,《国语》虽然"不主于经",但就其主旨而言,"包罗天地,探测祸福,发起幽微,章表善恶"云云,所重实与诸经无异。④ 韦昭的这一观察,可谓颇有见地。在韦昭看来,

---

① 傅庚生:《国语选》,人民文学出版社 1959 年版,第 3 页。
② 尽管如此,但在傅庚生先生看来,《国语》仍然只能算作是经过史家整理过的史料,其之所以仍称《国语》是史料,主要还是因为他视其为史籍,而这一观点是需要重新考察的,本书将于下节详细论述。
③ (吴)韦昭:《〈国语解〉叙》,载徐元诰撰:《国语集解》(修订本),中华书局 2002 年版,第 594 页。
④ 在此引文之前,韦昭还说道:"采录前世穆王以来,下讫鲁悼、智伯之诛,邦国成败,嘉言善语,阴阳律吕,天时人事逆顺之数,以为《国语》。"前后观照之下,两段引文可成呼应之势。"穆王以来,下讫鲁悼、智伯之诛"与"包罗天地"皆指指内容范围,"邦国成败,嘉言善语"可"探测祸福","阴阳律吕,天时人事逆顺之数"则"发起幽微",总其意言之,则在于"章表善恶"。

《国语》所含内容囊括天地,所述之事于祸福、幽微也皆有所察,而其目的则在章表善恶,由此可见《国语》主旨所在。不过,如果依照更为精确地分化,韦昭的这一结论用于《春秋》倒更为相合。就在《国语》书中,便含有相关记叙,而且就历史记述的时间疏离度而言,这种记叙或许更为准确精当。在《国语·楚语上》中,有着这样一段记载,楚大夫申叔时在建议楚太子傅如何教育太子时说:"教之《春秋》,而为之耸善而抑恶焉,以戒劝其心;……教之《语》,使明其德,而知先王之务,用明德于民也。"①申叔时所言之《春秋》、《语》与孔子笔削之《春秋》和现今之《国语》不一定完全相同,前者可能只限于楚国之《春秋》和楚国之《语》,后者则是鲁国《春秋》和诸国之《语》,但是二者必定是由相似材料组成的同类书籍。而根据申叔时的论述,《春秋》之旨在于"耸善抑恶"。关于这一点,《国语·晋语七》"悼公与司马侯升台而望"条中也曾提到,司马侯便指出"以其善行,以其恶戒"是《春秋》的作用②,而这与孟子所言《春秋》使"乱臣贼子惧"③(《孟子·滕文公下》)的评论也是大致相同的。因此,韦昭所言"章表善恶"更适用于《春秋》,而《语》之用,正如申叔时稍后所言,则在于"知先王之务,用明德于民"。在这一历史表述中,申叔时所言之《语》便是与《国语》相似的一类书籍。④

统称为"语"的这类书籍在先秦时期甚为流行,除流传至今的

① 徐元诰撰:《国语集解》(修订本),中华书局 2002 年版,第 485 页。
② 徐元诰撰:《国语集解》(修订本),中华书局 2002 年版,第 415 页。
③ (清)阮元校刻:《十三经注疏》,中华书局 1980 年版,第 2715 页。
④ 关于《国语》与申叔时所言之"语",很多学者的研究已表明二者关系密切。[参见杨宽:《战国史》,上海人民出版社 1998 年版,第 526 页;王树民:《〈国语〉的作者和编者》,载《国语集解》(修订本),第 602 页。]

《国语》外,当时相类书籍必有不少,这从当前出土文献中亦可窥见一斑。① 而据申叔时所言,这类所谓"语"书是教育太子的教本,也就是当时贵族教育的教材。这种教材意在明受教者之德,使其"知先王之务,用明德于民"。简而言之,在申叔时看来,"语"书之主旨即是明德。反观《国语》一书,其作为"语"之一种,明德无疑也是其主旨所在。其实,这一主旨在《国语》中体现地非常明显,就在《国语》的开篇便展露无疑。《周语上》第一章:"穆王将征犬戎,祭公谋父谏曰:'不可。先王耀德不观兵'",韦昭注:"耀,明也",耀德即明德,可见《国语》于此开篇便点出全书明德主旨,为之后诸篇定下了基调。② 以此为验,纵观《国语》全书,莫不如是。关于《国语》的明德主旨,其实也早有学者先发其覆,以研究《国语》名世的台湾学者张以仁先生便早有此论,他曾说:"探究《国语》本质,知其旨在明德,使习者因而以知修齐治平之要在明德于民。"③其后,有学者甚至将明德作为判定"语"书的标准,也就是说,"语"书的主旨在于明德,而明德又反过来成为"'语'的身份证明和统一内核"④。虽然这种论述有逻辑错误的嫌疑,但不可否认的是,《国语》与明德之间存在着密切的关系。因此,《国语》作为一本著作,其有着鲜明的主题,这一点是大致可以确定的。

(二)从整体布局来看,《国语》显然经过编纂者的精心设计。《国语》共分八语,以国为别,依次序分别为《周语》、《鲁语》、《齐

---

① 李零:《简帛古书与学术源流》,三联书店 2008 年版,第 294—298 页。
② 徐元诰撰:《国语集解》(修订本),中华书局 2002 年版,第 1 页。
③ 张以仁:《从〈国语〉与〈左传〉本质上的差异试论后人对〈国语〉的批评》,载《春秋史论集》,联经出版事业公司 1990 年版,第 106 页。
④ 俞志慧:《古"语"有之——先秦思想的一种背景与资源》,华东师范大学出版社 2010 年版,第 15 页。

语》、《晋语》、《郑语》、《楚语》、《吴语》、《越语》。这种布局并非随意为之,而是有其深意在焉的。关于这一点,学者们多有研究,而且已大致取得统一的意见,我们在此可择而用之,借此窥见编纂者的布局意图。

《国语》首篇列以《周语》,当是因尊周的缘故。《国语》成编之时,周王室衰微,王道陵替,但因周天子仍为天下共主,所以编撰《国语》者依然以《周语》为首。关于这一点,清人董增龄论之甚详,他说:"《国语》首以周,殿以越。周何以称国? 穆王时周道始衰,《书》言荒度作刑,《史记》言王道衰缺,盖已兆黍离,国风之渐。迨平王周郑交质,直言结二国信,虽号令止行于畿内,而为天下共主,故首列焉。"[①]当然,尊周并非只是因为周天子的共主虚号,更重要的是其乃周文化的渊薮与正宗所在。因此,以《周语》为首不只是尊周,更是尊周文化,尊周德。虽然《周语》以穆王征犬戎而荒服者不至的失败开篇,且全篇多记周王室兴衰事,但这正符合上节所言《国语》明德的主旨,其目的是为贵族教育提供最佳的政治经验,也即《国语·楚语下》所载的"人之求多闻善败,以监戒也",这无疑是为明其德服务的。[②]

《周语》之下,紧接着便是《鲁语》,这样的布局很显然也是尊周的结果。鲁国在周代地位特殊,无论是从宗法血缘角度视之,还是从文化角度观之,都是如此。就宗法血缘而言,鲁侯是周公之后,与周王室关系密切,素来是宗亲之国。而从文化角度观之,鲁国是周公礼乐所在,《左传·昭公二年》载韩宣子至鲁,观鲁之文献后称颂:"周礼尽在鲁矣。吾乃今知周公之德,与周之所以王

① (清)董增龄:《国语正义》,巴蜀书社 1985 年版,第 11 页。
② 参见徐元诰撰:《国语集解》(修订本),中华书局 2002 年版,第 531 页。

也。"①韩宣子之叹或属为客之道,但这赞叹也绝非浮词,从保存周礼的角度看,鲁国还是当得这句赞的。因此,《鲁语》位列《周语》之后,仍是编纂者尊周文化、尊周德的结果。就此而言,董增龄所说"次鲁,重周公之后,秉礼之邦也"②,即有"周公之后"的宗亲论,又有"秉礼之邦"的周礼论,确是见识卓绝。

《鲁语》之后,齐、晋、郑次之。很多学者认为,这种顺序仍是以周为参照点布局的。如白寿彝先生认为,之所以列齐、鲁,是因为"齐鲁是宗周建立的股肱之国,在春秋时期也还是东方大国",而至于晋、郑两国则是因为"这是在宗周末年以后,逐渐兴起的国,是对周平王东迁尽了力量的",所以"《国语》把夹辅平王东迁的这两个股肱之国位于宗周建立时的两个股肱之国的后边"③。这一论点与董增龄并无差异,董氏所言:"次齐,美桓公一匡之烈也。次晋,见其主盟,十一世有夹辅之勋,且文之伯继乎桓也。次郑,郑出厉王,于诸姬为近,又与晋同定王室也。"④同样是从诸国对周王室辅助之功的角度立论。而至于楚、吴、越三国,董、白二氏都认为其外于中原,甚至以荆蛮视之,且与周王室关系疏远,所以列于最后。⑤

对于《国语》诸语的布局问题,尽管编纂者未曾明言,但就学

---

① (清)阮元校刻:《十三经注疏》,中华书局 1980 年版,第 2029 页。

② (清)董增龄:《国语正义》,巴蜀书社 1985 年版,第 11 页。

③ 白寿彝:《国语散论》,《人民日报》1962 年 10 月 16 日第 5 版。

④ (清)董增龄:《国语正义》,巴蜀书社 1985 年版,第 11 页。

⑤ 董增龄认为楚吴"为重黎之后、泰伯之裔,不使其迹之湮没弗彰焉。终之以越,见闽蛮强而中夏无伯主"。[(清)董增龄:《国语正义》,巴蜀书社 1985 年版,第 11 页。]而白寿彝则认为,他们是"所谓荆蛮之国,自当排在中原各国之后"。(白寿彝:《国语散论》,《人民日报》1962 年 10 月 16 日第 5 版。)

者作出的上述解释来看,编纂者的构思意图已可知其大半。不过,除了以周王室为核心的思考角度之外,单就诸语自身而言,也还可以增加新的解释视角。俞志慧先生便提出"周德衰落"、"诸侯代兴"的思路。他认为《国语》既以明德为主旨,首以周、次以鲁的布局便是对周德的最好展现。而当周德衰微之后,春秋霸主代兴,这些诸侯何以明德便成为编纂者关心的问题,所以《国语》选择了齐、晋、郑、楚、吴、越等诸侯国,至于秦国的落选则正在于其无法达到明德的要求。① 这种解释视角无疑是对前述论点的补充,除了尊周之外,明德的主旨在诸语中也得到了很好的贯彻。同时,对于前述论点中楚、吴、越排序的解读,也可依此作出修正。三国并非仅是荆蛮,察之三语原文可知,《楚语》也是围绕明德展开的,《郑语》中史伯便曾说道:"闽芈蛮矣,唯荆实有昭德,若周衰,其必兴矣。"②而吴、越排在最后也只是因二者是春秋晚期最后的霸主而已,可纯从时间早晚上予以解读。因此,对于诸语布局的理解,诸侯代兴较之华夏荆蛮更具有解释力。

经过上述分析,我们有理由相信,编纂者在处理《国语》布局时是有着整体思路的,其将《国语》的明德主旨融入对诸语的设计和排序中,从而使得全书布局与主旨融合在一起。由此看来,无论是主旨思想的渗透,还是布局的精心设计,都绝非史料汇编所能有。

(三)从叙述结构来看,《国语》显然也是经过了编纂者的统一

---

① 俞志慧:《古"语"有之——先秦思想的一种背景与资源》,华东师范大学出版社 2010 年版,第 117—128 页;李坤分析了《晋语》和《楚语》中有关秦国的记载,认为编纂者亲晋、襄楚、鄙秦,所以未设秦语。(参见李坤:《〈国语〉的编撰》,《史学史研究》1988 年第 4 期。)

② 徐元诰撰:《国语集解》(修订本),中华书局 2002 年版,第 468 页。

规划。《国语》共分八语、二十一篇、二百多章。① 其中,诸语如上节所言,经编撰者精心布局,有其意图存焉。而诸语各篇中,又细分为二百多章,每章都有着大致统一的结构,即由背景、言论和结果三部分组成,这无疑是编撰者在编选材料时所作的统一规划。

关于《国语》叙述结构的这一特点,论述最为详致的当属俞志慧先生。当然在此之前,也有学者对这一特点有所提及,如张以仁先生便曾指出,《国语》主记言,"有时言辞之首,或书史事以交代其背景。言辞之末,或附史事以为之征验"②,这无疑是对俞志慧先生所总结的《国语》三段式结构的较早表述。所谓三段式结构,是俞氏通过对《周语》、《鲁语》、《郑语》、《晋语》、《楚语》等五语的分析,总结出的一种较普遍的表述模式,即每章结构可大致分为嘉言善语的背景或缘起、嘉言善语和言的结果等三部分。在上述五语中,每章几乎都以一个有关背景或缘起的简要介绍开始,随后是篇幅较长的言论,最后以言论的结果作结。③ 根据这三段式结构,李佳博士又结合美国芝加哥大学 Sargent 博士的四段式结构④,更细致地分析了《国语》各章的表述模式。她认为所谓三段式和四段式并存于《国语》中,不同处在于前者是表达预言式内容,后者

---

① 各本分章数不一,如上海古籍出版社校点本分 243 章,而《国语集解》分 230 章。

② 张以仁:《从〈国语〉与〈左传〉本质上的差异试论后人对〈国语〉的批评》,载《春秋史论集》,联经出版事业公司 1990 年版,第 109 页。

③ 参见俞志慧:《古"语"有之——先秦思想的一种背景与资源》,华东师范大学出版社 2010 年版,第 134、135 页。

④ 参见 Howard W. Sargent:A preliminary study of the Kuo Yǔ,美国芝加哥大学 1975 年博士学位论文。转引自李佳:《试论〈国语〉的篇章结构》,载《〈春秋〉三传与经学文化》,长春出版社 2009 年版,第 513 页。

则表达劝谏性内容。具体而言，就是针对劝谏言论，四段式细化了最后的结果，即区分了被谏者是否接受的小结果和随之引起的历史事件的大结果。① 为了更为形象地说明上述论点，我们现摘引《国语》中的相关章节作为三段式和四段式的范例，如下所示：

> 晋孙谈之子周适周，事单襄公，……襄公有疾，召顷公而告之，曰："……（论晋周将得晋国）"及厉公之乱，召周子而立之，是为悼公。②（《周语下》）

> 穆王将征犬戎，祭公谋父谏曰："不可……"王不听，随征之……自是荒服者不至。③（《周语上》）

就《国语》各章的表述结构而言，上述两章非常典型，在《国语》全书中也较为普遍，因此为避免重复烦琐，此处便不再遍举他例了。单就上述两章来看，两相比照之下，我们可以很明显地看出，上段是三段式结构，内容为预言，结果部分只谈及预言的实现。而下段则是四段式，内容为劝谏，最后结果部分便可细分为"王不听"的小结果和"荒服者不至"的大结果。当然，这里所谓的四段式，仍可被归为广义的三段式，也就是背景、言论、结果三部分。

当然，即使在俞志慧先生所举的五语中，这种三段式也仍有例外之处。如《周语下》中，晋叔向预言单靖公子孙必蕃，但是在言论之后便无下文，从结构来说，并无结果部分。为说明这种变例，俞志慧先生提出了互见法予以解释，即虽然本章中并未给出结果，但是通过书中其他章节所述可得知事件结果，这便是互见法。如在上述所举变例之后，单氏家族的相关叙述出现在很多章中，这便

---

① 参见李佳：《试论〈国语〉的篇章结构》，载《〈春秋〉三传与经学文化》，长春出版社 2009 年版，第 523 页。

② 徐元诰撰：《国语集解》（修订本），中华书局 2002 年版，第 88 页。

③ 徐元诰撰：《国语集解》（修订本），中华书局 2002 年版，第 1 页。

表明叔向所言已应验,而无需在其本章中画蛇添足。① 依据俞氏的研究,《国语》的结构无疑是有着统一模式的,但因其考察范围仅限于《国语》五语,所以我们还需继续其他篇章的考察。

其实,并不如俞志慧先生所担心的那样,三段式结构只适用于《国语》五语中,恰恰相反,三段式结构仍然可以适用于《国语》其他篇章中。如《齐语》全是在言管仲辅助齐桓公,诸章绝大多数都是二人关于治国方略的问答,而且有些章节并未出现结果,但以互见法观之,管仲的治理方案成功与否都已在最后桓公称霸的史事中点出。张以仁先生便指出,《齐语》最后一章"桓公忧天下诸侯"看似全在记事,实则可"视为前文之总征验",和《周语》、《鲁语》辞末"所记史事征验部分虽有篇幅长短之不同,其方式则完全一样"②。而且,《齐语》中的其他章节也有出现结果的例子,如首章第一段,"桓公自莒反于齐,使鲍叔为宰,辞曰:'……'",最后"桓公使请诸鲁,如鲍叔之言",这显然是一典型的三段式结构。此段之后,紧接着又是"庄公以问施伯,施伯对曰:'……'",结果便是"于是庄公使束缚以予齐使,齐使受之而退"③。诸如此类者众多,又怎可说《齐语》不在三段式之列呢。《吴语》、《越语》也都是如

---

① 俞志慧:《古"语"有之——先秦思想的一种背景与资源》,华东师范大学出版社 2010 年版,第 140、141 页。

② 张以仁:《从〈国语〉与〈左传〉本质上的差异试论后人对〈国语〉的批评》,载《春秋史论集》,联经出版事业公司 1990 年版,第 110 页。俞志慧在其文中提及张以仁这一论点,认为与三段式中第三部分应当字数简略的常例不合,所以其只取最后三十二字作结尾。(参见俞志慧:《古"语"有之——先秦思想的一种背景与资源》,华东师范大学出版社 2010 年版,第 139 页。)但其三段式字数简略的例子只是其所选取的五语概括所得,而如果着眼《国语》全书,则并不全面。

③ 徐元诰撰:《国语集解》(修订本),中华书局 2002 年版,第 215—217 页。

此,张以仁先生早便指出:"《吴语》之记吴王布列战阵,亦系依前文王孙雒之言而行,与前文记言互为呼应。"①而且,如《吴语》"吴王夫差既许越成"一章,其结构为"吴王夫差既许越成,乃大戒师徒,将以伐齐。申胥进谏曰:'……'",大段的谏言之后,"王弗听。十二年,遂伐齐。齐人与战于艾陵,齐师败绩,吴人有功"。② 这甚至完全是典型的四段式,大小结果俱存,只是这大结果恰与申胥所言相反,但这并不能成为其不适用于三段式的理由。《越语》诸章也是如此,单独章节中符合三段式的例证如,"越王勾践即位三年而欲伐吴,范蠡进谏曰:'……'",结果是"王弗听",范蠡再谏依然如故,最后"果兴师而伐吴,战于五湖,不胜,栖于会稽"。③ 尽管这只是首章的第一、第二段,但传统分章问题也同样不能成为不适用于三段式的理由。而最后勾践为伐吴事数问范蠡,范蠡每次都答以待之时机,以传统分章,每问便是一章,每章结尾都是勾践曰:"诺",虽然这也可算作一种结果,但为稳妥起见,上述诸章应并为一章,而其结果即是最后时机成熟,"遂灭吴"。

因此,虽然俞志慧先生关于《国语》三段式结构的研究仅限于《周语》、《鲁语》、《郑语》、《晋语》、《楚语》等五语,但通过上述考察,我们发现其同样适用于《齐语》、《吴语》、《越语》,由此我们可以说,《国语》全书有着统一的结构,即背景、言论、结果的三段式结构,而这只能以编撰者的统一规划作为解释。

综上所述,无论是从主旨,还是布局,或是结构来看,《国语》都是有着统一规划、精心设计的。同时这也再次证明了我们上节

---

① 张以仁:《从〈国语〉与〈左传〉本质上的差异—试论后人对〈国语〉的批评》,载《春秋史论集》,联经出版事业公司1990年版,第112页。
② 徐元诰撰:《国语集解》(修订本),中华书局2002年版,第540—543页。
③ 徐元诰撰:《国语集解》(修订本),中华书局2002年版,第575、576页。

所说的观点,即有一位主要的编撰者,我们可据司马迁所提供的有限证据称其为左丘,他在编纂《国语》时并非简单得汇集材料,而是在明确的编纂思想指导下,对《国语》全书进行了统一的整理工作。这便决定了《国语》绝非所谓的史料汇编,而是有着明确主题思想、精心布局、统一结构的著作。

三、语书而非史书

《国语》文献考察的第三个问题,我们仍然可以称其为性质问题,不过与上节不同的是,前者属于文本性质即著作还是汇编的问题,而本节我们所讨论的问题则在上节基础上更进一步,即在确定《国语》为一部著作的基础上,更为深入地探讨此部著作的性质是语书还是史著。

对于《国语》的性质问题,纵览历代相关论述,将其视为历史著作无疑是一直以来的主流观点。唐人刘知几在其名著《史通》中,将"古往今来""诸史之作"分为六家,《国语》居其一。清人浦起龙在注释《史通》时进一步将《国语》定为"国别家",自此"国别史"便逐渐成为《国语》的属性标签。[1] 当然,《国语》在被视为国别史的同时,还有另外一种身份即所谓的"春秋外传",尽管这一定位早已被否定,但在此还是有特别说明的必要。自东汉始,《国语》多被视为春秋外传。《汉书·艺文志》将其列为"春秋"家,而在《律历志》中班固更是直接使用了"春秋外传"一词,之后"春秋外传"便成为《国语》的别名,长期为学者使用。[2] 但是,这一定位一直受到质疑,特别是到清代时,《四库全书总目》径直认为将其

---

[1] 参见(唐)刘知几撰,(清)浦起龙释:《史通通释》,上海古籍出版社 1978 年版,第 1 页。

[2] 参见(汉)班固撰:《汉书》,中华书局 1962 年版,第 1714、1013 页。

"系之《春秋》,殊为不类",于是列入杂史类。① 当然,外传或杂史的纠结,其实都源于传统四部分科,如果以现代学科视之,《春秋》经都属历史典籍,遑论《左传》、《国语》等所谓的内外传。从这个意义上说,《国语》的史著性质无疑是历代以来对其无可争议的定位。

然而,20 世纪后半叶,随着大量简帛文献的出土,学者们对《国语》性质有了重新认识的机会。在出土简帛中,经常会遇到与《国语》相似的文献,马王堆汉墓出土的帛书《春秋事语》便是其中重要的一种。其原简本无篇题,而现名的由来则是因为其体裁的缘故。张政烺先生在《〈春秋事语〉解题》中说,"一望而知这本书的重点不在讲事实而在记言论。这在春秋时期的书籍中是一种固定的体裁,称为'语'",而在这种"语"类古书中,流传于今且最为重要的无疑便是《国语》。② 于是,因为《春秋事语》的发现,《国语》的性质有了重新定位的可能。自此以后,越来越多的学者开始认同"语"书这一定位,《国语集解》的点校者王树民、沈长云二位先生便是其中的代表。王树民先生基本认同《国语》"语"书的定位,认为《国语》是"列国之语"的集合,不过在其看来,"语"也只是史书的一种。③ 与其相比,沈长云先生的观点更为明确,他直接认为,"其实《国语》并不是一部史……《国语》的特点在于它是

---

① "考《国语》上包周穆王,下暨鲁悼公,与《春秋》时代首尾皆不相应,其事亦多与《春秋》无关。系之《春秋》,殊为不类。至书中明有《鲁语》,而刘熙以为外国所传,尤为舛迕。附之于经,于义未允。《史通》六家,《国语》居一,实古左史之遗。今改隶之杂史类焉。"[(清)永瑢等撰:《四库全书总目》卷五十一,中华书局 1965 年版,第 461 页。]

② 参见张政烺:《〈春秋事语〉解题》,《文物》1977 年第 1 期。

③ 参见王树民:《〈国语〉的作者和编者》,载《国语集解》(修订本),中华书局 2002 年版,第 602 页。

一部'语',是按国别汇集而成的'语'"①。对此,顾静先生也完全认同,他还借用英文表意,认为"《国语》的性质其实并非是History,而是 Discourse",并举国外翻译《国语》书名为"Discourses on the States"为例,由此他认为尽管人们也以《国语》材料作为史料使用,"但这与历史著作应该是有区别的"。② 由此可知,在上述学者看来,语书是一种不同于历史著作的类别。上述诸位学者的开创性研究,无疑为《国语》性质的重新认定开启了探索之路。之后,随着研究的继续深入,有关语书的情况也逐渐明晰起来。

其实,在《国语》书中便含有关于语书的论述,我们在上文中已引用多次。在《国语·楚语上》中,楚庄王时的大夫申叔时在论述如何教育太子时说道:

> 教之《春秋》,而为之耸善而抑恶焉,以戒劝其心;教之《世》,而为之昭明德而废幽昏焉,以休惧其动;教之《诗》,而为之导广显德,以耀明其志;教之《礼》,使知上下之则;教之《乐》,以疏其秽而镇其浮;教之《令》,使访物官;教之《语》,使明其德,而知先王之务,用明德于民也;教之《故志》,使知废兴者而戒惧焉;教之《训典》,使知族类,行比义焉。③

就这一段引文而言,如何句读是首先需要解决的问题。在上海师范大学古籍整理组校点的《国语》中,用以教育太子的"春秋"、"世"、"诗"、"礼"、"乐"、"令"、"语"、"故志"、"训典"等都未加书名号,而《国语集解》则除"乐"外都依书名处理。孰以为是? 对此,韦昭的注解无疑具有重要的参考价值。在注中,他认为"以天

① 沈长云:《〈国语〉编纂考》,《上古史探研》,中华书局2002年版,第325页。
② 顾静:《〈国语译注〉前言》,载邬国义等撰:《国语译注》,上海古籍出版社1994年版,第2页。
③ 徐元诰撰:《国语集解》(修订本),中华书局2002年版,第485页。

时纪人事,谓之春秋","世,谓先王之世系也","令,谓先王之官法、时令也","语,治国之善语","故志,谓所记前世成败之书","训典,五帝之书"。① 据其所言,"故志"、"训典"自是书籍无疑,"令"、"语"也应是记载于册的,而"春秋"、"世"也应有文字载体,毕竟当时已远过口耳相传的口述时代了。至于韦昭未提到的"诗"、"礼"、"乐",当属后世的"六经"范畴,特别是前两者与传世的《诗》《礼》应属同一类别,而"乐"除了指音乐之外,也应有教本,与失传的《乐》经相似。因此,申叔时所说的《春秋》、《世》、《诗》、《礼》、《乐》、《令》、《语》、《故志》、《训典》都应是书籍,是用来教育太子的教材,更广泛地说,应当是当时的贵族教本。当然,这九种教本特别是《春秋》、《诗》、《礼》等,与传世的同名典籍是否一致,我们无从得知,但至少应属于同一类书籍。而对于其中的《语》,除申叔时所说的"使明其德,而知先王之务,用明德于民也"之外,我们知道的并不多。

"语",《说文解字》解为"论也,从言吾声",段玉裁在注中对此并存异说,"如毛说,一人辩论是非谓之语","如郑说,与人相答问辩难谓之语"。② 而在《说文解字》另一处关于"言"字的解释中,许慎称"直言曰言,论难曰语",段氏征引多例为此作注,《诗经·大雅·公刘》毛传:"直言曰言,论难曰语",《周礼·春官·大司乐》郑注:"发端曰言,答难曰语"。③ 其又在之后的"议,语也"条注道:"上文云'论难曰语',又曰'语,论也'。是论、议、语三字

① 徐元诰撰:《国语集解》(修订本),中华书局 2002 年版,第 485、486 页。
② (汉)许慎撰,(清)段玉裁注:《说文解字注》,浙江古籍出版社 2006 年版,第 89 页。
③ (汉)许慎撰,(清)段玉裁注:《说文解字注》,浙江古籍出版社 2006 年版,第 89 页。

为与人言之称。"也就是说,"论"、"议"、"语"三者都是指与人对话。①　对此,王力先生也有过辨析。他指出"言"和"语"在古代汉语中的分别是很清楚的,"主动对人说话叫'言',回答别人的问话或谈论事情叫'语'"。②　因此,从古籍的使用情况来看,"语"即是指与人相问答。或许,"语"书的得名便是从此种问答形式而来。上述诸位学者在论定"语"书的性质时,无一例外地都注意到其主记言论的特点,而这种言论的主要呈现形式便是问答。因此,我们有理由相信"语"字字义所呈现出的表述形式与"语"书之间存在着直接的关系。

当然,在先秦传世古书中,"语"也常常指谚语、俗语,并大量地以"语曰"、"语云"的形式出现。如《春秋谷梁传·僖公二年》中,有"语曰:'唇亡则齿寒'",范甯注:"语,俗言也。"③《墨子·非攻中》也有相同表述,"古者有语:'唇亡则齿寒'",同样称其为"语",只是指出其是古者之语。④《孟子·万章上》也有"语云",对此,赵岐同样注为"语者,谚语也"。⑤　与此相同者,先秦文献中还有很多,俞志慧先生曾将此类材料整理汇编,大大方便了我们的研究。⑥　依照俞先生的整理,在先秦时期,这种流传于世的谚语、俗语非常多,不仅以"语曰"的形式,还以"谚"、"有言"、"闻之"等

---

①　参见(汉)许慎撰,(清)段玉裁注:《说文解字注》,浙江古籍出版社 2006 年版,第 92 页。

②　王力主编:《王力古汉语字典》,中华书局 2000 年版,第 1278 页。

③　(清)阮元校刻:《十三经注疏》,中华书局 1980 年版,第 2392 页。

④　参见(清)孙诒让撰:《墨子间诂》,中华书局 2001 年版,第 139 页。

⑤　(清)阮元校刻:《十三经注疏》,中华书局 1980 年版,第 2735 页。

⑥　俞志慧:《先秦文献中散见的言类之"语"汇编》,载《古"语"有之——先秦思想的一种背景与资源》,华东师范大学出版社 2010 年版,第 195—233 页。

为标识。如《左传·昭公十九年》中有"谚曰：'无过乱门'"①，此处之"谚"与前言之"语"当属同类，都是指谚语。而在另一处，《昭公廿二年》中变成了"人有言曰：唯乱门之无过"②，表意相同，只是"谚"成了"有言"，可见二者本可互用。有关"闻之"的表述也同样如此，与上述几种形式相同，大多也都是指谚语。对于这一问题，如果我们借用俞志慧先生所举例证，将会更为明白显然。就"唇亡齿寒"一例而言，《墨子·非攻中》称其为"古者有语"，《春秋谷梁传·僖公二年》是"语曰"，《左传·僖公五年》则是"谚所谓"，《吕氏春秋》变为"先人有言"，《韩非子·存韩》与《战国策·韩策二》中又成为"臣闻之"。③ 由此可知，上述诸种表述形式虽异，其实则一，都可用"语"来概而括之。对于这种谚语，俞志慧先生认为也属于申叔时所说的"语"类，并将其归入言类之"语"散见部分。④

但是，对于谚语来说，与上文词源考察中的"语"相参照，二者并不一致。一者是就内容而言，是凝练流行的谚语；一者是就形式而言，是与人问答的对话。当然，就内容和形式的区分而言，问答中也可含有谚语，在这种情况下，后者只是前者中的言谈内容，二者并不冲突。然而，一旦将谚语也认定为"语"书的呈现形式，并由此将"语"书划分为格言体和对话体，那问题就产生了。⑤ 谚语

---

① （清）阮元校刻：《十三经注疏》，中华书局 1980 年版，第 2087 页。

② （清）阮元校刻：《十三经注疏》，中华书局 1980 年版，第 2099 页。

③ 参见俞志慧：《古"语"有之——先秦思想的一种背景与资源》，华东师范大学出版社 2010 年版，第 18 页。

④ 参见俞志慧：《古"语"有之——先秦思想的一种背景与资源》，华东师范大学出版社 2010 年版，第 17 页。

⑤ 参见夏德靠：《论先秦语类文献形态的演变及其文体意义》，《学术界》2011 年第 3 期。夏氏在文中将先秦语类文献区分为格言体、对话体和事语体。

第一章 《国语》与"和合"

是否可成为"语"书的表述形式,有学者举传世文献《逸周书》中《武称》、《周祝》,《管子》中《枢言》、《小称》,《淮南子》中《诠言》、《说林》,以及出土简帛郭店竹简《语丛》四篇、马王堆帛书《黄帝书·称》等为例,并引用李学勤、谭家健、徐复观等人观点,认为这些是谚语汇集成书。① 但是,观之所举各书可知,李、谭、徐三位学者所称之"集粹汇编"不假,但是称其为谚语所集之语书便不确。② 因为上列诸书行文短小精炼,而且用语用韵皆精当,但是这并不意味着其皆是谚语。这与我们上文所梳理的谚语所指也并不一样,只能说其间或含有谚语,其文或似于谚语,但不可说其即是汇集谚语而成的语书。李学勤先生便在定马王堆帛书《称》篇为"语句的汇集"之后,提到这种体裁"在先秦典籍中并不是唯一的",另一例证即是《老子》。③ 如果说《老子》不可说是"语"书的话,那么以《称》篇为代表的上列诸书又如何称为"语"书。而且,当依申叔时所说之"语"的标准比照时,谚语的不同之处就更为明显。依照申叔时所言,"语"书在于"使明其德,而知先王之务,用明德于民也",即指其效用而言。除使其明德的效用之外,我们还可以知道其内容一定涉及先王之事,而且主要是关于"用明德于民",也就是韦昭对"语"的注解:"治国之善语"。就此而言,谚语无法达到

---

①　参见俞志慧:《古"语"有之——先秦思想的一种背景与资源》,华东师范大学出版社 2010 年版,第 23—37 页;夏德靠:《论先秦语类文献形态的演变及其文体意义》,《学术界》2011 年第 3 期。

②　参见李学勤:《〈称〉篇与〈周祝〉》,载《简帛佚籍与学术史》,江西教育出版社 2001 年版,第 322—331 页;谭家健:《先秦散文艺术新探》,首都师范大学出版社 1995 年版,第 171 页;徐复观:《两汉思想史》,华东师范大学出版社 2001 年版,第 177 页。

③　参见李学勤:《〈称〉篇与〈周祝〉》,载《简帛佚籍与学术史》,江西教育出版社 2001 年版,第 325 页。

"使明其德,而知先王之务,用明德于民也"的效用,其内容也多指常识或经验,与先王之事并无必然联系。因此,申叔时所言之"语"应不包含谚语之"语",至少不是其表现形式。通由上文的疏证,可知其形式主要还是问答对话。除此之外,对于申叔时所说之"语"书,我们所能够知道的便是其提到的"使明其德,而知先王之务,用明德于民也"的效用标准,这是凭借现有线索所作出的最低限度结论。① 也就是说,申叔时所言之"语"书,就我们现在所掌握的证据来看,有三个特征,一是其意在"使明其德"的效用,二是"先王之务用明德于民也"的内容,三是对话问答的形式。②

以此标准衡量,《国语》无疑属于"语"书的类别。如上节讨

---

① 不过,需要说明的是,一些学者在论述先秦"语"书时所提及的书籍,并不都属申叔时所说之列。如钱穆先生在论述《论语》时,便将其与《国语》列为同类(参见钱穆:《论语新解》,巴蜀书社 1985 年版,第 1 页);沈长云先生也曾直接将《论语》归入"语"的范围(参见沈长云:《〈国语〉编纂考》,载《上古史探研》,中华书局 2002 年版,第 326 页)。依照"语"书的形式来看,《论语》显然是符合其对话问答的标准的,但是仅此一条并不能作为充分论据,其内容与申叔时所说便不相符。所以,是否为"语"书需要满足上述三个条件才可以定下结论。也就是说,"语"书的标准,除了形式之外,还需要述先王之明德事。

② 俞志慧先生也通过分析申叔时的论述得出"语"书之明德的体用特征,即"语"书之用在于明德,而其内容也是有关明德的,由此认定"语"之所以能成立,"主要不是因为某种特定的形式,而是特定的体用特征:明德",并认为"只要是围绕这种体用特征编选的,不论其篇幅长短,也不论是重在记言,还是重在叙事,都可称之为'语'"。(参见俞志慧:《古"语"有之——先秦思想的一种背景与资源》,华东师范大学出版社 2010 年版,第 15 页。)俞志慧先生的论述有助于我们增加对"语"书的了解,但是我们也必须看到其局限性。其以明德为仅有的判定标准,这种对"语"书的定义过于宽泛,导致得出"不论是重在记言,还是重在叙事,都可称之为'语'"的结论。而此结论的得出,正在于其对"语"书对话问答形式的忽视。

论《国语》是著作而非资料汇编时所说,首先《国语》有着明确的主题思想,即明德。其开篇便点出了这一主旨,"穆王将征犬戎,祭公谋父谏曰:'不可。先王耀德不观兵。'"(《周语上》)韦昭注:"耀,明也。"耀德即明德,可见《国语》一开始便点出主题,为全书定下了基调。① 以此为验,纵观《国语》全书,莫不如是。其次,《国语》全书内容都围绕先王之事展开,正如韦昭所说:"采录前世穆王以来,下讫鲁悼智伯之诛,邦国成败,嘉言善语,阴阳律吕,天时人事逆顺之数,以为《国语》。"②全书以国为别,记述诸国国君及卿大夫等贵族阶层的"嘉言善语",涉及"邦国成败"、"阴阳律吕"、"天时人事"等内容,而这一切都与申叔时所言无差。最后,《国语》的叙述形式主要是对话问答。仍如上节所述,《国语》有着统一的表述结构,即背景、言论、结果的三段式,其中言论是主要部分,而背景和结果虽有记事成分,但都是为言论服务的。且言论部分中,大都是问答之辞,而非所谓谚语格言集锦,这也正是《国语》为"语"书的重要特征。当然,对于《国语》全书而言,其格式并非完全相同,早有学者指出《晋语》"事胜辞"(明陶望龄语)③,而《吴语》、《越语》也与其他诸语不同。④ 对此,上节论述《国语》三段式结构时曾有过讨论,具体言之则三语虽言事相辅,但仍是以言为主,事仅是对言论背景或结果的叙述。张以仁先生曾细述《晋语》诸章以证明其记言的本质,吴、越两语也同

---

① 参见徐元诰撰:《国语集解》(修订本),中华书局 2002 年版,第 1 页。

② (吴)韦昭:《国语解叙》,载徐元诰撰:《国语集解》(修订本),中华书局 2002 年版,第 594 页。

③ 参见(清)朱彝尊撰:《经义考新校》卷二百九,上海古籍出版社 2010 年版,第 3803 页。

④ 俞志慧先生便将《国语》分为记言和记事两部分,其中后者便包括《晋语》、《吴语》、《越语》,认为三语属事类之语。

样如此。① 其实，在上文所述诸位学者对《国语》性质重新作出判定之后，《国语》属"语"书的结论已是不证自明，也无需在此多言。问题的关键在于其与历史著作的暧昧关系，正如上文所引述的王树民先生之言，"语"书也是史书的一种②，这种观点代表了相当一部分学者的意见，因此有必要作一番分梳。

"语"书与史书之所以能够产生关联，大概起始于古代有关专责记言史官的记述。关于古代的史官，《礼记·玉藻》中有"动则左史书之，言则右史书之"的区分，郑玄注："其书《春秋》、《尚书》其存者。"③据此可知，古代史官分左右，前者记事，后者记言，而代表典籍即是《春秋》、《尚书》。对此，《汉书·艺文志》的论述稍为详细，班固说道："古之王者世有史官，君举必书，所以慎言行，昭法式也。左史记言，右史记事。事为《春秋》，言为《尚书》，帝王靡不同之。"④依照班固所言，古代君王的言行都有史官记录，而且分工明细，具体言之则是左史记言，右史记事，《尚书》即是所记之言，《春秋》则是所记之事。依据《礼记》和《汉书》的记载，古代史官确有记录言行的分工，尽管两书记载有所出入，一则左史记事、右史记言，一则右史记言、左史记事，二者正相反，但我们的焦点并不在此。由此分工我们只需知道，古代史官确有记言、记事之分即可。特别是其中的记言，往往成为学者们用以论证"语"书材料来源的论据。如上文所述，"语"书主要以对话问答为主，也即是以

① 参见张以仁：《从〈国语〉与〈左传〉本质上的差异试论后人对〈国语〉的批评》，载《春秋史论集》，联经出版事业公司 1990 年版，第 111、112 页。
② 参见王树民：《〈国语〉的作者和编者》，载徐元诰撰：《国语集解》（修订本），中华书局 2002 年版，第 602 页。
③ （清）阮元校刻：《十三经注疏》，中华书局 1980 年版，第 1474 页。
④ （汉）班固撰：《汉书》，中华书局 1962 年版，第 1715 页。

言语为主,其中主要记述先王之事,所以又是与先王有关。在很多学者看来,这正与史官记言相合。因此,在很多学者的论述中,史官所记言论便成为"语"书材料的主要来源。① 除此之外,文献中也有记言的具体例证。《国语·鲁语上》记载了展禽针对臧文仲祭祀海鸟的一番言论,事后臧文仲听闻此言,说:"信吾过矣,季子之言,不可不法也",然后,"使书以为三筴"。② 此处"筴"即是简书,即将展禽之言记于简书上。稍后的《吕氏春秋·恃君览》中也曾记齐宣王命掌书将大臣春居的谏言记录下来。③ 这种记录君臣言论的行为,在当时无疑是作为一种制度存在的,而由此也必定留存着许多言谈对话的资料。可以想见,这些资料与"语"书的形成有着密切的关系,但是,这并不意味着这些原始记言材料即是"语"书。

原始记言材料具有档案性质,其真实面目已经无从得知,但从出土文献的情况来看,其中含有很多的"语"类书籍倒是可以确定的。除了马王堆帛书《春秋事语》之外,上博楚简中也有大量的相同文献,李零先生曾为我们略作梳理,归出 20 种古书。④ 而慈利

---

① 不过,需要注意的是,上述两处所举记言例都是《尚书》,而《尚书》虽然以言论为主,但却是"诰"、"命"一类的讲话文告,与"语"之对话问答并不一致。对此的解释还属王树民先生所言最为恰当,他指出古代史书记言、记事的两种形式,"其中记言之书,因内容性质不同而有多种名目",如申叔时所说的《令》和《训典》虽也是记言之书,但其主要是正式文献,这便与《尚书》中的"诰"、"命"颇为相似。[参见王树民:《〈国语〉的作者和编者》,载徐元诰撰:《国语集解》(修订本),中华书局 2002 年版,第 601、602 页。]

② 徐元诰撰:《国语集解》(修订本),中华书局 2002 年版,第 161、162 页。

③ 参见许维遹撰,梁运华整理:《吕氏春秋集释》,中华书局 2009 年版,第576 页。

④ 参见李零:《简帛古书与学术源流》,三联书店 2008 年版,第 295 页。

楚简中甚至有《国语·吴语》的内容,并可与原文对勘。① 这些都在提醒我们,古代曾经有很多"语"类文献流行,而作为同一类文献,这些古书都具有相同的记述模式。如上博楚简中的《昭王毁室》篇:

> 邵(昭)王为室于死(漳)、沮之浒,室既成,将落之,王戒(诫)。邦夫=(大夫)以(与)饮酒,既,荆(王)□(降)之,王内(人),将落。又(有)一君子丧备(服)曼(墁,漫)廷(庭),将跰闉[门]。稚(雉)人止之,曰:"君王台(始)内(入)室,君之备(服)不可以进。"不止。曰:"少(小)人之告□(禅),将断于舍(今)日,尔必止少(小)人,少(小)人将□(殁)寇(头)。"稚(雉)人弗敢止。至闉[门],卜(仆)命(令)尹陈省为视日告:"仆之母辱君王,不慭,仆之父之骨才(在)于此室之阶下,仆将埮(掩)亡老。以仆之不得并仆之父母之骨,厶(私)自搏(抟),卜(仆)命(令)尹不为之告君。不为仆告,仆将□(殁)寇(头)。"卜(仆)命(令)尹为之告,[王]曰:"吾不(知)亓(其)尔墓,尔古须(鬓)既格,安(焉)从事。"王徙尻(居)于坪(平)万(濑),卒以(与)夫=(大夫)饮酒于坪(平)万(濑),因命(令)至俑毁室。②

观之全文可知,李零先生将其归为"语"书,确属知文之论。就格式而言,此篇先简单介绍背景,后之部分则以对话言论为主干,最后又以寥寥数语记述结果,这一模式与《国语》完全相同。就内容而言,全文记叙楚昭王毁室以成君子之愿的故事,其中不仅有君子

---

① 参见张春龙:《慈利楚简概述》,载艾兰、邢文编:《新出简帛研究》,文物出版社 2004 年版,第 5—7 页。
② 黄人二:《上博藏简〈昭王毁室〉试释》,《考古学报》2008 年第 4 期。

孝父母之德,还有昭王知孝敬孝之德,这无疑是明德之事,也有明德之用。除《昭王毁室》篇之外,其他简书的情况也大致相同。通过对这些"语"书的梳理,我们可以知道其绝非原始的记言材料,无论是从形式,还是从内容上分析,它们都必定是重新编辑后的结果。因此,如果说记言史官所记录的材料可算作史料的话,那也只是"语"书形成过程中利用的资料而已,"语"书并不必然因其而成为史书。

进一步说,就"语"书的整体来看,也不是历史著作。以《国语》为例,历史上在将其定位为史书的同时,也存在着诸多批评,其中尤以柳宗元为著。柳氏曾就《国语》说道:"夫为一书,务富文采,不顾事实,而益之以诬怪,张之以阔诞,以炳然诱后生,而终之以僻,是犹用文锦覆陷井也。"①其中,指责《国语》"务富文采,不顾事实",即是以史书的标准来衡量《国语》,从而产生如此批评。对《国语》的这种批评,特别是与《左传》比较之下,尤为明确。司马光便指《国语》"不若《春秋传》之简直精明","又多驳杂不粹之文"。②崔述也同样如此,称"《左传》之文,年月井井,事多实录,而《国语》荒唐诬妄,自相矛盾者甚多"。③如果与《左传》相比较,《国语》确实有诸多不同,在以史书的标准衡量下,这些不同便会成为缺点和不足。但是,《国语》本就不是史书,其与《左传》之不同处,正是其自身特质所在,而非诸位学者所说的弊病。张以仁先生便将历代学者对《国语》的批评归为三点,即"萎靡繁絮"、"琐

---

① 柳宗元:《答吴武陵论非国语书》,载《柳宗元集》卷三十一,中华书局1979年版,第825页。

② (清)朱彝尊撰:《经义考新校》卷二百九,上海古籍出版社2010年版,第3801页。

③ 崔述:《洙泗考信余录》卷三,商务印书馆1937年版,第52页。

屑"、"复沓",并分别予以辩驳,指其种种批评盖源于"以史书的尺度评量其文",最后指出《国语》一书"既不释经,复不叙史,它用记言的方式,求达到明德之目的,所以偏重说理"。① 张以仁先生的这一结论,无疑是非常精准的,特别是其点出的"说理"二字。

《国语》全书并不在记史,因此其所载之事并不以史事为准,各事之间也不追求叙事连贯,至于历史事件中所要求的时间、地点等关键要素也不是必备且精确的。② 如《国语》开篇只记"穆王将征犬戎",之后便是祭公谋父的大篇谏言,最后也只点出"王不听","故荒服者不至"的结局。③ 在这整章中,并无历史事件中所必需的时间、地点等要件,最后也没有记穆王如何发兵征犬戎,整个事件只以"荒服者不至"作结。可见,这一章并非意在记史,而只是借此事阐述何以明德的道理,也即是张以仁先生所说的"说理"。纵观《国语》全书,含历史之要件者少,而无诸要素者多,即使在结尾点出时间,也只是意在增强整体说服力,而非为记史服务。由此可知,《国语》主旨在说理而非记史,已是非常明了。关于这一点,在《越语下》中尤为明显,甚至为说理而虚构史事。其时,越王勾践伐吴,范蠡向其陈述天、地、人相和的道理,勾践不听而至战败。之后为铺陈这一道理,勾践每年一问"可伐吴否",范蠡逐年陈述"人事至矣,天应未也"、"天地未形"、"天应至矣,人事未尽",仿佛即是为阐述其理而特意敷衍故事。④ 有学者已考证,

---

① 张以仁:《从〈国语〉与〈左传〉本质上的差异试论后人对〈国语〉的批评》,载《春秋史论集》,联经出版事业公司 1990 年版,第 152、153、179 页。

② 参见沈长云:《〈国语〉编纂考》,载《上古史探研》,中华书局 2002 年版,第 326 页。

③ 参见徐元诰撰:《国语集解》(修订本),中华书局 2002 年版,第 1 页。

④ 参见徐元诰撰:《国语集解》(修订本),中华书局 2002 年版,第 575—582 页。

《越语下》所载史事很多都与事实不符,如范蠡所说十年谋吴之十年便是虚构,最后吴军不战自溃也非事实。①

也有学者通过比较《左传》、《国语》二书,认为《左传》作者选择材料更为谨严,而《国语》则稍显"驳杂"(司马光语)。② 这当然是以史学著作的标准作要求,但从根本上而言是因《国语》主旨并不在史事,或者说其只是以史事来说理,至于史事的准确性则不在其考虑范围之内。从这个意义上来说,《国语》也可以归为故事类。③ 当然,此处之故事并非指叙事而言,而只是就其不重史事而旨在说理着眼。因此,《国语》实不在记史,而只是为阐述其明德之理,借用一些历史记述,但是对于这些叙述,却并不在意其准确性和真实性。由此也才有了柳宗元诸人对《国语》"务富文采,不顾事实,而益之以诬怪","驳杂不粹"(司马光语)以及"荒唐诬妄"(崔述语)的指责。其实,这一切皆源于《国语》是一部"语"书而非史书。当然,这也并不是否认《国语》所记材料的可靠性,其中很多材料都属于史料范围,《国语》编者对其使用意图与其本身的可靠性并不矛盾,只是编者并不专注于史料可靠性的考察而已。因此,我们仍然可以说,《国语》是先秦世界的呈现,更重要的是其中反映了先秦时期人们对整个生活世界的认知和理解。

---

① 参见周学根:《对范蠡哲学思想研究的一点看法——从〈国语·越语下〉非实录谈起》,载《中国历史文献研究集刊》第四集,岳麓书社1983年版,第74页。

② 参见顾立三:《左传与国语之比较研究》,文史哲出版社1983年版,第23页。

③ 李零认为"语"书的"'故事性'胜于'记录性'","是一种'再回忆'和'再创造'",但其仍指此类书为史书,这多少显得有些矛盾。(参见李零:《简帛古书与学术源流》,三联书店2008年版,第219页。)

综合以上三节所述,我们知道《国语》是由包括左丘在内的群体编纂而成的,是一部具有完整结构的著作,是一部旨在说理的"语"书。这些问题的澄清是否有助于解决本节前面关于《国语》文本诠释性的疑问呢?我们的答案是肯定的。依照上述论证,《国语》是由一位主要编者依据当时材料编纂而成,其目的在于明德说理,以达到教育当时贵族明德的目的。从这个意义上讲,我们可以称《国语》完整呈现了先秦时期人们对生活世界的认知和理解。由此,我们可以通过梳理《国语》文本,分析所记的诸多材料,探究其反映出的当时人们的思想世界。就此而言,《国语》便具有了思想诠释的可能性。

第三节 "和合"范畴辨析

众所周知,在现今已知文献中,"和合"一词最早出现于《国语》,即著名的"和合五教"(《郑语》)。因而,对《国语》和合思想的探究便由此具有了独特且重要的意义。但是,对于和合思想的考察并不仅限于"和合"一词的分析。换言之,"和合"一词并非和合思想的唯一载体,除此之外,"和"与"合"二字同样具有和合思想的表意能力,而这三者共同构成了"和合"范畴的完整表述。所以,和合思想研究便不能只限于简单词汇的考察,还需要对"和合"范畴的整体理解。本节的任务便是分述"和"、"合"以及"和合"诸词意义,以完成对"和合"范畴的辨析工作。

一、"和"的考释

"和"字,许慎在《说文解字》中解为:"相应也,从口,禾声。"

段玉裁注中称其为"古唱和字"①,指其意在唱和,这无疑是对许慎"相应"解的精当注释。② 其实,早在《国语·周语下》便有"声应相保曰和"的叙述,这可算作对"和"字的最早字义解读。③ 不过,细究之下,两种解释之间也存在着细微的差别。前者"从口",在段玉裁的注释中指"唱和",后者则依照《周语》文意概指金、石、丝、竹等乐器相和④,也就是说前者指人声,而后者指乐器。对于这种差别,许慎在《说文》中也曾注意到,只是将此二义赋在不同的字上。"唱和"之和已如前解,而乐声之和在《说文》中则以"龢"字指称。许慎解"龢"为"调也,从龠,禾声",段玉裁认为此字与"和""音同义别"⑤。此所谓"义别"即是指其主乐器相和,在此意义上与"和"字有别。"龢"字所从之"龠"便是乐器⑥,《说文》称其为"乐之竹管,三孔,以和众声也"⑦,"龢"指乐器而言大概便是由此而来。所以"和"字"从口",而"龢"字"从龠",前者指人

---

① 段氏在《说文》"调"字注中也称"和本系唱和字,故许云相应也"。[参见(汉)许慎撰,(清)段玉裁注:《说文解字注》,浙江古籍出版社 2008 年版,第 93 页。]

② 参见(汉)许慎撰,(清)段玉裁注:《说文解字注》,浙江古籍出版社 2006 年版,第 57 页。

③ 徐元诰撰:《国语集解》(修订本),中华书局 2002 年版,第 111 页。

④ 《国语·周语下》在"声应相保曰和"之后是"细大不踰曰平。如是而铸之金,磨之石,系之丝竹,越之匏竹,节之鼓"。[参见徐元诰撰:《国语集解》(修订本),中华书局 2002 年版,第 111 页。]

⑤ (汉)许慎撰,(清)段玉裁注:《说文解字注》,中华书局 2006 年版,第 85 页。

⑥ 关于"龠"是何种乐器,众说纷纭,但不管样式如何,其为乐器则是确定的。郭沫若:《甲骨文字研究》,《郭沫若全集》第一卷,科学出版社 1982 年版,第 94 页。

⑦ (汉)许慎撰,(清)段玉裁注:《说文解字注》,浙江古籍出版社 2006 年版,第 83 页。

声,后者指乐器。虽然在许慎看来,"和"、"龢"二字有诸上差别,但从字源的追溯来看,"和"、"龢"二字本就是同源字,而且除二字之外,还有一"盉"字,三字都属匣母歌部,均有调和义。①《说文》解"盉"为"调味也,从皿,禾声",段玉裁在其注中说:"调声曰龢,调味曰盉。"②因此,虽然"和"、"龢"、"盉"三字都有调和义,但至少在《说文》中,三者所调和对象是有差别的,即一为人声,一为乐器,一为味道。但是,何以在《国语·周语下》"声应相保"便被称为"和"而非"龢"呢? 段玉裁给出的解释是,"经传多假和为龢"("龢"字注),"既用和而龢废矣"("调"字注),"今则和行而龢、盉皆废矣"("盉"字注),也就是说,是因为"和"字逐渐取代了"龢"、"盉"二字。其实,有关《说文》对三字,特别是"和"、"龢"二字的区分,主要是许慎依照汉时情形所作,而近代甲骨文的发现使得很多问题都需要重新考察,而这是许氏甚至是段氏都未曾见及的。

甲骨文中有"龢"而无"和"。其字形为"龢",从龠,禾声,用例为"贞上甲龢罪唐",疑用为祭名。③ 郭沫若考证"龠"为编管乐器,从而指出"龢之本义必当为乐器",并认为"用龢以助祭",所以甲文中才会用为祭名。④ "龠"到底为何种样式的乐器,于此可以不论,但其必为乐器无疑。至于"龢"字是否为乐器,郭氏论点可备一说,但可以肯定的是其必定与乐器有关联。正因为其与音乐

---

① 参见王力主编:《王力古汉语字典》,中华书局2000年版,第777页。
② (汉)许慎撰,(清)段玉裁注:《说文解字注》,浙江古籍出版社2006年版,第212页。
③ 参见罗振玉编,王宏译:《殷墟书契前编》2.45.2,《殷墟书契》,天津市古籍书店1993年版。
④ 参见郭沫若:《释和言》,载《郭沫若全集》第一卷,科学出版社1982年版,第96、104页。

的关系,所以又由音乐的谐和而衍生出和谐义。"龢"字金文字形与甲骨文无异,如"㔾"①(虢叔旅钟),"㝩"(井人女钟)②,而后古文字形简化,"龠"省作"口",成为"㕚",篆文隶定后繁简两种字形分别写作"㰥"、"唬",后者又改为"和"。③ 而郭沫若则认为二字的演化过程都是由甲骨文而来,甲文"龢"字的另一异体为"㝭",此字从"㠯",因此"和"字即是"此字之省变"。④ 从字形的演化来看,上述两种观点或可并存。由此可以推定,"和"必然后起于"龢",或者可以进一步说,"龢"是"和"之古字,而"和"是"龢"之今字。在这个意义上,许慎之《说文》对"和"、"龢"二字的区分无疑是多余的,郭沫若所说"龢、和本古今字,许特强为之别耳"⑤即是。经传中多"和"字,而"龢"字也同时并存,但多以其为"和"字古体,如《文选》记王褒之《洞箫赋》中有:"要复遮其蹊径兮,与讴谣乎相龢",李善注曰:"龢,古和字"。⑥ 因此,"和"、"龢"二字并非如《说文》所言指称对象有区别,其不只含义相同,而且指称对象也无差别,二字只是古今字而已。由此可知,称"和"字只是调和、和谐义的一个方面,还需要"龢"或"盉"的补充才能完整表意的说法是不能成立的,"和"字本身便具有完整表意的能力,其

① 参见中国社会科学院考古研究所编:《殷周金文集成释文》1.238.2—6,香港中文大学中国文化研究所 2001 年版。

② 参见中国社会科学院考古研究所编:《殷周金文集成释文》1.110—5,香港中文大学中国文化研究所 2001 年版。

③ 参见谷衍奎编:《汉字源流字典》,华夏出版社 2003 年版,第 363、367 页。

④ 参见郭沫若:《释和言》,载《郭沫若全集》第一卷,科学出版社 1982 年版,第 105 页。

⑤ 郭沫若:《释和言》,载《郭沫若全集》第一卷,科学出版社 1982 年版,第 93 页。

⑥ (梁)萧统编,(唐)李善注:《文选》,上海古籍出版社 1986 年版,第 786 页。

与"龢"字是可以完全等同的。

　　古代典籍中，"和"字多见且常见。在传世文献中，"和"字较早出现于《易经》、《尚书》、《诗经》的部分篇章中。如《易经·中孚》爻辞："九二，鸣鹤在阴，其子和之"，《尚书·尧典》："百姓昭明，协和万邦"，《诗经·郑风·萚兮》："叔兮伯兮，倡予和女"等，都属于有关"和"字的最早记录。① 在这些用例中，"和"字字义大致是依次演化的。具体而言，《易经·中孚》中所记"鸣鹤在阴，其子和之"，此处"和"即是应和之义，而《诗经·萚兮》"叔兮伯兮，倡予和女"也正与此相同，都是指声音应和，一方唱鸣，另一方应和之。这无疑也是《说文》所说"相应"义。一声应和是为相应，诸声应和即是和谐。上述《国语·周语下》所记"声应相保曰和"便是指金、石、竹、丝等乐器相和。关于诸声相和，《诗经·周颂·有瞽》也有记述，其诗曰："既备乃奏，箫管备举。喤喤厥声，肃雍和鸣"②，即是指众乐器一起演奏，音调和谐肃穆。《商颂·那》篇中"鞉鼓渊渊，嘒嘒管声。既和且平，依我磬声"③，同样是指鼓、管等乐器音调相和。班固在《汉书·礼乐志》中引"声依永，律和声"（《尚书·尧典》），师古注曰："五声所以助歌也，六律所以和声也。"④《尚书·尧典》还有"八音克谐"，同样是指音律和谐。至此，"和"字"和谐"义已完全具足，只其所指对象不同而已。"和谐"可指音律，也可指食物美味，伪古文《尚书·说命下》中有"和羹"一说，即是指味美之汤。尽管其伪作的身份导致材料不具可

---

① 参见（清）阮元校刻：《十三经注疏》，中华书局1980年版，第71、119、342页。
② （清）阮元校刻：《十三经注疏》，中华书局1980年版，第595页。
③ （清）阮元校刻：《十三经注疏》，中华书局1980年版，第620页。
④ （汉）班固撰：《汉书》，中华书局1962年版，第1038、1041页。

靠性,但是《诗经·商颂·列祖》中同样有"和羹"一词。当然,这并不意味着我们就认定其为商代之物,但将其出现时间下限定在《商颂》写定之时也就是宋国时期还是可以的。"和"之所指对象为汤则有"和羹",所指为酒则是"酒既和旨"①(《诗经·小雅·宾之初筵》),即指酒之醇和美味。"和"不仅可以指物,还可以指人。当其指人之时,又根据范围不同,小可指人人相处,大可指国国相交。如《诗经·小雅·常棣》:"兄弟既具,和乐且孺","兄弟既翕,和乐且湛"两句,即是指兄弟间和睦和乐而言。② 再大而言之,《尚书·康诰》中所谓"惟民其敕懋和"便是指民众和调之义。③ 有时"和"还可以用作动词,义指调和,也就是使其和谐,如《尚书·君奭》"惟文王尚克修和我有夏"④即是此义,与此相同者还有《无逸》篇"用咸和万民"⑤,《洛诰》篇"和恒四方民"⑥。其实,这类用语不仅含在早期文献中,还出现在周代金文中,《秦公钟》铭文中便有"协龢万民"之语⑦,如前所言,"和"、"龢"相同,此即是"协和万民"。"和"之所指再大而言之即是指诸国之间相和,《尚书·尧典》所谓"百姓昭明,协和万邦"⑧是也,此处"协和万邦"便是指此而言。

由上可知,无论是从字源考察,还是字义疏释来看,"和"字在

---

① (清)阮元校刻:《十三经注疏》,中华书局1980年版,第484页。
② (清)阮元校刻:《十三经注疏》,中华书局1980年版,第408页。
③ (清)孙星衍撰:《尚书今古文注疏》,中华书局2004年版,第364页。
④ (清)孙星衍撰:《尚书今古文注疏》,中华书局2004年版,第452页。
⑤ (清)孙星衍撰:《尚书今古文注疏》,中华书局2004年版,第441页。
⑥ (清)孙星衍撰:《尚书今古文注疏》,中华书局2004年版,第410页。
⑦ 中国社会科学院考古研究所编:《殷周金文集成释文》,香港中文大学出版社2001年版,第238页。
⑧ (清)阮元校刻:《十三经注疏》,中华书局1980年版,第119页。

早期使用中其含义都有着一致性和连贯性,即不管其所指对象为何,都意指和谐、调和。从字源来看,"和"字之古体"龢",即是由其乐器的调和、和谐而来。从对文献中"和"字字义的疏释来看,其字源考察的准确性也可得到证明。就其字义而言,随着指称对象的变化,其所指范围也相应扩展。从最初的声音相应,到众音相和,再进一步扩展到众物相和;从人人之间的相处,到民众之间的关系,再扩展到诸国之间相和,这一步步的演化进路是非常清晰的。当然,"和"之所指并不仅限于上述诸种关系,其还有更为广泛、抽象的所指,不过,这要等到春秋战国时期了。在本节所论述的时间段之后,"和"字字义所指进一步扩展,其意蕴也更为抽象,从而奠定了"和合"范畴的意义基础。

二、"合"的释义

关于"合"字,甲骨文作🔲①,金文作🔲②(秦公钟),小篆作🔲。甲、金、篆三种字形都相同。许慎在《说文解字》中的解释是:"合,合口也。从亼从口。"而段玉裁在注解中则认为:"各本亼作合误,此以其形释其义也。三口相同是为合,十口相传是为古,引申为凡会和之称。"③但就甲骨文字形而言,实义并非如此。李孝定先生认为,段注"是以会意说之也,实则字为象形"。余永梁先生也认为许慎是"望文生训",本应是"象器盖相合之形"。李孝定

① 罗振玉编,王宏译:《殷墟书契前编》7.36.1,《殷墟书契》,天津市古籍书店 1993 年版。
② 中国社会科学院考古研究所编:《殷周金文集成释文》1.262-4,香港中文大学中国文化研究所 2001 年版。
③ (汉)许慎撰,(清)段玉裁注:《说文解字注》,浙江古籍出版社 2006 年版,第 222 页。

先生在认同余永梁先生的同时,认为"器盖脬合无间,故引申为凡会合之称。字当为盒字古文,字又从皿者,累增之偏旁也。许以合口说之,乃其引申义。段氏改为亼口,非也"①。高本汉先生在其《汉文典》中,根据甲骨文字形,更为形象地指出,合字"像一盖子盖在物体的开口处"。② 观之甲骨文字形,确实不难理解其象形之说。因此,合字的构造本属象形,其本义无疑是指器盖相合无间。

一字的产生,自然是由其本义而来的,而本义依时敷衍,所含信息量日益增多,便渐次扩展为多种引申义。"合"字字义的演化同样也遵照这一规律,以其本义为基础依时演变,逐渐引申出多种含义。例如,与"分"或"开"相对的"闭合"义,如《庄子·秋水》:"公孙龙口呿而不合"③之合即是此义。另外,又有相配耦之义,如《诗经·大雅·大明》:"天作之合"④;回答之义,如《秦公钟》:"昭合皇天"⑤;符合之义,如《孟子·梁惠王上》:"此心之所以合于王者,何也?"⑥除上述含义之外,"合"字还有一种训解,即《广韵·合部》之训"合"为"同"⑦,在另一本字书《玉篇》中,也同样载有"合,同也"⑧的训释。而这一训释有时却会为人所误解,认为"合"字具有"同"义,那么"合"便与"和"字义相违,从而否定了"和合"一词成立的正当性。

---

① 李孝定:《甲骨文字集释》,"中央研究院"历史语言研究所 1970 年版,第 1775 页。
② [瑞典]高本汉:《汉文典》,上海辞书出版社出版 1997 年版,第 294 页。
③ (清)郭庆藩撰,王孝鱼点校:《庄子集释》,中华书局 1961 年版,第 603 页。
④ (清)阮元校刻:《十三经注疏》,中华书局 1980 年版,第 507 页。
⑤ 张亚初:《殷周金文集成引得》,中华书局 2001 年版,第 12 页。
⑥ (清)阮元校刻:《十三经注疏》,中华书局 1980 年版,第 2670 页。
⑦ 周祖谟:《广韵校本》,中华书局 2004 年版,第 25 页。
⑧ (梁)顾野王撰:《宋本玉篇》,中国书店 1983 年版,第 296 页。

那么事实如何呢？"同"字有与"异"相对的"相同"义，如《诗经·召南·小星》："夙夜在公，寔命不同"①，《尚书·舜典》："同律度量衡"②，《左传·襄公二十九年》："弃同即异，是为离德"③等等，都是如此。而这也正是上述观点所理解的"同"的含义，并据此认定"合"与"和"意义对立，如此"和合"一词便成为一对矛盾概念，甚至失去得以成立的意义基础。但是细究之下可知，"相同"义只是"同"字的众多引申义之一种，其另外尚有聚集、会和等义。如许慎在《说文》中解其为："同，会合也"④，而在《诗经·小雅·吉日》"兽之所同"一语中，郑玄对"同"的笺注是"同犹聚也"⑤。另外，再如《大雅·常武》之"徐方既同"⑥，以及《鲁颂·閟宫》之"淮夷来同"⑦等，也都是聚集、会合义。通过上述梳理，我们可知传世典籍中的"同"在聚集、会和义上被大量使用，已成为其字义中一个重要维度。除了传世文献所载，就字形而言，也仍可窥见"同"字"会和"义的由来。"同"字在甲骨文中作𝄽⑧，金文作𝄽⑨（郑同媿鼎）。玩味其形体构造，确如高本汉所言，"同"字"从'口'从'月'（盖子），表示互相配合"。⑩ 具体而言，上下两部

① （清）阮元校刻：《十三经注疏》，中华书局 1980 年版，第 291 页。
② （清）阮元校刻：《十三经注疏》，中华书局 1980 年版，第 127 页。
③ （清）阮元校刻：《十三经注疏》，中华书局 1980 年版，第 2005 页。
④ （汉）许慎撰，（清）段玉裁注：《说文解字注》，浙江古籍出版社 2006 年版，第 353 页。
⑤ （清）阮元校刻：《十三经注疏》，中华书局 1980 年版，第 429 页。
⑥ （清）阮元校刻：《十三经注疏》，中华书局 1980 年版，第 577 页。
⑦ （清）阮元校刻：《十三经注疏》，中华书局 1980 年版，第 617 页。
⑧ 董作宾：《殷墟文字甲编》3916，"中央研究院"历史语言研究所 1948 年版。
⑨ 中国社会科学院考古研究所编：《殷周金文集成释文》2.2415-7，香港中文大学出版社 2001 年版。
⑩ ［瑞典］高本汉：《汉文典》，上海辞书出版社 1997 年版，第 520 页。

分即上部之盖子与下部之口相会和才成"同"字,由此而引申出"会和"义。所以在甲骨文的具体语境中,"同"字的使用除"祭名"外,唯一具有明确含义的便是"合会"义,如"贞不同涉"①等。反过来看,从其早期使用情况来看,"同"字并没有作"相同"义的语例。因此,无论从甲骨字形还是语境来看,合会、会和都是"同"字基本义。与其相较之下,反观"合"字,其正有聚合、会和义,如《国语·楚语下》:"于是乎合其州乡朋友婚姻",韦昭注:"合,会也"②;《周礼·秋官·司仪》:"将合诸侯";郑玄也是以"会"解"合"③。因此,在"会和"一义上,"合"与"同"是可以互训的,如《尚书·禹贡》:"同为逆河,入于海",郑玄注:"同合为一大河,名逆河,而入于渤海",此处的"同"正是聚合、会合之义。④ 但是,必须说明的是,"合"、"同"二字互训也仅限于此义,不能随意扩展至其他含义,甚至由此得出"合"的字义是"相同"的结论,更不能由此判定"和"与"合"字义冲突。

其实,"和"与"合"二字之间存在着天然的相通性。单就字义而言,以"和"或"和谐"训"合",便已是成例而多见于典籍之中。如,《荀子·非十二子》:"合群者也",杨倞注:"合,谓和合群众也"⑤;《吕氏春秋·古乐》:"以比黄钟之宫适合",高诱注:"合,和谐";另有《有始》篇:"夫物合而成",注:"合,和也"⑥;《尚书·尧

---

① 董作宾:《殷墟文字甲编》3916,"中央研究院"历史语言研究所1948年版。

② 徐元诰撰:《国语集解》(修订本),中华书局2002年版,第519页。

③ (清)阮元校刻:《十三经注疏》,中华书局1980年版,第896页。

④ 参见(清)阮元校刻:《十三经注疏》,中华书局1980年版,第151页。

⑤ (清)王先谦撰,沈啸寰、王星贤点校:《荀子集解》,中华书局1988年版,第100页。

⑥ 许维遹撰,梁运华整理:《吕氏春秋集释》,中华书局2009年版,第122、276页。

典》:"协和万邦",孔安国注"协"为"合",孔颖达对此的解释是"《释诂》以协为和,和合义同,故训协为合也"①。通由这一系列注解可知,以"和"或"和谐"训"合"已经成为训释通例。古人如此训释自然是有其所本的。《说文》解"谐"为"詥也,从言,皆声",而对"詥"的解释则是"谐也,从言,合声"。② 可见,"谐"与"詥"二字是可以互训的。而段玉裁在"詥"字注中又说到"詥之言合也","詥""合"二字又相通,由此"谐"、"詥"、"合"三字相联通。③ 另外,如朱骏声也在解"詥"字时说道:"凡和协字,经传皆以合以洽为之。"④朱氏之所以有此论,即在于"和"、"合"二字的通训所致。对于此二字的相通性,王力先生的论述更为详致,他说:"'洽'溪母,'詥'、'合'匣母,三字均为缉部。'协'晓母叶部。溪、匣、晓旁纽,缉叶旁转",所以"詥"、"合"、"洽"、"协"四字同源,而且"均有'和谐'义"。⑤ 成书于公元6世纪的《玉篇》更是明确标示:"谐,和也,合也。"⑥因此,"合"义中本然地蕴含着"和"或"和谐",而作为二字组合的"和合"一词,无疑也就具备了得以成立的意义基础。

从上述分析可以看出,"和"、"合"二字在本字字义上相通相连、互训互释,这成为"和合"一词产生并流行的字义根源。而又因为这种字义间的联通,"和合"范畴产生之后,便自然成为了传

---

① (清)阮元校刻:《十三经注疏》,中华书局1980年版,第119页。
② (汉)许慎撰,(清)段玉裁注:《说文解字注》,浙江古籍出版社2006年版,第93页。
③ 参见(汉)许慎撰,(清)段玉裁注:《说文解字注》,浙江古籍出版社2006年版,第93页。
④ 朱骏声:《说文通训定声》,世界书局1936年版,第74页。
⑤ 王力:《王力古汉语字典》,中华书局2000年版,第584页。
⑥ (梁)顾野王撰:《宋本玉篇》,中国书店1983年版,第166页。

统"和"思想的名字载体,愈来愈多地出现在中国传统哲学的范畴群中。

三、"和合"的考辨

"和合"作为一个具有确切含义的范畴,自其产生始便广泛出现于各种典籍之中。在传世文献中,有关"和合"的最早记录出现在《国语·郑语》,史伯说:"夏禹能单平水土,以品处庶类者也;商契能和合五教,以保于百姓者也。"①此处的"和合",即是和合父义、母慈、兄友、弟恭、子孝五种伦常道德,五常和谐,不可偏废,各个角色都要恪守各自的职责,履行各自的道德规范,否则便会人不安而国不宁。"和合"一词稍后也在《墨子·尚同上》篇出现,并且在相同意义上被使用:"内者父子兄弟作怨恶,离散不能相和合。天下之百姓皆以水火毒药相亏害。"②父子兄弟团结凝聚,家族和谐和睦,如若不然,相互怨恶只会使得家庭离散,天下百姓彼此相害,兼爱之义荡然无存。与此相同的还有成书稍晚的《管子·幼官》篇:"畜之以道,养之以德。畜之以道,则民和;养之以德,则民合。和合故能习,习故能谐,谐习以悉,莫之能伤也。"③从此段中,我们又再次看到"和"与"合"二字的相通性,"畜"、"养"同称,"道"、"德"并举,"和"、"合"相通,教民以"道"、"德"则民众便会和合、和谐。

---

① 徐元诰撰:《国语集解》(修订本),第466页。
② 《墨子·尚同中》作:"内之父子兄弟作冤仇,皆有离散之心,不能相和合。"[(清)孙诒让撰:《墨子间诂》,中华书局2001年版,第74、78页。]
③ 丁士涵云:"'习'为'辑'之假借,辑,合也。谐,和也。"(郭沫若、闻一多、许维遹撰:《管子集校》,科学出版社1956年版,第137页。)《管子·兵法》篇作:"畜之以道,养之以德。畜之以道,则民和;养之以德,则民合。和合故能谐,谐故能辑,谐辑以悉,莫之能伤。"

通过对"和合"早期使用情况的考察，我们可以发现，在产生之初，"和合"便已经具备确定含义，即指诸多元素、事物的和谐、融洽，而涉及对象则主要是指五伦、家族、百姓间的关系，意欲人际和谐相处、秩序安定，这显然多是指向人伦教化、道德伦理的。至于其词性，在大多数的情况下，是用作动词的，可及物也可不及物，视句式和语境而定。但这一词性并非固定不变，就在和上述典籍处于同一时期的《荀子·礼论》篇中，有关"和合"的运用，便出现了"故人之欢欣和合之时，则夫忠臣孝子亦惝诡而有所至矣"[1]的词性变换。此处的"和合"便是对人们和谐融洽状态的一种描述，对于这一引例，当然就不是动词所能限定的。因此，关于"和合"的词性，在典籍中并不一定必作动词用。

除却"和合"一词外，"合和"这样的组合形式也屡见于书。究其根源，大概"和"、"合"二字可互训，孰前孰后并无词义差别，因此其组合顺序也并不固定。如《礼记·乐记》篇在探讨音乐的功效时，认为音乐"所以合和父子君臣，附亲万民也"[2]，此处"合和"仍旧是指父子君臣互相待之以礼，长幼有序，关系和谐，与"和合"的用法并无二致。但"和合"一词在文献中无疑得到了更为广泛的使用，如文渊阁《四库全书》电子版的搜检中，共检得"和合"两千一百多处，其中经部共有五百五十多处，而"合和"一词只有一千四百多处，经部更是仅一百八十余处。由此可见，尽管"和合"与"合和"二词涵义相同，但"和合"的使用更为广泛，历代学者更为接受。因此，在长期的范畴演化史中，"合和"并未获得独立地位从而成为固定范畴，而是逐渐地融入到"和合"的范畴指称中，

---

① （清）王先谦撰：《荀子集解》，中华书局1988年版，第376页。
② （清）阮元校刻：《十三经注疏》，中华书局1980年版，第1545页。

并最终被其替代。

　　再次回到"和合"的词义探索中,我们发现除了上述伦理指向之外,"和合"还逐渐具备了更深层的蕴意。《吕氏春秋·有始览》中有:"天地合和,生之大经也"的判断,而正是这一判断,将"和合"升度为更高一层范畴。①《有始》篇的重要意义就体现在:一是将"和合"这一范畴纳入天地生成过程中,成为二生三、生多、乃至生万物的必备因素;二是将"和合"提升至天地化生的层面,不再只限于人伦教化。由此,"和合"所涉及的对象由伦理道德进一步扩展至更深层领域。《吕氏春秋》之后,汉初的陆贾在《新语·道基》中也说道:"乾、坤以仁和合,八卦以义相承。"在他看来,乾坤以仁为条件便可达到和合状态。② 随后,这新一层的含义在汉初思想的集大成之作《淮南子》中更为频繁,也更为明确地出现,其《本经训》有:"天地之合和,阴阳之陶化万物,皆乘人气者也。"《天文训》则载:"道曰规,始于一,一而不生,故分而为阴阳,阴阳合和而万物生。"③天地或阴阳是判然二分的,是作为相对待的二物而存在的,因为"一而不生",所以必须分而为二,即要有所差分,这也就是《国语·郑语》"和实生物,同则不继"的更抽象表述,但是有差分也不必然化生,必须二者和合方才能万物生。到此为止,我们已然可见"和合"提升至天地、乾坤、阴阳化生的高度。但是,关于"和合"的蕴意升度还不止于此,稍后的严遵在《老子指归·江海篇》中进一步说道:"体道合和,无以物为,而物自为之

---

①　参见许维遹撰,梁运华整理:《吕氏春秋集释》,中华书局 2009 年版,第276 页。

②　参见王利器撰:《新语校注》,中华书局 1986 年版,第 30 页。

③　刘文典撰,冯逸、乔华点校:《淮南鸿烈集解》,中华书局 1989 年版,第249、112 页。

化。"这更明确地提出体悟大道的和合状态。① 在此，"和合"俨然成为道的最重要的属性，以至于成为"凡此九王，不为物主，而物自归焉"②的原因，"和合"也由此实现了进一步的蕴意扩充而完成了一个哲学范畴的最终升度。

"和合"一词是传统"和"思想的范畴载体，这不仅有其字义根源和历史源流，也有其思想贯通性。有关"和"的思想，上文已有论述。就字义而言，大致如《说文》和《国语》所解（《说文》："和，相应也"；《国语·周语下》："声应相保曰和"），指声音相应，并由此引申出"和谐"义。而具体到"和"在传世文献中的使用，最早可追溯至《易经》、《尚书》。《易经·中孚》九二爻辞有"鸣鹤在阴，其子和之"，所用即是"和"的本义，指声音相应。而《尚书》中"和"字多见，大多指的是对社会、人际关系的处理，这自然涉及的是"和谐"这种引申义。如果说这多涉及的是政治、伦理的层面，那么"和"的深一层蕴意的展开则是出现在《左传》的论述中。《左传·昭公二十年》记载晏婴面对齐景公"和与同异乎"的提问时，回答："和如羹焉，水火醯醢盐梅，以烹鱼肉，燀之以薪，宰夫和之，齐之以味，济其不及，以泄其过。君子食之，以平其心。"③在晏婴看来，"和"如同做羹一样，是需要不同的材料和调料，再经人力调制加工的过程。稍后的《国语·郑语》中，史伯对"和同"的论述更为经典，"夫和实生物，同则不继。以他平他谓之和，故能丰长而物归之，若以同裨同，尽乃弃矣。故先王以土与金木水火杂，以成

① 参见（汉）严遵著，王德有点校：《老子指归》，中华书局1994年版，第85页。
② （汉）严遵著，王德有点校：《老子指归》，中华书局1994年版，第85页
③ （清）阮元校刻：《十三经注疏》，中华书局1980年版，第2093页。

百物"。① 很明显,"和"是以他物平他物,即是诸多异质元素的融合生生,如此才能生物,具体而言即是金、木、水、火、土各元素的相和相济。到了《老子》,"和"的这一蕴意演化趋势便更为明显,其四十二章有"万物负阴抱阳,冲气以为和","和"所涉及的对象进一步变成更为抽象的阴阳。②《庄子》也同样如此,《田子方》借老聃之口说道:"至阴肃肃,至阳赫赫;肃肃出乎天,赫赫发乎地;两者交通成和而万物生焉。"③阴阳二气互相交通方成"和",进而生长万物。由此纵观"和"的思想演进,与上节所述"和合"的范畴发展何等相似,而"和"与"和合"的涵义更是相合一致,即都是指诸多元素、事物的和谐、融合,而所指也大致不离伦理道德或阴阳元素。二者涵义的一致、思想的相通,决定了两个范畴互训换用的正当性。如上述《老子》的"道生一,一生二,二生三,三生万物。万物负阴抱阳,冲气以为和",在《淮南子·天文训》中便被转换为"道曰规,始于一,一而不生,故分而为阴阳,阴阳合和而万物生"④,《淮南子》无疑是用"和合"来解释《老子》之"和"的;《庄子·田子方》中的"两者交通成和而物生焉",也被成玄英注为"阳气下降,阴气上升,二气交通,遂成和合"⑤;而《尚书·尧典》中的"百姓昭明,协和万邦",司马迁同样复述为"百姓昭明,合和万国"(《史记·五帝本纪》)。⑥ 由此看来,对于将"和"纳入"和合"范畴中,是有其相同的含义及相通的思想为坚实依据的,所以古代众多

---

① 徐元诰撰:《国语集解》(修订本),中华书局 2002 年版,第 470 页。

② 参见(魏)王弼注,楼宇烈校释:《老子道德经注校释》,中华书局 2008 年版,第 117 页。

③ (清)郭庆藩撰:《庄子集释》,中华书局 2004 年版,第 712 页。

④ 刘文典撰:《淮南鸿烈集解》,中华书局 1989 年版,第 112 页。

⑤ (清)郭庆藩撰:《庄子集释》,中华书局 2004 年版,第 713 页。

⑥ (汉)司马迁撰:《史记》,中华书局 1959 年版,第 15 页。

学者才会屡屡以"和合"训解"和"。

由上可知,"和合"一词自产生始,便是作为有着明确含义的范畴出现的,其基本含义即是诸多差分元素、事物的和谐、融合。只是依据这些差分元素的类属差别,"和合"对象或为人际五伦,或为天地阴阳,甚至是某一学说中的终极大道。但是这种差别从时间上看,也只是一个"和合"对象依时演变、渐次扩展并最终统而含之的过程,这是一个范畴演化的基本模式。无论"和合"对象归属何类,"和合"作为哲学范畴的基本定性是不可动摇的。依据中国哲学逻辑结构论,"和合"这一范畴,不管其和合对象归属何类,也不管其处于演化过程中哪一阶段,"和合"在各元素冲突融合过程中,已经将众差分元素的殊相象性舍弃,而只是取其转生过程的共相象虚,从而最终升度为具有哲学形上意蕴的范畴。① 因此,从这个意义上说,"和合"从在《国语》出现伊始,便已经具备了一个哲学范畴所需要的基本属性。正由于这一特性,从此而后,"和合"一词才会更为频繁地出现在后世典籍里,并进一步参与到道教和佛教的理论构建中,甚至影响到民间信仰层面,深深地印刻在传统文化的底色之上。

通过对字形、字义的分梳考察,"和"、"合"以及"和合"的各自意义已大致得到有效辨析。其中,"和"字具有和谐、调和义,而"合"字虽然引申义众多,但其在基本义上与"和"可互训,且广泛见于传世典籍中。正因为"和"与"合"二字之间的这种密切联系,由其组成的"和合"一词从其出现便得到广泛认可并迅速流行开来。同时,我们也可看到"和"、"合"与"和合"三者意义的融通,

① 参见张立文:《和谐、和合的中华哲学资源》,载《中国哲学年鉴》,哲学研究杂志社 2007 年版,第 34 页。

而这对于和合思想的考察无疑具有重要的意义。和合思想的考察,不仅通过对"和合"一词的梳理,还需要对"和"、"合"二字的分析。也就是说,和合思想的语词载体不仅在"和合"一词,还在"和"、"合"二字,三者同样具足和合思想的表意能力,并共同组成了"和合"范畴。

第二章 "和生"的世界图式

在《国语》中,和合思想是以多维度视角呈现出来的,而其中"和实生物"(《郑语》史伯语)无疑是最为根基性的论述,这也就是《国语》和合思想的生存维度。称其为生存维度,是因为"和实生物"所表述的是一种世界图式,是先民从根基上对万物以及整个世界的结构式思考,而和合思想的其他维度则由此而演绎。在《国语》"和实生物"的论述中,万物生成论无疑是对其最为本根性的理解,除此之外,由此引申出的"和五味"、"和六律"在先民生活世界中也占有着重要地位。因此,我们对"和生"世界图式的理解便包含上述三方面的内容,而这些内容又都可以置入和合学的生存世界中加以考察。就其本质而言,"和实生物"即是先民对其生存环境的学理性理解,依照和合学的术语来讲,就是度越"生存之境"而得的"和生之理"。这对于诸子时代和合思想的生成论路向发展有着重要的影响。

第一节 "和生"图式

在《国语》和合思想的考察中,"和实生物"的论述无疑具有极为重要的意义。于此,史伯道出了先秦时期人们对整个生活世界的根本性理解。万物何由而生？这个问题是人类最初的思考,同时也是终极的关切。对解答这一问题的尝试和努力,使得人类得以脱离动物的群体,开始思想探索之路。同时,对这一问题的思索,也不同程度地体现了诸种文明各自的特质,而"和实生物"的论述无疑是华夏文明对这一问题的独特思考。在华夏先民眼中,世界图式并不是或至少在很大程度上不是以神创的形式呈现的,而是以"和实生物"的形态构建和展开的。这种思考不仅体现了华夏文明的特质,同时也在很大程度上影响和塑造了文明的发展。这种"和实生物"论述正是《国语》和合思想一个基础维度,由其作为代表的"和生"图式甚至可以说是整个《国语》和合思想的基点。

一、"和实生物"

"和实生物"论述的重要性早已为学者们所认识,冯友兰先生在 20 世纪前期撰作《中国哲学史》时,就摘引这段论述作为不同于神创论的人本主义代表思想。① 之后,在由胡适、冯友兰两位先生奠定的中国哲学史研究范式的叙述逻辑下,"和实生物"论述作为探讨宇宙论的重要论据,一直受到研究者的关注。即使在唯心、唯物的研究框架下,这一论述所蕴含的所谓进步意义也使其成为春秋时期思想研究的关键证据。但是,无论是宇宙论,还是所谓的进步思想,这两种研究模式都已经暴露出自身的缺陷。不管是简单地模仿西方哲学研究范式,还是粗略地挪用进化理论,其不完善性都已经显现出来。而抛开这些陈旧的研究框架之后,"和实生物"论述的重要性却易被人们忽视。其实,基于先秦思想的原初

---

① 参见冯友兰:《中国哲学史》,《三松堂文集》第二卷,河南人民出版社 2001 年版,第 284 页。

语境来看，这一论述对于先秦思想乃至于整个中国传统思维的重要影响还远远没有被认识到。

在《国语·郑语》中，郑桓公向史伯求证周朝是否会衰败，史伯以肯定的语气答之以然。史伯何以对周朝之弊如此确定？他认为问题关键在于周幽王"去和而取同"，所以周朝必定会衰败。随后，便引出了关于"和实生物"的论述：

> 夫和实生物，同则不继。以他平他谓之和，故能丰长而物归之，若以同裨同，尽乃弃矣。故先王以土与金木水火杂，以成百物。是以和五味以调口，刚四支以卫体，和六律以聪耳，正七体以役心，平八索以成人，建九纪以立纯德，合十数以训百体。出千品，具万方，计亿事，材兆物，收经入，行姟极。故王者居九畡之田，收经入以食兆民，周训而能用之，和乐如一。夫如是，和之至也。①

就问答背景而言，此前郑桓公刚被周幽王任为司徒，韦昭在注中将此事定为幽王八年，即公元前 774 年，这无疑是一个乱世。在此六年前，也就是幽王二年，都城镐京地震，周围泾、渭、洛三川皆动。一年后，幽王废王后及太子，《史记》还记载当时幽王亲信奸人，可谓天灾人祸并至。在这种背景下，郑桓公被任命为司徒。一年后，也就是幽王九年（前 773 年），桓公与史伯之间有了《国语·郑语》所记录的这段著名问答，此时距离幽王被杀、西周灭亡只余两年时间。

其实，整个西周晚期都笼罩在一片末世情节中，《史记》记载当时"王室治多邪，诸侯或畔之"②（《史记·郑世家》），再看《诗

① 徐元诰撰：《国语集解》（修订本），中华书局 2002 年版，第 470—472 页。
② （汉）司马迁撰：《史记》，中华书局 1959 年版，第 1757 页。

经》中那一时期的实录,诸如《节南山》、《十月之交》等大量记录幽王之时的末世景象。① 这一切都不由得促使人们思考问题何在,而郑桓公与史伯的问答便属于对这一问题最为深入的思考。尽管问对的引子是桓公请史伯为其出谋划策,但计策并不是论述重点,何以兴衰的问题才是他们最为关心的话题。② 在史伯看来,兴衰之理即是明德,这也正是《国语》编撰者透彻于全书的主旨。桓公问史伯何地可处时,史伯认为南方荆楚必兴,因"唯荆实有昭德,若周衰,其必兴矣"。与此相反,谢西之九州则是"未及周德",至于晋国又是"加之以德,可以大启",其他同样是"国大而有德者近兴",而对于周之衰败正是因为其失德。③ 其实,自周初始,"德"便成为周人关注的焦点。在周人思考殷周之变的原因时,周公提出了"以德配天"的思想,这在《尚书》中体现无遗,其中"明德"之说便屡见。从这个意义上说,史伯所言之"周德"即是由周初承继而来,只是其理解已添加了新意。回到本段的开始,史伯对周之衰弊近乎肯定的语气皆源于对其失德的认定,更为深入地讲,即是史伯所说的"去和而取同"。换而言之,在史伯看来,周之衰在于"同",而其兴在于"和",这也就是此篇所意欲表述的主旨。因此,"和实生物"论述其实是史伯在西周末世对其衰弊之因的思考成

① 《诗经·小雅·节南山》:"天方荐瘥,丧乱弘多。……不吊昊天,不宜空我师。……昊天不佣,降此鞠讻。昊天不惠,降此大戾。……不吊昊天,乱靡有定。"《十月之交》:"十月之交,朔月辛卯。日有食之,亦孔之丑。彼月而微,此日而微。今此下民,亦孔之哀。日月告凶,不用其行。四国无政,不用其良。彼月而食,则维其常;此日而食,于何不臧。"[(清)阮元校刻:《十三经注疏》,中华书局1980年版,第440、445页。]
② 首为《国语》各章加注标题的上海师范大学古籍整理组便将二人问答称为"史伯为桓公论兴衰"。
③ 参见徐元诰撰:《国语集解》(修订本),中华书局2002年版,第468、476页。

果,是从历史变迁中汲取的兴衰之理。

在"和实生物"论述中,"和实生物,同则不继"无疑是其主要论点,正是通过这八字,史伯建立起整个理论思维的根基。随后,史伯对"和同"二句予以解释。在其看来,"和实生物"之首要在于"和",这同时也是整个论述最为关键处。史伯以为"以他平他谓之和",其意重在指出"和"之差异性,他物与他物的共存保证了差异性的存在,而此差异性是万物生成并丰沛成长的关键。如果只是同质事物,以同益同,结果只是徒劳,如韦昭在注中所举例子,"以水益水,水尽乃弃之,无所成也",这无疑便是"同则不继"的最佳例证。紧接着,史伯又对"和"进一步加以解释,"和"不只是简单地"以他平他",还可以更为细致地表述为"以土与金木水火杂",韦昭注"杂"为"合","和"、"合"关系已于上章得到澄清。由此,他物与他物的差异性更为清晰地转换为"土与金木水火"等五种元素或形相。而古人用语,"百"并非确指,而只是虚辞,所以史伯之意即是金木水火土相和可生成万物。当然,我们在此明确地将史伯所说的"金木水火土"称为元素或形相,是因为其相和而"成百物"的效用。如果五物只是简单的五种具体物质,那就无法达成上述结果,因此我们认为史伯是在抽象意义上使用"金木水火土"诸名称的,甚至可以更进一步说,这其中所蕴含的是五行的思想。对于这一点,我们稍后将详细论述。

史伯在对"和实生物,同则不继"解读之后,又进一步举例敷衍之。"和"之要义在于差异性物质相和,史伯随之列举"和五味"、"刚四支"、"和六律"、"正七体"、"平八索"、"建九纪"、"合十数"等加以说明。依照韦昭的注解,"五味"即是五种味道,"四支"则是身体四肢,"六律"是六种音律,"七体"是口耳等七窍,"八索"也是人身之首、腹、足等八体,"九纪"是人之九种内脏,"十

数"是王、公、大夫等十个等级。这六类事物每一种都是差异性的
存在,而正是因为其差异性所以才能取得应有的效用,即分别是
"调口"、"卫体"、"聪耳"、"役心"、"成人"、"立纯德"、"训百体"。
当然,凡此种种都是从效用立论,而非指其"生物"。这或许是因
为桓公与史伯最终关注点在于政治兴衰,所以由自身的"调口"、
"卫体"一步步推演至"立纯德"、"训百体",最后落实于"兆民"
"和乐如一"的政治层面,并认为至此则"和之至也"。"和合"的
政治层面将在第四章中谈及,但就本章而言,一切的推演其实都是
建立在"和实生物"基础上的。也就是说,因为这一原理才会一步
步展开为最终的"和乐如一"。因此,以"和实生物"奠基的世界图
式成为所有论述的基点,也是本章讨论的核心话题。

　　在"和实生物"论述中,史伯在对"和"解读之后,列举数例以
作说明,其中便包括"和五味"、"刚四支"、"和六律"、"正七体"、
"平八索"、"建九纪"、"合十数"诸项。史伯所言七项之中,"刚四
支"、"正七体"、"平八索"、"建九纪"都涉及人之身体,而"合十
数"属于官阶等级,"和五味"与"和六律"则分别是饮食和音乐。
尽管史伯所说大多是从效用立论,但就"生物"的本义来看,"和五
味"与"和六律"无疑应在七项中拥有更为重要的位置。因其不仅
有相应效用,即"调口"和"聪耳",而且还可通过"和五味"与"和
六律"产生佳肴美食和动听韵律,这无疑是对"以土与金木水火
杂,以成百物"的最佳诠释。从另一方面看,"和五味"与"和六律"
所代表的饮食和音乐在先民所在的生活世界中占有极其重要的地
位,这从《国语》以及其他先秦古籍中有关二者的众多表述中可窥
见一二。因此,我们选取"和五味"与"和六律"两项再分别加以论
述。这不仅是基于"和实生物"而生发出的两个绝佳例证,同时还
是先民生活世界中的重要组成。

二、"和五味"

在"和实生物"的世界图式中,"和五味"是史伯所说的第一项;同时,"盉"字的存在也不断提示五味调和之于"和"字的重要性。如果说,"以土与金木水火杂,以成百物"过于形上的话,那么"和五味"则是这一"和生"意蕴在生活世界的最佳展现,而这一展现的典型例子即是经典中屡屡出现的"和羹"。

在古文《尚书·说命》中,就有"若作和羹,尔惟盐梅"的话,据说是殷王武丁对傅说所言,称道后者之重要如盐、梅之于和羹。《伪孔传》解为:"盐咸梅醋,羹须咸醋以和之。"也就是无盐、梅,便无和羹。① 因文献的可靠性问题,我们不能就此判定殷商时期便有"和羹"的记述,但是"和羹"一词至少在周代便已有之。《诗经·商颂·烈祖》一篇是作为殷商之后的宋国祭祀先祖的乐歌,其写定时代最晚也已是春秋时期,其中便有"和羹"一词,即"亦有和羹,既戒既平"。② 由此,我们对"和羹"的性质也有了进一步的了解。此处"戒"、"平"即是对"和羹"性质的描述,虽然郑玄之笺将其训为祭祀之人的"敬戒"、"平列",但正如清人马瑞辰所言,"既戒既平"是承"亦有和羹"而来,所以"戒"应训为齐备,"平"则训为平和,即指"和羹"五味齐备、其味平和。③ 其实,就这一点而言,郑玄对"和羹"的训释也是得其解的,他说:"和羹者,五味调,腥熟得节,食之于人性安和"④,也就是说和羹是五味调和而生熟火候恰到好处。由此可知,和羹之得名与其五味调和之间有着密切的关系,更进一步地说,"和"甚至是羹的应有之义。《说文》中

---

① (清)阮元校刻:《十三经注疏》,中华书局 1980 年版,第 175 页。
② (清)阮元校刻:《十三经注疏》,中华书局 1980 年版,第 621 页。
③ 参见(清)马瑞辰:《毛诗传笺通释》,中华书局 1989 年版,第 1163 页。
④ (清)阮元校刻:《十三经注疏》,中华书局 1980 年版,第 621 页。

"羹"作"![羹字古体]",许慎解其为"五味盉![羹字古体]也"。而"盉"字在上一章中已有疏解,"和"、"龢"、"盉"三字为同源字,段玉裁在"盉"字注中说:"调声曰龢,调味曰盉。"也就是说,"盉"字特指调味而言,其与"和"实则一也,之后"和行而龢、盉皆废矣"。[1] 所以,许慎在解"羹"字时便认为其特质在"五味和"[2]。

其实,对于"羹"的这一特质,在《左传》中有更为详细的论述。鲁昭公二十年,晏子为齐景公论"和同"之异,他说:"和如羹焉,水火醯醢盐梅,以烹鱼肉,燀之以薪,宰夫和之,齐之以味,济其不及,以泄其过。君子食之,以平其心。"[3]晏子举羹的例子来为景公说明抽象之"和"。羹就是用水、火、醋、酱、盐、梅等烹调鱼和肉,用柴烧煮,然后厨师调和其味,使其恰当适中,味不足则加之调料,味太过则加之水。此前对"羹"的描述,多指其性质而言,最多也只是提到"五味和",而在此,晏子为我们呈现出了"羹"之所以为"和"的详细缘由。之所以以"和"来称述"羹",就是因为调制羹的过程即是使诸差异性因素共存的过程,而同质因素是无法烹调成新食物的。按晏子的话说便是:"若以水济水,谁能食之?"水、火、醋、酱、盐、梅以及鱼和肉等多种差异因素共存,最后和合为羹,这无疑是"和实生物"论述中"以土与金木水火杂,以成百物"的绝佳例证,只是在此诸元素具体化为饮食烹调中的食料而已。

其实,不止于羹,其他饮食也可称为"五味和"。上述"和生"

---

[1]　(汉)许慎撰,(清)段玉裁注:《说文解字注》,浙江古籍出版社 2006 年版,第 212 页。

[2]　(汉)许慎撰,(清)段玉裁注:《说文解字注》,浙江古籍出版社 2006 年版,第 112 页。

[3]　(清)阮元校刻:《十三经注疏》,中华书局 1980 年版,第 2093 页。

图式中的"和五味以调口",即是就饮食之五味而言。也就是说,只要饮食之五味调和都可称为"和",由此"和"成为描述饮食之道的重要范畴。历史上所谓食祖伊尹便对饮食之道有过深入论述,《史记·殷本纪》记载夏殷之际,伊尹"负鼎俎,以滋味说汤,致于王道"。①"负鼎说汤"的故事可能源于传说,就连司马迁也只是将其作为"或曰"而并存的异说,因此其真实性已无可考。但相关故事在春秋战国时期颇为流行,《韩非子》便记载伊尹通过"身执鼎俎"而说汤,《庄子》以及更早的《墨子》也都有关于伊尹为"庖人"的记述。② 既载其为"庖人",必定与其深谙饮食之道有关,由此我们仍可以将其作为与《国语》同期的材料使用。有关这一故事最为详致的版本还属《吕氏春秋·本味》,其中伊尹为汤解"至味",他说:"凡味之本,水最为始。五味三材,九沸九变,火为之纪。时疾时徐,灭腥去臊除膻,必以其胜,无失其理。调和之事,必以甘酸苦辛咸,先后多少,其齐甚微,皆有自起。"③依照伊尹之法,"五味三材"在获得"至味"的过程中起着关键的作用,其间的先后多少都属于调和之道。因此,"和"对于"至味"的获得非常重要,同时也相应地成为对饮食的完美描述。如《诗经》中描绘宴请宾客时的情景,"酒既和旨,饮酒孔偕"(《诗经·小雅·宾之初

---

① （汉）司马迁撰:《史记》,中华书局1959年版,第94页。
② 《韩非子·难言》:"上古有汤至圣也,伊尹,至智也。夫至智说至圣,然且七十说而不受,身执鼎俎为庖宰,昵近习亲,而汤乃仅知其贤而用之。"[（清）王先慎撰:《韩非子集解》,中华书局1998年版,第22页]《庄子·庚桑楚》:"汤以庖人笼伊尹。"[（清）郭庆藩撰:《庄子集释》,第814页。]《墨子·尚贤中》:"（伊尹）亲为庖人,汤得之,举以为己相。"[（清）孙诒让撰:《墨子间诂》,中华书局2001年版,第58页。]
③ 许维遹撰,梁运华整理:《吕氏春秋集释》,中华书局1980年版,第313、314页。

筵》)，郑玄笺曰："和旨，酒调美也"①，而"调"即是"和"②，所以"和旨"就是说酒之味和美。

这不仅体现在"五味三材"的调和上，还需要依据季节的不同而变换调和之法，《礼记·内则》便记载"凡和，春多酸，夏多苦，秋多辛，冬多咸，调以滑甘"，郑玄注："多其时味以养气也"。也就是说"和五味"之道还需要根据四季变化而相应调剂增减。③《周礼·天官冢宰》中也载有此文，郑玄注曰："各尚其时味，而甘以成之，犹水火金木之载于土。"④郑玄将"和五味"与五行联系起来，这一解读值得我们关注。如果我们说，"和五味"是先民之于生存其中的世界的经验归结，是"和实生物"世界图式中的重要组成，那么郑玄无疑为这一关联提供了更有解释力的学理解读。

三、"和六律"

在"和实生物"论述中，"和六律"所表述的乐之"和"无疑也是先民世界图式中的重要组成。单从"和"字的字形演化来看，其最初字形出现于甲骨文中，即"龢"。其中"龠"当为乐器⑤，所以段玉裁在《说文》"盉"字注中说"调声曰龢"⑥。由此"和"字之产

---

① （清）阮元校刻：《十三经注疏》，中华书局 1980 年版，第 484 页。
② 《说文》："调，龢也。"（汉）许慎撰，（清）段玉裁注：《说文解字注》，浙江古籍出版社 2006 年版，第 93 页。
③ （清）阮元校刻：《十三经注疏》，中华书局 1980 年版，第 1464 页。
④ （清）阮元校刻：《十三经注疏》，中华书局 1980 年版，第 667 页。
⑤ 关于"龠"是何种乐器，众说纷纭，但不管样式如何，其为乐器则是确定的。（参见郭沫若：《甲骨文字研究》，《郭沫若全集》第一卷，科学出版社 1982 年版，第 94 页。）
⑥ （汉）许慎撰，（清）段玉裁注：《说文解字注》，浙江古籍出版社 2006 年版，第 212 页。

生首先便是与音乐有着密切关联,也正因为其与音乐的关系,所以又由音乐的谐和而衍生出和谐义。关于这一点,许慎在其《说文》中也已指出:"和,相应也",具体而言,此即是《国语·周语下》"声应相保曰和"①的简化表述。总之,"和"字因音乐而生,同时也成为表述音乐本质的重要范畴。

其实,对于"和实生物"原理而言,饮食与音乐是最好的例证。就在晏子对齐景公阐述完"和羹"之理后,其紧接着便指出:"先王之济五味,和五声也,以平其心,成其政也。声亦如味,一气,二体,三类,四物,五声,六律,七音,八风,九歌,以相成也;清浊小大,短长疾徐,哀乐刚柔,迟速高下,出入周疏,以相济也。君子听之,以平其心。"②(《左传·昭公二十年》)在晏子看来,和味与和声的原理是一样的,都属于"和实生物"范畴。当然,晏子可能并未明确得出"和实生物"的结论,其所言更多属于经验范围。晏子举日常生活中的五味与五声为例,五味之间相调和可成"和羹",而五声之理与此相同,其间相调和就会成为美妙音乐。当然,具体言之,情形会更为复杂。晏子此处所说的"五声"是指宫、商、角、徵、羽,大概相当于现代音阶,而史伯所说的"和六律"则是指黄钟、大蔟、姑洗、蕤宾、夷则、无射,《国语·周语下》中伶州鸠曾为周景王详述此六律。③ 当然,无论是五声,还是六律,这只是乐理中的具体细节,其间差异并不影响乐理的根本意义,也就是"和"则成乐。

音乐之本质就在于"和",《国语·周语下》便有两章专门探讨

---

① 徐元诰撰:《国语集解》(修订本),中华书局2002年版,第111页。

② (清)阮元校刻:《十三经注疏》,中华书局1980年版,第2093页。

③ 六律只是十二律的一部分,十二律分阳、阴两部分,阳为律,阴为吕,所以十二律即是六律、六吕。参见徐元诰撰:《国语集解》(修订本),中华书局2002年版,第113—122页。

这一问题。这两章都是关于周景王铸无射钟的记述,一则是王卿士单穆公和乐官伶州鸠对景王的劝谏,一则是周景王问律于伶州鸠,两则问答尽道乐和之理。在第一段初始,便首先点出"二十三年,王将铸无射,而为之大林"①。就这一句的解读而言,历代以来众说纷纭,这自是古代乐律之学久远且艰深的缘故。② 但不管如何解释,周景王此举是对乐之和的破坏则是可以确定的。《左传》中也有对此事的记载,只是比之《国语》,其记述更为简明。其中,伶州鸠对周景王铸无射钟一事说道:"小者不窕,大者不摦,则和于物。……窕则不咸,摦则不容……今钟摦矣。"③(《昭公二十一年》)在此,伶州鸠认为乐之理在于,器小者音不可细,器大者音不可大,如此才是和。但是,周景王铸大钟而以无射为律,即是大钟而音粗大,便违背了乐和之理。因此,《国语》的记载虽然更为复杂,也由此导致注解繁多不一,但其实质应与《左传》所载无异,都是指周景王铸无射钟一事违反乐和之理。而乐和之理,就《左传》所载伶州鸠之言,即是大者小之,小者大之。

在《国语》对此事的记述中,除了作为王卿士的单穆公多从政

---

① 徐元诰撰:《国语集解》(修订本),中华书局 2002 年版,第 107 页。
② 韦昭在此句注解中便引用两种异说:其一是贾逵之说:"无射,钟名,律中无射也。大林,无射之覆也。作无射,为大林以覆之,其律中林钟也";其一引"或曰":"铸无射,而以林钟之数益之"韦昭赞同贾说。现代学界对此句解释大致有三种不同意见:一是吉联抗认为是铸无射律的大钟;二是牛龙菲认为铸鼓音为无射,隧音为大林的双音钟;三是马承源、秦序等人认为其中大林是编钟而非大钟,但二人也有不同,马氏认为是铸以无射律为宫的一套编钟,而秦氏则认为是铸包容无射钟在内的一套编钟。(参见李浩:《关于"王将铸无射,而为之大林"释义的探讨》,《中国音乐学》1999 年第 2 期;王洪军:《〈国语·周语下〉的钟律文献再解读》,《中国音乐学》2006 年第 4 期。)
③ 参见(清)阮元校刻:《十三经注疏》,中华书局 1980 年版,第 2097 页。

治的角度论说之外①,伶州鸠对乐和之理的讲解则更为明细,他说:

> 琴瑟尚宫,钟尚羽,石尚角,匏竹利制,大不逾宫,细不过
> 羽。夫宫,音之主也,第以及羽……故乐器重者从细,轻者从
> 大。是以金尚羽,石尚角,瓦丝尚宫,匏竹尚议,革木一声。②

依照伶州鸠所说,宫声最大,最后依次至羽声,而乐器重者以细声
为准,轻者以大声为准,所以钟声尚羽,而石磬尚角,瓦丝乐器尚
宫,这才是乐和之理。所以,伶州鸠紧接着便说:

> 夫政象乐,乐从和,和从平。声以和乐,律以平声。金石
> 以动之,丝竹以行之,诗以道之,歌以咏之,匏以宣之,瓦以赞
> 之,革木以节之,物得其常曰乐极,极之所集曰声,声应相保曰
> 和,细大不逾曰平。如是,而铸之金,磨之石,系之丝木,越之
> 匏竹,节之鼓而行之,以遂八风。③

对于文中"和"字,韦昭注:"八音克谐",对于"平"字则是"细大不
踰"。④ 八音即是金、石、丝、竹、匏、土、革、木等八种乐器之音,所
以"八音克谐"就是八种乐器之音可和谐演奏。也就是伶州鸠所
说的"金石以动之,丝竹以行之,诗以道之,歌以咏之,匏以宣之,
瓦以赞之,革木以节之",诸种乐器间互相配合,各有次第,和谐而
不杂乱,才能演奏出美妙的乐声。这其中的关键之处便在于"细
大不踰",乐器之细声与大声互不冲突,即如伶州鸠上文所说"乐
器重者从细,轻者从大",如此才能保证做到"八音克谐"。与此相

---

① 《国语》记载单穆公的言论多从政治角度立说,有关乐理之说只有"耳之
  察和也,在清浊之间;其察清浊也,不过一人之所胜。是故先王之制钟
  也,大不出钧,重不过石"。这即是说乐之和的保证在于对钟的限制,即
  "大不出钧,重不过石"。
② 徐元诰撰:《国语集解》(修订本),中华书局 2002 年版,第 110 页。
③ 徐元诰撰:《国语集解》(修订本),中华书局 2002 年版,第 111 页。
④ 徐元诰撰:《国语集解》(修订本),中华书局 2002 年版,第 111 页。

反,"细抑大陵,不容于耳,非和也"。因此,就伶州鸠为周景王讲解的乐理而言,"和"无疑是其本质所在,这不仅体现在宫、商、角、徵、羽诸音和谐不相冲突逾越上,还体现在金、石、丝、竹、匏、土、革、木等诸种乐器的相互配合上。在《诗经》中,众多乐器的合奏就属于重点描述的场景,如"簧舞笙鼓,乐既和奏"①(《小雅·宾之初筵》),"既备乃奏,箫管备举。喤喤厥声,肃雍和鸣"②(《周颂·有瞽》),以及"鞉鼓渊渊,嘒嘒管声。既和且平,依我磬声"③(《商颂·那》),等等都是如此。同时,诗句中屡屡出现的"和"也就成为对这一场景的高度概括。

在"周景王问钟律于伶州鸠"一章中,伶州鸠就周景王铸无射钟一事为其详细阐述了钟律之道,而且这是古代典籍中首次出现对十二律的描述。依照伶州鸠所说,十二律分为六律、六间,分别是黄钟、大蔟、姑洗、蕤宾、夷则、无射以及大吕、夹钟、仲吕、林钟、南吕、应钟。六间也称六吕,韦昭注:"六间,六吕在阳律之间"④,所以两名所指实同。又因为在六律之间,所以六律为阳律,而六间或六吕为阴律。所谓十二律,原是测试音高的十二根竹管,《吕氏春秋·古乐篇》记载黄帝令伶伦作律,伶伦制十二筒,"听凤皇之鸣,以别十二律"⑤。这当然有传说的成分在,但以竹管制律是确实存在的,之后改用十二钟作标准音,阴法鲁便考证十二律律名大多都与钟有关。⑥ 这十二律便是以"和"作为标准的。伶州鸠

---

① (清)阮元校刻:《十三经注疏》,中华书局 1980 年版,第 484 页。
② (清)阮元校刻:《十三经注疏》,中华书局 1980 年版,第 594 页。
③ (清)阮元校刻:《十三经注疏》,中华书局 1980 年版,第 620 页。
④ 徐元诰撰:《国语集解》(修订本),中华书局 2002 年版,第 118 页。
⑤ 许维遹撰,梁运华整理:《吕氏春秋集释》,中华书局 2009 年版,第 120 页。
⑥ 参见阴法鲁:《"六律六吕"与"六律六同"》,《中国典籍与文化》1993 年第 1 期。

首先指出：

> 古之神瞽考中声而量之以制,度律均钟,百官轨仪,纪之
> 以三,平之以六,成于十二,天之道也。①

韦昭注："考,合也。谓合中和之声而量度之,以制乐者。"也就是
说,古之乐官是以中和之声为标准,以量度律吕之长短,以均平其
钟,以和其声的。十二律之产生便是因"和"而起的,而当其制成
之后,伶州鸠又进一步指出：

> 细钧有钟无镈,昭其大也。大钧有镈无钟,甚大无镈,鸣
> 其细也。大昭小鸣,和之道也。②

依照韦昭的注解,钟为大钟,镈为小钟,钟大者其音低沉,钟小者其
音高细,所以有钟无镈是"两细不相和",故"明其大者,以大平细
也",而有镈无钟则是"两大不相和",故"以小平大"。③ 总之,诸
音律相互之间调配和当便是"和之道"。

综上所述,"和"无疑是音乐之本质,无论是从音律,还是乐器
来看,都是如此。而古代乐制与礼制之间的紧密关系,使得乐之和
与为政之道密切关联,甚至成为治政兴衰的关键所在,因此成为单
穆公与伶州鸠劝谏周景王勿破坏乐和之理的重要论据。④

---

① 徐元诰撰:《国语集解》(修订本),中华书局 2002 年版,第 113 页。
② 徐元诰撰:《国语集解》(修订本),中华书局 2002 年版,第 122 页。
③ 徐元诰撰:《国语集解》(修订本),中华书局 2002 年版,第 122 页。
④ 在《国语·周语下》的相关两章中,单穆公指出:"若视听不和,而有震眩,
则味入不精,不精则气佚,气佚则不和。于是乎有狂悖之言,有眩惑之
明,有转易之名,有过慝之度。出令不信,刑政纷放,动不顺时,民无据
依,不知所力,各有离心。"而伶州鸠指出乐和"于是乎气无滞阴,亦无散
阳,阴阳序次,风雨时至,嘉生繁祉,人民龢利,物备而乐成,上下不罢,故
曰乐正。"[徐元诰撰:《国语集解》(修订本),中华书局 2002 年版,第
110、111 页。]

第二节　和合的生存世界

在《国语》"和实生物"的论述中,不仅有先民对整个世界图式的成熟认知,还有由此引发的对饮食、音乐的学理性解释。其实,所有这一切都是先民对于其生存其中的世界的认识。当人降生之后,便被抛入这个世界之中,生活其中并与这个世界发生联系,这个人所生存其中的世界便是生存世界。生存世界是和合学的重要范畴,其由"境"与"理"两部分组成。其中,"境"指环境言,"理"指原理言。这一范畴很好地概括了人所处的这个世界,因此成为我们解读《国语》的重要媒介。① 详而言之,生存世界既包括人所生存的环境,也包括人对生存环境的认识。因此,"和实生物"作为《国语》时代人们对这个世界最具理论性的认识总结,天然地内含于这个世界之中。在《国语》中,人们面对的是怎样的一个环境,又是如何从这个生存环境中归结出原理性认识。这即是本节所关注的问题。

一、生存之境

在生存世界中,人首先面对的是其所生活的环境,而依照张立文先生的分梳,这个环境可分为天然与人化两个方面,前者可称为非生命系统,后者则属于生命系统,二者合起来便是生存世界的"境"。② 对于先民而言,其所在的生存之境便是我们这一片土地。

---

① 参见张立文:《和合学——21 世纪文化战略的构想》,中国人民大学出版社 2006 年版,第 139、153 页。

② 参见张立文:《和合学——21 世纪文化战略的构想》,中国人民大学出版社 2006 年版,第 153 页。

(一)周之前的生存之境

与神创论不同,先民对于神创造宇宙万物的认识是并不明确的。从考古学角度来看,我们无法由遗址的发掘来获取早期人类对于宇宙万物的认识,最早也只能通过殷商甲骨文的记载来了解殷商时期人们的相关意识。遗憾的是,甲骨文中所载殷人至高神上帝并没有创设天地的职权,殷人之上帝威严强大,可令风令雨,降祸受年,但并无创生万物的权责。① 而之后,盘古、伏羲、女娲等神话故事虽然以创设天地万物为内容,但其只是以故事形式存在,对先民认识宇宙万物产生多大程度的影响是值得怀疑的。所以司马迁作《史记》只从五帝始,"文不雅驯,荐绅先生难言之"的都略去不谈,只是"择其言尤雅者"而已②(《史记·五帝本纪》)。因此,先民对其生存之境的认识,至少从创生角度来看,可以忽视神创论的影响。

从世界文明的起源来看,各文明几乎都兴起于大河流域,特别是河流所经平原台地更是人类文明的核心地带,中华文明的繁荣发展也不例外。从考古遗址的分布来看,中华文明的核心区域大致位于辽河流域、黄河流域、淮河流域以及长江流域。在这片北起辽河流域,南至云贵高原,东起大海,西抵流沙的广阔土地上,文明的遗址星星点点,又各自汇聚,共同组成了恢弘的中国上古时代。在这片土地上,100万年前便已有早期人类活动,诸如云南元谋、重庆巫山、湖北建始、陕西蓝田等地都已发现早期人类化石。③ 不过,这些遗址尚不能归入文明之列,只是属于人类发展的最早期阶段。

① 参见陈梦家:《殷墟卜辞综述》,中华书局1988年版,第562—571页。
② (汉)司马迁撰:《史记》,中华书局1959年版,第46页。
③ 具体年代测定虽有争议,但100万年前的时间区域还是可以肯定的。(参见王幼平:《中国远古人类文化的源流》,科学出版社2005年版,第8、9页。)

　　人类真正进入文明时代,还要从开始农业定居生活算起。在华夏大地,大约 8000 年前,人类开始了农业生活,而农耕的生活大大解放了自然环境对人类的束缚,定居的农业村落出现,聚落逐渐扩大直至可被称为城市,人类从此实现了一次重大的文明跃进。① 在这片土地上,已知的早期文明遗址是河北南部和河南北部的裴李岗·磁山文化,年代属于公元前 6000 至公元前 5700 年,其已有半地穴式住宅,可种植粟类、饲养家畜并制作陶器。而之后的西安半坡遗址属于仰韶文化早期代表,年代是公元前 5000 至公元前 4500 年。与黄河流域的仰韶文化相对,山东半岛出现了大汶口文化,而长江流域则先是河姆渡文化,后是公元前 3000 年左右的良渚文化。也就是说,在公元前 4000 年左右,黄河流域的中游地区和下游地区以及长江下游地区大致同时存在着三个不同的各自独立的文化圈。② 随着几个文化圈的扩大和接触,这些存在诸多差异的文化类型之间开始了互动过程,正如张光直先生所指出的:"公元前 4000 年左右开始,有土著起源和自己特色的几个区域性的文化互相连锁成为一个更大的文化相互作用圈"③。文化圈的频繁交流逐渐演化出新的文化类型,这就是各地龙山文化的出现,至公元前第三千纪(公元前 3000 年—公元前 2000 年)已是龙山文化的时代了。④ 通过对这一过程的梳理,显而易见的是,先民的生

---

①　参见杜正胜:《古代社会与国家》,允辰文化实业股份有限公司 1992 年版,第 101 页。

②　参见夏鼐:《中国文明的起源》,文物出版社 1985 年版,第 4—8 页。

③　张光直:《中国相互作用圈与文明的形成》,载《中国考古学论文集》,三联书店 1999 年版,第 158 页。

④　龙山文化并非同一的,其有着多种地区类型。(参见张光直:《中国相互作用圈与文明的形成》,载《中国考古学论文集》,三联书店 1999 年版,第 187 页。)

存之境本身便是一个不断和合的过程。华夏大地上的诸多文化圈在发展初期都属于各不相同的区域文化，但在相互之间作用、影响的过程中，又相互交流融合，逐渐整合为一个新的文化类型，这本身就是一个和合过程。

对于生存之境的这一和合过程，除了考古学上的依据之外，文献上也可以提供一些佐证。通过对相关文献的梳理，徐旭生先生将古代部族划分为三个族群集团，即华夏集团、东夷集团、苗蛮集团。① 蒙文通先生也根据文献总结出三个集团，即江汉集团、河洛集团、海岱集团。② 两种观点虽然在集团名称或所属人物方面有所差异，但在三个集团涵盖地域方面却大致相同。特别注意的是，在地域分布上，三集团与考古发现的三个文化圈多有重合之处。当然，如果一味用考古发现来印证文献记载，或用文献记载来附会考古遗址，那在学术严谨度上自然存在问题。不过，即使将考古发现与文献记载分开考察，那二者所反映的族群融合都是大规模存在的。特别是从文献记载来看，在当时陕西、山西、河北和河南西部地区，山东、河北和河南的东部、安徽、江苏地区，以及湖北、湖南、江西和河南的南部地区，这三片区域中确实分布着不同的族群。③ 如黄帝、炎帝部落便主要活动在第一区域，而太皞、少皞集团则是在第二个区域，祝融集团则在第三个地区。历史记载的王朝时代开启后，夏、商、周三代就建立在这三个区域的交流融合基础之上。总之，中华大地上的几个早期文化区域经过数千年地不断互动，各族群之间逐渐融合。一直到春秋战国时代，一个自称华夏的群落已经熔铸形成，中华民族的主干以及中国文化的核心由

① 参见徐旭生：《中国古史的传说时代》，文物出版社 1985 年版，第 39 页。
② 参见蒙文通：《古史甄微》，商务印书馆 1933 年版，第 36、45、52 页。
③ 参见谢维扬：《中国早期国家》，浙江人民出版社 1995 年版，第 250 页。

此铸就。①

　　毫无疑问,无论从考古遗址来看,还是从文献所载族群历史来看,华夏文明的最终形成就是一个文化间、族群间不断交流融合的和合过程。从文明的星火出现在中华大地之上到《国语》记述的时代,这数千年的时空就是先民的生存之境。

　　(二)周代的生存之境

　　殷周之际,古代中国经历了一次大的变动,作为华夏文明核心的周文化在吸纳了殷商文化之后逐渐形成。当然,这一过程并非殷周之际短短数年的一蹴而就,而是逐渐演化发展,这一过程就被记录在《国语》之中。在《国语》记述的年代,也就是西周末期到春秋战国之际,华夏民族基本已经形成,中华文化也已经奠定了基调。在这一时空中,人们处于怎样的生存之境,又如何自处以归结出生存之理,这将是我们继续考察的问题。

　　在《国语》的世界中,先民生活其中的自然环境与之前并无大异。一般而言,地理环境并不会在数千年间发生太大变化。放眼整个中华大地,华北平原广袤而低平,土壤肥沃,包括了河北与河南绝大部分地区。向西,越过太行山脉,就是黄土高原。在高地与河谷之外,关中平原又是沃土千里,那里是宗周所在地,以后还是近千年古代中国的核心。黄河以南,在淮河流域及长江流域,江河众多,沼泽、湖泊密布,物产丰盈。所有这些区域都属于华夏文明的核心区,从 8000 年前农业文明开始之后,这里就孕育了星布的族群。这些族群不断地繁衍、交融,一直到《国语》记述的年代,虽历经数千年的发展,这片土地仍然生机如初,为先民提供着生存必

---

　　①　参见许倬云:《中国古代民族的融合》,载《求古编》,新星出版社 2006 年版,第 7—11 页。

需的资源。

地理环境在数千年间保持着大体一致的样貌,但是另一方面从长时段的气候演变来看,仍然蕴含着新变化。虽然地理如常,但是气候却也有了波动。通过对古代气候的研究,学者们指出公元前1500年之后,包括中国在内的整个北亚地区开始了一段转冷的气候期。① 不过这一阶段只持续了数百年,从周初开始,气候又开始逐渐变暖。对于这一气候变化,周代文献也曾留下直观记录,如《诗经》中就充满了对各种植物的描写,而其中很多都属于亚热带植物,这无疑是当时气候温暖的真实写照。② 从地理学角度看,相同纬度地区的气温变化直接影响动植物的生长分布,温暖的气候以及由此带来的充足雨水无疑更适宜各种动植物的生长。具体到与人类生活息息相关的农作物种植方面,适宜的环境对尚处于早期低效农业种植来说更是至关重要。在周文化的核心地带,即汉水、淮河流域以北地区,粟、稷、稻、粱、麦、麻、菽、豆成为周人的主要农作物。虽然北方的大多数作物可以适应更为恶劣的气候,但是气温的升高和雨量的增多无疑会促进作物的生长,从而增加粮食的产量。据研究,大豆的发芽速度和生长速度会因温度和湿度的提高而显著加快。③ 如果检索文献会发现,荀子所处的年代已经完全可以做到一年生产两季作物。④ 当然,这其中有农具改进

---

① 参见[美]布雷特·辛斯基:《气候变迁和中国历史》,《中国历史地理论丛》2003年第2辑。

② 参见竺可桢:《中国近五千年来气候变迁的初步研究》,《考古学报》1972年第1期。

③ 参见[美]布雷特·辛斯基:《气候变迁和中国历史》,《中国历史地理论丛》2003年第2辑。

④ 参见《荀子·富国篇》:"今是土之生五谷也,人善治之则亩数盆,一岁而再获之。"[(清)王先谦撰:《荀子集解》,中华书局1988年版,第184页。]

带来的成果,但是不可否认气候的变化对于基本属于靠天吃饭的时代是多么的重要。农作物的增收、粮食产量的增加又进一步导致人口规模的扩大,而这就是文明发展繁荣的基础。

农业的发展还将直接影响人们的饮食生活。在《国语》的世界,粟、稷、稻、梁是生活于其中的周人主要食材,同时家畜、鱼类也是重要肉食来源。由此看来,除了后世引进的一些外来作物,周人的食材与我们现在并没有太大区别,这当然是与地理环境相关。对于这些食材的烹饪方法,在周代也无过于蒸、煮、烤、煨、干腊及菹酿等几种方式。① 与更古远的时期相比,周代对食物的制作已非常精良。在远古时期,人类过着"茹毛饮血"的生活,《礼记·礼运》曾记有:"未有火化,食草木之食,鸟兽之肉,饮其血,茹其毛"②,这是文明社会开始前的蒙昧阶段,而人类文明发展的重要标志就是饮食的丰富和精良。不过,作为传统的延续,周代礼仪中也仍然保留了更古远期的饮食制作方法,如《仪礼·士昏礼》记:"大羹湆在爨",郑玄注曰:"大羹湆,煮肉汁也,大古之羹无盐菜。"③无盐菜就是不需调味,只是煮肉汁而已,这在《左传》中也有记载。《桓公二年传》记:"大羹不致",杜预注:"大羹,肉汁,不致五味。"④《礼记·郊特牲》也载:"大羹不和,贵其质也"⑤,"不和"其实就是"不致五味",与此相反,"和"即是调和五味。在周代的日常生活中,饮食是需要调味的,晏子论"和羹"时就说:"水火醯醢盐梅,以烹鱼肉,燀之以薪,宰夫和之,齐之以味,济其不及,以

---

① 参见许倬云:《西周史》,三联书店 1994 年版,第 243 页。
② (清)阮元校刻:《十三经注疏》,中华书局 1980 年版,第 1416 页。
③ (清)阮元校刻:《十三经注疏》,中华书局 1980 年版,第 963 页。
④ (清)阮元校刻:《十三经注疏》,中华书局 1980 年版,第 1741 页。
⑤ (清)阮元校刻:《十三经注疏》,中华书局 1980 年版,第 1454 页。

洩其过。"①(《左传·昭公二十年》)"和羹"就是需要多种味道相互调剂,不足则加之,过之则减之。《吕氏春秋·本味篇》也说:"调和之事,必以甘酸苦辛咸,先后多少,其齐甚微,皆有自起。"②这与"和羹"显示出的烹调之法相同。据研究,周代可供制作饮食的调料很多,以其味道如"甘、酸、苦、辛、咸"作为区分,包括饴、蜜,梅、醢,酒、姜、桂、椒以及盐,等等,这些都是调和五味的元素。③ 在周人看来,只有诸多味道间的和合,才能制作出美味的食物,这就是《国语》为我们呈现的"和五味"的日常生活写照。

同时,与《国语》"和六律"相对应,在周人的日常生活中,音乐的重要作用也是无可争议的。从音乐的起源来看,其是古代祭祀活动中必不可少的关键要素。据德国学者维尔纳·施泰因(Werner Stein)的研究,世界范围内的音乐大都与祭祀活动密切相关。④ 中国古代音乐的起源非常早,《吕氏春秋·古乐篇》中记载:古帝朱襄氏时,其臣士达做五弦瑟,黄帝时的伶伦"听凤凰之鸣,以别十二律"⑤。这些当然有传说的成分,并不完全可信。但是从出土文物来看,公元前5000至公元前6000年间的河南舞阳贾湖新石器遗址中便出土了多支骨笛,制作精良,据测试至少可有六声音阶。除骨笛之外,其他同期的出土乐器还有鼓、骨哨、陶埙等,可

---

① (清)阮元校刻:《十三经注疏》,中华书局1980年版,第2093页。
② 许维遹撰,梁运华整理:《吕氏春秋集释》,中华书局2009年版,第313、314页。
③ 参见周粟:《周代饮食文化研究》,吉林大学2007年博士学位论文,第99页。
④ 参见[德]维尔纳·施泰因:《人类文明编年纪事·音乐和舞蹈分册》,中国对外翻译出版公司1992年版,第1页。
⑤ 许维遹撰,梁运华整理:《吕氏春秋集释》,中华书局2009年版,第120页。

见至少在 8000 年前的中国就已有较为完备的乐器系列。① 到了商周时期,乐器与乐理发展更为成熟,大型的编磬、编钟成为当时的标准配置。② 特别是周代,音乐成为周人生活中必不可少的组成,文献中描述祭祀、宴饮活动中众多乐器合演随处可见。如《仪礼·乡饮酒礼》中的"乃合乐",郑注:"合乐,谓歌乐与众声俱作";贾公彦疏:"堂上有歌瑟,堂下有笙磬,合奏此诗"。③ 可见,当时演奏活动的盛景。还有《诗经》中的"籥舞笙鼓,乐既和奏"④(《小雅·宾之初筵》),"既备乃奏,箫管备举。喤喤厥声,肃雍和鸣"⑤(《周颂·有瞽》),以及"鞉鼓渊渊,嘒嘒管声。既和且平,依我磬声"⑥(《商颂·那》)等等,都是对众乐合奏场景的生动描述。因此,自从音乐产生之后,先民便逐渐领悟到音乐之"和"的本质,特别是在周代这种诸多乐器合奏的情景下,"和合"理念自然流露出来。

综上所述,《国语》时期的先民便生活在这一片生存之境中。从自然环境来看,因为处于一个温暖的气候期,所以人们生活的环境非常适宜,而从人化环境来看,无论是饮食,还是音乐,都是生存之境中的必备要素。当然,还有几千年来族群融合的大背景。《国语》时期的生存之境便以这样的面貌呈现在我们面前,而我们也有理由相信,这是一个和合之境。这就是《国语》世界里先民所

---

① 参见张树国:《宗教伦理与中国上古祭歌形态研究》,人民出版社 2007 年版,第 12、13 页。
② 参见方建军:《1949 年以来的部分音乐考古重要发现》,载《乐器——中国古代音乐文的物质构成》,学艺出版社 1996 年版,第 265—279 页。
③ (清)阮元校刻:《十三经注疏》,中华书局 1980 年版,第 986 页。
④ (清)阮元校刻:《十三经注疏》,中华书局 1980 年版,第 484 页。
⑤ (清)阮元校刻:《十三经注疏》,中华书局 1980 年版,第 594 页。
⑥ (清)阮元校刻:《十三经注疏》,中华书局 1980 年版,第 620 页。

处的自然环境,这无疑是一个适宜的生存之境。

二、和生之理

对于生存之境,人们是生活其中的,并在生活过程中逐渐加深对其的认识。张立文先生曾指出:"无论天然自然,还是人化自然,其自身都有一定的法则和原理",这法则和原理便构成生存世界的"理"。① 先民对生存之境的认识,识得便是此"理"。换而言之,此"理"即是先民对生存之境的理论性理解,更准确地说是先民所理解的世界图式。在《国语》的年代,"和实生物"无疑是先民所认识的"理"中最为重要的一个,是生存世界的重要组成。

（一）"和生"元素的差异性与形上性

对于生存之境来说,无论是饮食,还是音乐,抑或族群的融合,"和"都是对它们性质的最本真描述。但是,生存之境毕竟只是众多具体形象的集合,由此而归结出的"和",也只是具体事物的和合过程或状态。如饮食之"和五味",音乐之"和六律",其所和合的对象无非饴、梅、醢、姜、盐等调料和其他食材,或者金、石、丝、竹等乐器和宫、商、角、徵、羽等音调,这都只能说是基于经验事物的归结。由此生存之境中的具相而超拔为生存世界之理,从而成为先民视界中的世界图式,则非"和实生物"莫属。甚至可以说,"和实生物"是对生存之境中诸多经验性和合现象所作最具理论性的归纳,是先民眼中整个生存世界原理性的图式表述。因此,"和实生物"便已不再牵涉任何具体的经验之物,其所关联的仅是形上元素,这也就是称其为"和生之理"的原因所在。

---

① 张立文:《和合学——21 世纪文化战略的构想》,中国人民大学出版社 2006 年版,第 153 页。

于此,我们再一次将"和实生物"相关论述引述如下:

> 夫和实生物,同则不继。以他平他谓之和,故能丰长而物归之,若以同裨同,尽乃弃矣。故先王以土与金木水火杂,以成百物。①

尽管史伯的言论是针对周王室兴衰的政治问题所发,但是史伯关于"和实生物"这一原理性论述,却是那一时代先民对于"物何以生"问题的真实解答,甚至可以说这一论述完美地阐述了万物所由生的图景。

物何以生?在史伯看来,乃是"和实生物,同则不继",对于生物过程而言,"和"、"同"是其中的关键。此处所谓"和"、"同"是就生物过程所需或所参与的元素而言的,正如对"和"字字义的考察所示,"和"字本身便蕴含着"差异"的含义,也就是不同,与此处"同"的表意正相反对。因此,"和"即是指不同的元素,而"同"则是指相同的元素。对于物之生成来说,元素之间的差异性是其必备条件,也就是说,只有差异性的元素相和合才能生成新事物,而相同的元素是无法实现这一目标的。

其实,对于先秦时期"和"、"同"二者的论述,都可以"和同之辨"归纳之。对此,除了史伯的论述之外,稍后之晏婴也有专门的讨论。《左传·昭公二十年》,齐景公问:"和与同异乎?"晏子很明确地回答"异"。接着他说:

> 和如羹焉,水火醯醢盐梅以烹鱼肉,燀之以薪。宰夫和之,齐之以味,济其不及,以泄其过。君子食之,以平其心。君臣亦然。君所谓可,而有否焉,臣献其否,以成其可。君所谓否,而有可焉,臣献其可,以去其否。……声亦如味,一气,二

---

① 徐元诰撰:《国语集解》(修订本),中华书局 2002 年版,第 470 页。

体,三类,四物,五声,六律,七音,八风,九歌,以相成也;清浊小大,短长疾徐,哀乐刚柔,迟速高下,出入周疏,以相济也。……今据不然。君所谓可,据亦曰可;君所谓否,据亦曰否。若以水济水,谁能食之?若琴瑟之专一,谁能听之?同之不可也如是。①

在晏子看来,"和"即是如羹,"水火醯醢盐梅以烹鱼肉,燀之以薪"便可成美味之羹;亦如声,"一气,二体,三类,四物,五声,六律,七音,八风,九歌"以及"清浊小大,短长疾徐,哀乐刚柔,迟速高下,出入周疏"相成相济便可成动听之音乐。不管是饮食,还是音乐,其"和"之理都在于能够包含多种差异性元素。而"同"则与此异,于饮食而言,"同"即是"以水济水",于音乐而言,"同"即是"琴瑟之专一",二者都不能生成新事物,依晏子之言即是"同之不可也如是"。不过,晏婴通篇都是在以生存世界中的经验现象,如饮食、音乐等为例说明"和"、"同"之异,这只能看作是史伯生成论在经验层面上的验证。在此之后,孔子又进一步将其扩展到人与人关系中,"君子和而不同,小人同而不和"②便是对"和"、"同"之异的另一种表述。

与此相对,史伯关于"和"、"同"的论述具有不言自明的形上性。史伯首先从物之生成角度赋予"和"以生成论的意义,"和"即是多种差异性元素的并存,由此而生成新的事物,这其中的差异性元素是对"水火醯醢盐梅"以及"声、律、音、风、歌"的抽象化,是生存世界中诸种经验现象的形上化表述。因此,史伯在"和实生物"之后,又进一步说道:"以他平他谓之和,故能丰长而物归之,若以

① (清)阮元校刻:《十三经注疏》,中华书局 1980 年版,第 2093、2094 页。
② (清)阮元校刻:《十三经注疏》,中华书局 1980 年版,第 2508 页。

第二章 「和生」的世界图式

同裨同,尽乃弃矣。"在此,史伯继续对差异性元素进行明确化阐述,即"以他平他"。"他"字本身便蕴含着差异性,其一般用来指称不同于自我的对象,也就是说,以自我主体为标准,所有与其有异者都可以被称为"他",因此,"他"便意味着差异,意味着不同。另外,"他"字又是一个带有抽象性所指的义符,其不是任何具体的事物,但是又可替换为任何具体的事物。换而言之,"他"是将所有不同于自我主体的事物高度抽象化的结果,是对诸种经验事物的超越和归结,在这个意义上,"他"具有了形上性。因此,史伯的"以他平他谓之和"便是对"和实生物"论述中的多种差异性元素的进一步确认,其中所蕴含的差异性和形上性体现地更为鲜明。同时,在"以他平他"的情况下,新事物的生长才成为可能,而如果"以同裨同",最后只会无所成。

经上所述,"和实生物"论述并非简单的经验描述,其中蕴含着诸多元素的差异性和形上性,因此是对经验现象的抽象升华。在这个意义上,"和实生物"论述的生成论意义得以成立,而其作为"和生之理",理论意义也由此而具足。

(二)"和生"元素的具化

关于"和实生物",在上述引文之后,史伯又将论述进一步深化,提出"故先王以土与金木水火杂,以成百物"。如果说"以他平他谓之和"是差异性和形上性展现的话,那么"以土与金木水火杂,以成百物"便是将多种差异性元素明确化,由此而成为对"和实生物"四字最为贴切的定义。

"以土与金木水火杂,以成百物",韦昭注"杂"为"合"①,也就是金、木、水、火、土相和合便可生成百物。在此,所谓金、木、水、

---

① 徐元诰撰:《国语集解》(修订本),中华书局 2002 年版,第 470 页。

火、土指称的并非具体事物,而是五种元素或形相。以反证法证之,如果其五者指具体事物,则"成百物"之说便不得成立。详而言之,具体之金、木、水、火、土等五种物质相和合不可能生成百物,而只能是各自形态的变化,因此五者的非物质性大致可以确定。从其本质上言,五者是构成万物的元素,只有作如此解才能相和而生成百物。

其实,在《国语》同期文献中,金、木、水、火、土等名词屡屡出现,而且都被冠以五材或五行的名称。如《左传》中便有"天生五材,民并用之,废一不可"①(《襄公二十七年》),"且譬之如天,其有五材而将之用之"②(《昭公十一年》),杜预都注其为"金、木、水、火、土"。而关于五行的称谓,最为著名的便是《尚书·洪范》中作为洪范九畴之首的"五行","一曰水,二曰火,三曰木,四曰金,五曰土"③。当然,这段材料作为论据在准确性上是不够的。不过,《国语》本身便有着更为可靠的论据,在《鲁语上》篇中有:"地之五行,所以生殖也",韦昭注"殖,长也","五行,金木水火土也",此处即是明白无误地表明五行之于万物生长的重要,这也可以看作"以土与金木水火杂,以成百物"的简要表述。④ 因此,"和实生物"论述中的"金、木、水、火、土"即是所谓五行,只是在此并无后世五行思想中的相生或相克特质。因此,我们可将其视为五行思想的早期表述。

"和实生物"论述中,不仅含有五行思想,而且还含有阴阳观念。在"和实生物,同则不继"之后,韦昭注曰:"阴阳和而万物

① (清)阮元校刻:《十三经注疏》,中华书局 2002 年版,第 1997 页。
② (清)阮元校刻:《十三经注疏》,中华书局 2002 年版,第 2060 页。
③ (清)阮元校刻:《十三经注疏》,中华书局 1980 年版,第 188 页。
④ 参见徐元诰撰:《国语集解》(修订本),中华书局 2002 年版,第 161 页。

生",而在"以他平他谓之和"后,同样是"阴阳相生"的注解。① 以阴阳观念解释"和实生物"确实是非常贴切,虽然"和实生物"论述中并未有与阴阳相关的概念出现,但韦昭的注解也并非空穴来风,而是有其依据的。《国语·周语上》有一章伯阳父论西周地震的著名论述:

> 夫天地之气,不失其序,若过其序,民乱之也。阳伏而不能出,阴迫而不能烝,于是有地震。今三川实震,是阳失其所而镇阴也。阳失而在阴,川源必塞,源塞国必亡。②

伯阳父以阴阳失序来解释地震,这无疑已是阴阳观念的成熟表述。其实,阴阳失序即是失和,只有阴阳相和而各自不失其所,才能保证天地之气的稳定。此事发生在周幽王二年,而史伯论"和实生物"则是周幽王九年,且一为伯阳父,一为史伯,名字相仿,易被联想为一人。司马迁在《史记·周本纪》中便称论地震者为伯阳甫,然后引《国语》中史伯论褒姒的话以为太史伯阳的言论,后又在《郑世家》中称为郑桓公出谋划策的史伯为太史伯。③ 依据司马迁的文意,伯阳甫、太史伯阳和太史伯似乎是同一个人。所以,有学者认为史伯与伯阳父实则为一人,其在周幽王二年论地震,在周幽王九年论"和实生物"。④ 尽管这一论点还有可商榷之处,但据韦昭的注解,二人一为周太史,一为周大夫,而且所处时代相同,即使二人不是同一人,其各自观念为同一时代产物则是可以确定的。而按照"和实生物"原理,"以他平他谓之和",不只是五行互为差

---

① 参见徐元诰撰:《国语集解》(修订本),中华书局 2002 年版,第 470 页。
② 参见徐元诰撰:《国语集解》(修订本),中华书局 2002 年版,第 26 页。
③ 参见(汉)司马迁撰:《史记》,中华书局 1959 年版,第 145、1757 页。
④ 参见左益寰:《阴阳五行家的先驱者伯阳父——伯阳父、史伯是一人而不是两人》,《复旦学报》(社会科学版)1980 年第 1 期。

异元素,阴阳也同样是差异性存在。所以,"和实生物"的不只是五行,阴阳亦可,在这个意义上,韦昭的注解"和实生物"为"阴阳和而万物生"是有其时代思想作为依据的。

无论是五行,还是阴阳,都符合"和实生物"论证差异性与形上性的特征,是"和"之多种差异性元素的具化。而这种具化对于"和实生物"来说,具有深远的意义和影响。如果说多种差异性元素和合而生成万物是对"和实生物"的原理性解读,那么五行或阴阳生成万物则是对"和实生物"的历史性阐述。一方面,阴阳与五行进入"和实生物"的诠释中,这本身便是万物生成论的重要发展,在"和实生物"论述中,阴阳与五行的生成论色彩更为浓重,其在万物生成的视角下表意更为直接。另一方面,阴阳与五行自身所具有的强大传统性与"和实生物"相结合,赋予了"和实生物"更为强大的解释力,促使其成为先民理解世界的图式。因此,"和实生物"与阴阳五行也是相成相济的关系,"和实生物"使阴阳五行更具生成意义,而阴阳五行使"和实生物"更具解释力。

综上所述,"和实生物"作为先民对于生存之境的所识之理,是在生存之境中从饮食、音乐等生活经验中度越而来的。因此,其自然由饴、梅、醯、姜、盐或金、石、丝、竹等经验之物升度为阴阳、五行等形上元素,这是由其"理"之本质决定的。由此,"和实生物"才能成为世界图式,成为先民理解生存世界的理论原理。

三、生成论路向

"和实生物"作为先秦时期人们眼中的世界图式,对后世的影响是深远的。当然,这与阴阳五行有着很大关联。在"和实生物"中,"和生"之理是内核,而阴阳五行属于"和生"原理的具体呈现。详而言之,即多种差异性元素和合生物是生成论的原理,而随着元素具化为阴阳五行,"和实生物"展现出更强大的影响力。直至诸子时代,"和实生物"已经成为诸子时代关于万物生成的主要观点,成为诸子探讨万物之源的重要思想路径。

（一）五行与阴阳

"和实生物"论述与阴阳、五行之间有着密切联系。这种联系不仅体现在"和实生物"对二者的思想包容性上,还体现在对二者思想本质的完美诠释上。众所周知,阴阳与五行在最初是诠释世界的两种不同思想体系,之后才逐渐合流而成为支配传统社会的思想学说。① 而"和实生物"论述正是两种思想结合的里程碑。

对于五行而言,有关其起源的观点纷繁复杂②,但大多数都将关注点集中于数字"五"上。特别是胡厚宣据甲骨卜辞辨认出四方风,并进一步指出殷人存在五方观念之后,五行思想便在很多人眼中有了最早的起点。③ 虽然数字"五"对于五行思想来说有着重要的规范意义,但是尚五的观念并不等于五行思想。五种元素即金、木、水、火、土对于五行思想的成立是必不可少的,因此在五行思想起源考察中更应该得到关注。甲骨卜辞中不曾出现五种元素连用的例子,甚至没有发现有金字,那些认为在殷商时期便已有金、木、水、火、土观念的论点是没有可信度的。④ 而据传作于殷周之际的《尚书·洪范》中已有五种元素名称,"一曰水,二曰火,三

① 参见庞朴:《阴阳五行探源》,《中国社会科学》1984 年第 3 期。
② 参见彭华:《阴阳五行研究》(先秦篇),华东师范大学 2004 年博士学位论文,第 45—60 页。
③ 参见胡厚宣:《论五方观念及"中国"称谓之起源》,载《甲骨学商史论丛初集》,齐鲁大学国学研究所 1944 年版,第 383 页。
④ 参见刘宝才:《先秦思想史上的阴阳五行学说》,《人文杂志》1986 年第 3 期。

曰木,四曰金,五曰土。水曰润下,火曰炎上,木曰曲直,金曰从革,土爰稼穑。润下作咸,炎上作苦,曲直作酸,从革作辛,稼穑作甘",而且明确冠之以五行。① 但是,这段材料在年代学上的准确性并不是十分确定的。② 而且从随后进一步的论述来看,大多是从民生日用角度着眼的自然属性。③ 春秋时期,文献中出现很多五行或五材的称谓,如"天生五材,民并用之,废一不可"(《左传·襄公二十七年》),"则天之明,因地之性,生其六气,用其五行"④(《左传·昭公二十五年》),还有的出现了五种元素的名称,如"水、火、金、木、土、谷,谓之六府"⑤(《左传·文公七年》),但这些都只是单举其总名,而分列五种元素名的却仅是位于六府之中,甚至不能称为五行。

在这一系列相关引证之后,转折点又再次出现在"和实生物"论述中,这就是"以土与金木水火杂,以成百物"。这里不仅出现了金、木、水、火、土五种元素名称,而且正是五行之数,更重要的是指出五行相和而生成万物,这是有记载以来的最早论述。张立文先生便指出"和实生物"论述中的五行首次具备了哲学意义。⑥ 对于五行思想来说,不管是以相生还是相克作为转换方式,这五种基本元素的和合化生都是五行思想不容忽视的重要维度。战国晚期直至秦汉,阴阳与五行逐渐合流而成为影响深远的阴阳五行学说。

① 参见(清)阮元校刻:《十三经注疏》,中华书局 1980 年版,第 188 页。
② 参见彭华:《阴阳五行研究》(先秦篇),华东师范大学 2004 年博士学位论文,第 51 页。
③ 参见庞朴:《阴阳五行探源》,《中国社会科学》1984 年第 3 期。
④ (清)阮元校刻:《十三经注疏》,中华书局 1980 年版,第 2107 页。
⑤ (清)阮元校刻:《十三经注疏》,中华书局 1980 年版,第 1846 页。
⑥ 参见张立文:《中国哲学范畴发展史》(天道篇),中国人民大学出版社 1988 年版,第 94 页。

依照学者们的研究,合流大致出现在《管子》和《吕氏春秋》中。①
但是,阴阳与五行合流的始点无疑是"和实生物"论述。

对于阴阳来说,二字最先并未连用,而只是单独表意。《说
文》对二字的解释分别为,"阴,闇也。水之南,山之北也。从阜,
侌声","阳,高明也。从阜,昜声"。② 水南山北无阳光照射,即称
为阴,而与此相反,山南水北则称为阳,所以两字都从阜。《说
文》:"阜,大陆也。山无石者,象形"。阜即是丘陵,其南其北便是
阳与阴的区划。③ 但是,《说文》的解释并非阴阳二字的本义。阴、
阳之本字并无阜旁,而是分别为侌(或霒)、昜,段玉裁在《说文解
字注》"昜"字条下说:"此阴、阳正字也,阴、阳行而侌、昜废矣。"④
对于阴阳二字的本字,《说文》解其一为:"霒,云覆日也,从云,今
声。"其意是指云遮蔽太阳便是阴,而水南山北无阳光照射,所以
也被称为阴。⑤ 而"昜,开也。从日、一、勿",即指日出地面之上,
所以阳光照射山南水北便称为阳。⑥《诗经》中的"湛湛露斯,匪
阳不晞"(《小雅·湛露》)、"习习谷风,以阴以雨"(《邶风·谷

---

① 参见白奚:《中国古代阴阳与五行说的合流——〈管子〉阴阳五行思想新
探》,《中国社会科学》1997 年第 5 期;刘起纡:《五行原始意义及其纷歧
蜕变大要》,载艾兰、汪涛、范毓周主编:《中国古代思维模式与阴阳五行
说探源》,江苏古籍出版社 1998 年版,第 160 页。

② (汉)许慎撰,(清)段玉裁注:《说文解字注》,浙江古籍出版社 2006 年
版,第 731 页。

③ 参见(汉)许慎撰,(清)段玉裁注:《说文解字注》,浙江古籍出版社 2006
年版,第 731 页。

④ (汉)许慎撰,(清)段玉裁注:《说文解字注》,浙江古籍出版社 2006 年
版,第 454 页。

⑤ 参见(汉)许慎撰,(清)段玉裁注:《说文解字注》,浙江古籍出版社 2006
年版,第 575 页。

⑥ 参见(汉)许慎撰,(清)段玉裁注:《说文解字注》,中华书局 1980 年版,
第 454 页。

风》)等都使用的是阴、阳本义,指有无阳光。而"在洽之阳,在渭之涘"(《大雅·大明》)以及"相其阴阳,观其流泉"(《大雅·公刘》),则是指方位而言。① 据统计,《易经》《尚书》《诗经》中所出现的阴、阳都只是指方位或天气,并无后世阴阳观念的要素。②

后世阴阳观念中以气解阴阳,与其上述诸义也有意义上的关联,一般而言,日出而暖,所以和暖之气又被称为阳气,相反之阴凉之气便被称为阴气。③ 但这种意义上的阴气、阳气仍然只是自然属性的,形上属性的阴阳二气直到《国语》时才在文献中出现。④ 除了上述所引伯阳父论阴阳失序引发地震之外,《国语·周语下》还有"气无滞阴,亦无散阳,阴阳序次,风雨时至,嘉生繁祉,人民歆利",其意同样是指阴阳和谐,风调雨顺,民众多利。⑤ 自此,阴阳的形上化最终完成,二者之间的关系也以"和"作为理想状态,并逐渐出现在随后的诸多文献之中,成为诸子思想中的重要维度。

(二)"和实生物"的流衍

到了诸子时代,"和生"之理与阴阳逐渐结合在一起,成为人们理解世界、探索万物之源的重要理论。据张立文先生的研究,和合思想在春秋战国时期诸学派那里开出了不同的路向,在"和实生物"的影响下,作为万物生成根据的形而上路向便是其中重要

---

① 参见(清)阮元校刻:《十三经注疏》,中华书局 1980 年版,第 420、303、506、541 页。
② 参见彭华:《阴阳五行研究》(先秦篇),华东师范大学 2004 年博士学位论,第 34 页。
③ 参见梁启超:《阴阳五行说之来历》,《梁启超全集》,北京出版社 1999 年版,第 3357 页。
④ 参见张立文:《中国哲学范畴发展史》(天道篇),中国人民大学出版社1988 年版,第 265 页。
⑤ 参见徐元诰撰:《国语集解》(修订本),中华书局 2002 年版,第 111 页。

的发展。① 这一路向即是"和生"之理与阴阳结合以解释万物之源的新路径。

在《国语》"和实生物"论述之后，最早受其影响的便是《老子》。② 在《老子·四十二章》中，有一段非常著名的论述，即"道生一，一生二，二生三，三生万物。万物负阴而抱阳，冲气以为和"③，后世学者大多都是将其置于万物生成角度下理解的。但是，对于诸范畴的解读则是纷纭不一，特别是其中的"一"、"二"、"三"等数字，而其中与阴阳相关的又集中于"二"字之上。很多学者将此"二"理解为阴阳二气，但是陈鼓应先生认为，除本章之外，"阴阳"在《老子》中"从未他见"，而"天地"一词屡见，"从老子的原著中也可找到以'天地'释'二'的依据"，所以他认为"二"应解为"天地"，"一生二"即是指混沌未分的统一体产生天地，而"二生三"则是指天地产生阴阳之气，"三生万物"指阴阳两气相交形成各种新生体。④ 对于以"阴阳"释"二"还是"三"，此解有些调和折中之意。尽管我们并不能因此而最终确定，但是"阴阳"之于万物生成的作用可以从"万物负阴而抱阳，冲气以为和"中得到肯定的

---

① 参见张立文：《和谐、和合的中华哲学资源》，载《中国哲学年鉴》，哲学研究杂志社 2007 年版，第 34 页。

② 关于《国语》与《老子》的成书年代，甚为复杂，只《老子》一书便已争论不休，遑论二书之比较。但是，就"和实生物"而言，其作为史料的年代性是不会有问题的，所以从这个角度来看，"和实生物"还是早于《老子》的相关论述。

③ （魏）王弼注，楼宇烈校释：《老子道德经注校释》，中华书局 2008 年版，第 117 页。

④ 陈鼓应注译：《老子今注今译》（参照简帛本最新修订版），商务印书馆 2003 年版，第 235 页。对于"二"与"三"的解释，陈氏在"引述"部分又认为"二"指阴阳二气，"三"指阴阳二气互相激荡而形成的适均状态，似与前述矛盾。

解答。在此，"阴阳"二气相互激荡而成和合状态，而这一阴阳和合对于万物生成而言是起着关键作用的。因此，《庄子》与《淮南子》两书都是在阴阳和合而万物生的意义上理解《老子》这一段对万物生成的论述。

在《庄子·田子方》中，作者借老聃之口说道："至阴肃肃，至阳赫赫；肃肃出乎天，赫赫发乎地；两者交通成和而万物生焉，或为之纪而莫见其形。"①成玄英疏："阳气下降，阴气上升，二气交通，遂成和合。"②也就是说，阴气出于天，阳气发于地，阴阳二气交通和合而万物生。《庄子》此说明显是承继《老子·四十二章》思想而来，只是比其表述的更为直接和显明。其实，《庄子》书中有关阴阳的论点大量出现，除了上述可算作阐述《老子》思想的内容之外，对阴阳调和之说也论述甚详。③《天运》篇有："一清一浊，阴阳调和，流光其声。……吾又奏之以阴阳之和，烛之以日月之明"④，成玄英疏："阴升扬降，二气调和，故施生万物"⑤。《庄子》之中对于阴阳和生屡屡论及。对此，我们只能说是"和生"之理与阴阳之间联系得越发紧密，以其来解释万物之源逐渐被人们所接受和推广。至汉代《淮南子》编纂之时，已完全是立基于阴阳和生并以更为浅白的语言翻译《老子·四十二章》，其中《天文训》篇载："道曰规，始于一，一而不生，故分而为阴阳，阴阳合和而万物生，故曰'一生二，二生三，三生万物'。"⑥对于《老子》的万物生成

① （清）郭庆藩撰：《庄子集释》，中华书局 2004 年版，第 712 页。
② （清）郭庆藩撰：《庄子集释》，中华书局 2004 年版，第 713 页。
③ 参见张立文：《中国哲学范畴发展史》（天道篇），中国人民大学出版社 1988 年版，第 268、269 页。
④ （清）郭庆藩撰：《庄子集释》，中华书局 2004 年版，第 502、504 页。
⑤ （清）郭庆藩撰：《庄子集释》，中华书局 2004 年版，第 503 页。
⑥ 刘文典撰：《淮南鸿烈集解》，中华书局 1989 年版，第 112 页。

路径,《淮南子》认为"二"即是阴阳,而阴阳和合便可生成万物。明确以阴阳来解释万物生成,这其中所反映的不仅是《老子·四十二章》中所显露出的阴阳和生的思想端绪,还是那个时代对于阴阳和合而生万物的普遍认同。

其实,对于阴阳和生的观点,不仅是《老》、《庄》这一条道家思想的脉络,儒家也同样受其影响。虽然孔孟无此论述,但是荀子在将"天"自然化的过程中是以阴阳和生作为论证工具的。荀子在《天论》篇中说道:"列星随旋,日月递炤,四时代御,阴阳大化,风雨博施,万物各得其和以生,各得其养以成"①。天地运行并没有什么神秘性,只是日月四时阴阳变化而已,而万物即是得其和而生成。荀子在《礼论》篇中论述更为明确,他说:"天地合而万物生,阴阳接而变化起"②,阴阳之间的和合是万物生长变化的根源。紧随荀子之后意图集诸派大成的《吕氏春秋》对于阴阳和生的论述同样是明确而直接,《大乐》篇:"太一出两仪,两仪出阴阳。阴阳变化,一上一下,合而成章",高诱注:"章犹形也"③。也就是说,阴阳变化,和合而成有形之物。当然,对于阴阳思想的表述,还有更为重要的《易传》④,如《系辞下》:"天地絪缊,万物化醇。男女构精,万物化生"⑤,这是对阴阳化生万物的最简明概括。

由上述可知,春秋战国时期,阴阳和合而化生万物已成为诸子普遍的论述点。而阴阳和生的内核即是"和生"之理,也就是"和

---

① (清)王先谦撰:《荀子集解》,中华书局1988年版,第308页。
② (清)王先谦撰:《荀子集解》,中华书局1988年版,第366页。
③ 许维遹撰,梁运华整理:《吕氏春秋集释》,中华书局2009年版,第108页。
④ 《易传》大概成书于春秋至战国中期之间。(参见张立文:《周易思想研究》,湖北人民出版社1980年版,第206页。)
⑤ (清)阮元校刻:《十三经注疏》,中华书局1980年版,第88页。

实生物"论述所内含的原理,即多种差异性元素和合而生成万物。此"和生"之理在"和实生物"论述中便已经显露出与阴阳相结合的端绪。在进入诸子时代之后,随着阴阳观念的传播,其与"和生"之理的关联逐渐紧密,最终成为解释万物之源的最重要理论。而这一万物生成的形而上路向的形成,无疑可追溯至"和实生物"论述,是其本身所具有的强大解释力使其成为中国传统文化中的世界图式。

第三章 "和德"的价值品质

在生活世界中,人是作为主体出现的。因此,人的自我规定性,也就是人的道德价值,是生活世界中的重要维度。在先秦世界中,先民又是如何定义自身道德价值呢?从《国语》为我们呈现出的视界来看,"和"依然是先民对个人道德价值的判定标准。所谓"和德"品质在《国语》中具体呈现为"慈和"、"惠和"以及"和安"等主体道德性品质。对于这些价值品质的塑造来说,音乐起着重要的作用,也就是中和之音影响着中和之德的形成,而《国语》展现出的这一转换路径也就成为和合思想生存维度向价值维度跃升的通道。当然,在"和德"诸品质中,"和"是其核心价值,而此"和"便是对主体性情气质的描述,"慈和"、"惠和"以及"和安"即是相应组合概念。因此,就其实质而言,"和德"即是表述主体良好性情气质的正面用语,其道德价值的属性也由此获得。对于这一良好性情气质的修养,"中"无疑是最为重要的方法,以"中"来调适主体性情气质,其结果便是"和",也就是《国语》中的"和德"品质。在之后的时代,"和德"品质仍然是描述主体优秀价值品质的重要条目,而且影响了诸子时代情感论的发展路向。

第一节 "和德"价值

在《国语》的和合思想架构中,和合思想是以多维度意义呈现出来的。其中,"和实生物"的世界图式无疑是多维度意义展开的基点。由此基点生发出的第一层意义,便是"和德"的价值品质,这也即是和合思想的价值维度。在生存世界中,"和"不仅是生存之境的自然状态,而且还作为和生之理为人们所理解和认识。但是,这些都只是在生存世界的维度上展开,与此相比,超拔出生存世界的价值维度则有所不同。在这一维度中,"和德"的价值品质是对主体自身规定性进行描述的重要范畴。

一、"慈和惠和"

《国语》的"和实生物"世界图式是先秦时期先民对生存世界作出的理论性解读。其作为和合思想的生存维度,主要是描述生存世界诸元素之间的和合状态,这也就是先民对于生存世界所作出的理解。在此基础之上,和合思想的另一维度也渐次展开,而这一维度即是生存于这个世界之中的人对其自身的规定性。因此,在《国语》中,"和"不仅是先民视界中的世界图式,还是人对自身的描述。

在现代汉语语境中,"和"作为人对自身规定性的表述用语,在一般情况下,大多是以"温和"、"和蔼"、"和善"、"慈和"的组合出现。在这些词组中,"和"的使用,大致是在同一层面意义上,而其义也如诸词词义所示,指人的性情品格或气质。又因为这些组合用语都是在表述主体的正面价值品质,所以它们又含有道德意蕴,属于主体德行的范畴。但是,在早期文献中,我们却很难发现"和"字在这一意义上的使用。从先秦文献的梳理情况来看,《易经》、《诗经》以及《尚书》等早期文献都是不曾出现这一用例的。在上一章中,为解明"和"字字义,我们检索了先秦早期文献,对梳理所得情况也进行了分析。从梳理情况来看,在这些文献中,"和"字大多以其基本义出现,或者是《说文》所解之"相应"义,或者是饮食、音乐层面的"和谐"义。如果以"和"之多维度视角观之,其基本义仍然是在生存世界层面上展开的。但是从价值意义维度来看,如上述现代汉语语境下的使用,即"温和"、"和蔼"、"和善"等在早期文献中是不曾出现的。当然,这并不能证明在此之前无相关意义上的使用,现存文献中的考察当然不能作为唯一有效证据,未曾发现便认为其从未在历史上出现的默证法是缺乏科学严谨性的。不过,只就我们所发现的情况来看,作为价值品质的"和",最早有文献证据的出现是在有明确记述年代的《国语》与《左传》中。

在《国语》中,"和"作为对主体价值品质的描述,也就是作为德行范畴大致出现在以下引文中:

> 穆王将征犬戎,祭公谋父谏曰:"不可。……昔我先王世后稷,以服事虞、夏。及夏之衰也,弃稷不务,我先王不窋用失其官,而自窜于戎狄之间,不敢怠业,时序其德,纂修其绪,修其训典,朝夕恪勤,守以敦笃,奉以忠信,亦世载德,不忝前人。至于文王、武王,昭前之光明,而加之以慈和,事神保民,莫弗欣喜。"①(《周语上》)

---

① 诸版本都作"至于武王",此处谨依《国语集解》作"至于文王、武王",周之先王自后稷、不窋而至武王,中间不可略去文王。[参见徐元诰撰:《国语集解》(修订本),中华书局 2002 年版,第 5 页。]

十五年,有神降于莘,王问于内史过,曰:"是何故? 固有之乎?"对曰:"有之。国之将兴,其君齐明衷正,精洁惠和,其德足以昭其馨香,其惠足以同其民人。神飨而民听,民神无怨,故明神降之,观其政德,而均布福焉。"①(《周语上》)

　　祁奚辞于军尉,公问焉,曰:"孰可?"对曰:"臣之子午可。……其冠也,和安而好敬,柔惠小物,而镇定大事,有直质而无流心,非义不变,非止不举。若临大事,其可以贤于臣。臣请荐所能择而君比义焉。"公使祁午为军尉,殁平公,军无秕政。②(《晋语七》)

如上所引,"慈和"、"惠和"、"和安"都是用来对文中相关人物品行进行描述的用语。其中,第一处引文是祭公谋父对周穆王的劝谏,他依次叙述周之先王历史,称周文王和周武王昭明前王之德,而又较之前多以"慈和";第二处则是内史过为周惠王论神的内容,他认为如果国君具备"齐明衷正"、"精洁惠和"的品质,神便会降临,"观其政德而均布福焉";第三处是祁奚对自己儿子午的评价,他在向晋悼公举荐祁午时,认为其子"和安而好敬"。由上述言谈语境可知,"慈和"、"惠和"、"和安"等词都是表述正面价值的用语,用来描述对象人物的道德品质。具体而言,无论是文王、武王,还是祁午,抑或某个国君,"和"都是他们身上的一种可贵价值品质。这一价值品质可使文王、武王成为超过后稷、不窋等周先王的英明君主,可使祁午被举荐为晋国军尉,可使国君成为优秀君主甚至由此得到神灵的降福。在此,"和"无疑是一种可贵的道德

---

① 徐元诰撰:《国语集解》(修订本),中华书局 2002 年版,第 28 页。

② 诸版本作"非上不举",此处谨依《国语集解》作"非止不举",意即非礼不举。[参见徐元诰撰:《国语集解》(修订本),中华书局 2002 年版,第 411 页。]

品质,在这个意义上,我们将其称为"和德"的价值品质。

与《国语》的用例相同,"和"在《左传》中也同样指称人的可贵品质,表述甚至更为明确:

> 高辛氏有才子八人,伯奋、仲堪、叔献、季仲、伯虎、仲熊、叔豹、季狸,忠肃共懿,宣慈惠和,天下之民,谓之八元。①(《左传·文公十八年》)

> 恃此三者,而不修政德,亡于不暇,又何能济? 君其许之。纣作淫虐,文王惠和,殷是以陨,周是以兴,夫岂争诸侯?②(《左传·昭公四年》)

在这两处引文中,"和"的用法与《国语》中的例子是完全相同的。在第二处引文中,周文王被赞为"惠和",并成为周兴的原因,与纣王的淫虐成鲜明对比,而文中又言"不修政德",可猜想"惠和"即是政德之一。而在第一处引文中,高辛氏也就是帝喾,其后裔八人被赞为"忠肃共懿,宣慈惠和",因此而被天下之民称为"八元",杜预注:"元,善也。"③而此段是鲁国大史克为鲁文公陈述吉德与凶德之分的背景下所说,"忠肃共懿,宣慈惠和"正是大史克所说之吉德。而此中之"和"便明白无误地成为所谓八种吉德之一。

其实,在《国语》、《左传》之外,《周礼》和《逸周书》便将"和"明确列为诸多德目之一。只是两书存在年代问题的争论,记述年代也并不十分明确,但现今较为成熟的观点,已经可以将两书限定在大致某个年代。细而言之,二者都不出春秋晚期、战国早期的时间框架,与《国语》、《左传》并无大的差别,所以仍然可以作为本题

---

① (清)阮元校刻:《十三经注疏》,中华书局 1980 年版,第 1862 页。
② (清)阮元校刻:《十三经注疏》,中华书局 1980 年版,第 2033 页。
③ (清)阮元校刻:《十三经注疏》,中华书局 1980 年版,第 1862 页。

的论据。①

在《周礼》中，大司徒以六德教万民，其所谓六德即是：

六德：知、仁、圣、义、忠、和。②（《周礼·地官·大司徒》）

《逸周书》则是举夫妻、父子、兄弟、君臣为八政，称"八政不逆，九德纯恪"，所谓九德即是：

九德：忠、信、敬、刚、柔、和、固、贞、顺。③（《逸周书·常训解》）

显而易见，《周礼》与《逸周书》在此已明确将"和"作为六德或九德之一，位列诸多价值范畴之中，成为与仁、智、忠、信、义等并列的表述个人道德品质的范畴。只是因两书的年代问题，我们在此只将其作为旁证使用，也就是说，这可从侧面证明，上述《国语》中"和"在道德价值意义上的使用，是拥有更多确定性的。因此，在《国语》时代，"和"属于重要的道德属性。在对人的评判描述中，"和德"就成为一种可贵的价值品质，这无疑是对和合思想的意义扩充，这就是和合思想的价值维度。

二、"道之中德"

在《国语》中，确实存在着和合思想的价值维度，这一维度决

---

① 关于《周礼》一书的成书年代，学者们争执不一，观点繁杂纷呈。就目前研究现状来看，《周礼》成书于春秋晚期或战国早期是比较成熟的观点。（参见沈长云、李晶：《春秋官制与〈周礼〉比较研究——〈周礼〉成书年代再探讨》，《历史研究》2004 年第 6 期。）《逸周书·常训解》大概属春秋时期作品。（参见黄怀信：《〈逸周书〉源流考辨》，西北大学出版社 1992 年版，第 94 页。）

② （清）阮元校刻：《十三经注疏》，中华书局 1980 年版，第 707 页。

③ 黄怀信、张懋镕、田旭东撰：《逸周书汇校集注》，上海古籍出版社 1995 年版，第 56 页。

　　然不同于生存世界意义上的“和”。与生存维度上的“和生”不同，作为价值维度的“和德”表述的是主体道德品质，是人对自身的道德规定性。换而言之，在先秦世界中，“和德”是人们对个人道德的高度认定。

　　其实，在现代汉语语境中，“和”也仍然是描述个人道德品质的重要概念，诸如“温和”、“和蔼”、“和善”、“慈和”等等，这些都是对一个人性格品行的正面评价用语。那么，在《国语》中，“和德”的含义是否与现代汉语中的表意相同？在《国语》相关注解中，韦昭及后世学者并没有为我们提供明确解释。不过，我们可以从《国语》同时代文献中找出类似用语，来辨析“和德”的具体内涵。

　　在先秦文献中，《左传》与《国语》记述历史时间大致相同，为我们呈现的是同一个历史时期的世界，由此也反映出那一时期人们相同的思想观念。在这些观念中，就包括人们对“和德”的高度认定。《左传·文公十八年》载：“高辛氏有才子八人，伯奋、仲堪、叔献、季仲、伯虎、仲熊、叔豹、季狸，忠肃共懿，宣慈惠和，天下之民，谓之八元。”对于其中的“和”，孔颖达疏：“和者，体度宽简，物无乖争也。”①体度即体态风度②，在孔颖达看来，此处之“和”即是指体态风度宽简从容，杨伯峻译其为“宽和”③，可谓深得其意。在《左传·昭公四年》记述中，也曾提及“文王惠和”，杨伯峻译其为“仁慈和蔼”④。另外，昭公二十七年，“郤宛直而和，国人说之”，

① （清）阮元校刻：《十三经注疏》，中华书局 1980 年版，第 1862 页。
② 王利器注解“体度”为“体态风度”，并引《左传》孔颖达正义作为例证，可见其认为孔颖达所说“体度”同为“体态风度”。［参见王利器撰：《颜氏家训》（增补本），中华书局 1993 年版，第 269 页。］
③ 杨伯峻、许提：《白话左传》，岳麓书社 1993 年版，第 145 页。
④ 杨伯峻、许提：《白话左传》，岳麓书社 1993 年版，第 293 页。

杨伯峻注："正直而温和"①。从《左传》的这些用例和注解来看，在先秦时期，"和德"一般就是指人之宽和、温和、和蔼等品质，这与现代汉语语境下的使用情况是相同的。

《左传》之外，《周礼》也有相关用例，如"六德：知、仁、圣、义、忠、和"，郑玄注："和，不刚不柔"。② 与《左传》相关注解不同，此处郑玄使用了"刚柔"来解"和"。其实，郑玄注解并非自创，而是有依据的。在规定古代国君贵族取谥号之法的《谥法》中，便有"不刚不柔曰和"的条则。③ 谥法之制在古代极其严肃庄重，不能有半点差错，因此以"不刚不柔"释"和"可谓成例，绝非空言。与此相同，《广韵》也解"和"为"顺也，谐也，不坚不柔也"。④ 那么"刚柔"又有何指呢？刚者，《说文》云："强断也，从刀，冈声"，段玉裁注曰："引伸凡有力曰刚"。⑤ 柔者，《说文》云："木曲直也，从木，矛声"，段玉裁注曰："柔之引伸为凡懦弱之称，凡抚安之称"。⑥ 归结起来，即是强者为刚、弱者为柔，这无疑属于刚柔二字的基础意义。在早期文献中，如《诗经》就有相关用例："人亦有言，柔则茹之，刚则吐之。维仲山甫，柔亦不茹，刚亦不吐"⑦（《诗经·大雅·烝民》)，此处刚柔便是指坚硬、柔软而言。作为基础

---

① 杨伯峻：《春秋左传注》（修订本），中华书局 2009 年版，第 1485 页。
② （清）阮元校刻：《十三经注疏》，中华书局 1980 年版，第 707 页。
③ 《后汉书·孝和孝殇帝纪》注引，参见范晔：《后汉书》，中华书局 1965 年版，第 165 页。
④ 周祖谟：《广韵校本》，中华书局 2004 年版，第 165 页。
⑤ （汉）许慎撰，（清）段玉裁注：《说文解字注》，浙江古籍出版社 2006 年版，第 179 页。
⑥ （汉）许慎撰，（清）段玉裁注：《说文解字注》，浙江古籍出版社 2006 年版，第 252 页。
⑦ （清）阮元校刻：《十三经注疏》，中华书局 1980 年版，第 569 页。

意义的引申,刚柔逐渐开始指称人物性格,即如段玉裁所说,"引伸凡有力曰刚","引伸为凡懦弱之称",这就是描述人之性格用语。先秦文献中也有相关用例,如《左传·僖公二十七年》:"子玉刚而无礼,不可以治民"①,《诗经·大雅·崧高》:"申伯之德,柔惠且直"②等,就是描述子玉、申伯性格。这些都是以刚或柔来指称人之性格一面,而《诗经》在对商汤的赞颂中更进一步使用了"不刚不柔"。《诗经·商颂·长发》:"不竞不絿,不刚不柔",孔颖达疏:"汤之性行不争竞、不急躁,不大刚猛、不大柔弱"③。如果说刚或柔在描述人物性格时偏于一面,那么"不刚不柔"就显得整全中庸,这也就是"和"在评定个人道德品质方面的重要价值。

对于"和德"来说,郑玄的注解可谓点题之作。在郑注之后,唐代贾公彦又疏曰:"和,不刚不柔者,谓宽猛相济者也。"④这又在郑注基础上点出了"和"的核心意义,宽猛相济或刚柔相济正是晏子所说"济五味,和五声"之"济"⑤(《左传·昭公二十年》)。如果说在生存世界中的饮食、音律等方面相济的是五味和六律,那么在涉及道德品质时相济的就是人之性格。人之性情有刚有柔、可刚可柔,但只刚只柔或偏刚偏柔都不合性情之正,必须取法其中,亦可说是刚柔相济才可合乎性情之道。这就是潘振在《逸周书》"九德:忠、信、敬、刚、柔、和、固、贞、顺"条下注"和,刚柔中节也"的本来之意。⑥ 其实,不管刚柔,还是宽猛,都是描述人物性格的两种

---

① (清)阮元校刻:《十三经注疏》,中华书局 1980 年版,第 1822 页。
② (清)阮元校刻:《十三经注疏》,中华书局 1980 年版,第 567 页。
③ (清)阮元校刻:《十三经注疏》,中华书局 1980 年版,第 1111 页。
④ (清)阮元校刻:《十三经注疏》,中华书局 1980 年版,第 707 页。
⑤ 参见(清)阮元校刻:《十三经注疏》,中华书局 1980 年版,第 2093 页。
⑥ 参见黄怀信、张懋镕、田旭东撰:《逸周书汇校集注》,上海古籍出版社 1995 年版,第 56 页。

状态,偏向任何一方都非至善,只有取二者之中才算得其正,这种状态便称为"和"。

因此,在"不刚不柔曰和"的表述之中,还暗含着"中"的观念。面对个人性格中的诸多面向,偏执一方都不可取,上善之法就是取诸多因素之中,才能达到道德品质意义上的"和"。因此,作为价值品质之"和",本身便蕴含着"中"的含义。在对"不刚不柔"的注解中,很多都是以"中"作解。《韩诗外传》引用《诗经·商颂·长发》:"不竞不絿,不刚不柔",并评论:"言得中也",甚至直接说:"中庸和通之谓也"。①汉儒董仲舒也曾在《春秋繁露》引"《诗》云:'不刚不柔,布政优优'",并反问道:"此非中和之谓與?"②这都表明汉代学者是以"中"、"和"来理解"不刚不柔"。因此,不管是以"不刚不柔"解"和",还是以"中"解"不刚不柔","中"与"和"天然含有相通的意义。

在对"和"的价值意义梳理之后,我们可以再次回顾《国语》。在价值意义维度上,《国语》对"和"的使用,如"慈和"、"惠和"、"和安"等都是指贤明君主的道德品质,而这种品质就是不刚不柔等表述不偏不倚、合乎中道准则的指称。在《国语·周语下》,乐官伶州鸠讲解乐理,其中有"道之以中德,咏之以中音"③。此之"中德"、"中音"就是对"和"的最好注解。在这个意义上,我们可以说《国语》"和德"对后世中和之德的发展发挥了重要作用。"和"的这一新意义,充实了其作为价值范畴的内涵,同时也扩展了和合思想的意义。

---

① （汉）韩婴撰,许维遹校释:《韩诗外传集释》,中华书局1980年版,第200、122页。

② 苏舆撰,钟哲点校:《春秋繁露义证》,中华书局1992年版,第444页。

③ 徐元诰撰:《国语集解》(修订本),中华书局2002年版,第112页。

三、"听和德昭"

"和"在生存世界之中,意义不出"和实生物"论述之外,无论是"土与金木水火杂",还是"和五味"、"和六律",都是指众多差分元素或要素的和合。而在本章"和德"的叙述语境下,"和"作为德目之一,成为描述道德品质的价值范畴,这无疑是一次重要的意义转换。而这一转换仍然是立基于生存世界,并由生存世界生发出的。之所以如此说,主要是因为"乐"与"德"之间的密切联系,《礼记·乐记》中便有"声音之道,与政通矣",以及"乐者,通伦理者也"①等论述。由此可见,作为生存世界要素的"乐"与"德"是紧密相连的。

在古代世界中,除了祭祀典礼之外,音乐还有着重要的教化功能。在古人眼中,音乐可以陶冶人之情操,修养人之德性。《国语·晋语八》中便记载晋国乐师师旷论述乐之教化功能:

> 夫乐以开山川之风也,以耀德于广远也。风德以广之,风山川以远之,风物以听之,修诗以咏之,修礼以节之。夫德广远而有时节,是以远服而迩不迁。②

古代音乐并非简单的美育,还有着重要的德育作用。在师旷看来,音乐不仅可以"开山川之风",更可以"耀德于广远",由此使远方之族服顺而近处之人安定。对于音乐的德育教化功能,春秋单国国君单穆公在《国语·周语下》中曾讲解过此中原因。周景王要违反乐律铸造大钟,单穆公劝谏道:

> 夫乐不过以听耳,而美不过以观目。若听乐而震,观美而眩,患莫甚焉。夫耳目,心之枢机也,故必听和而视正。听和

---

① (清)阮元校刻:《十三经注疏》,中华书局1980年版,第2527、2528页。
② 徐元诰撰:《国语集解》(修订本),中华书局2002年版,第427页。

则聪,视正则明。聪则言听,明则德昭,听言昭德,则能思虑
纯固。①

在德育教化过程中,耳与目都发挥着重要的作用。耳目乃心之枢
机,要保证思虑纯固,必须做到听和视正。所谓听和即是听和谐之
乐,视正即是看正当之色。史伯曾说:"和六律以聪耳"②(《国
语·郑语》),这与单穆公所说"听和则聪"并无差异。因此,在古
代乐理中,和音与耳聪之间存在着正相关联系。听和则聪,听不和
则不聪,如医和所说:"有烦手淫声,慆堙心耳,乃忘平和,君子弗
听也。"③(《左传·昭公元年》)淫声也就是不和之音,只会塞耳淫
心,使失掉平和之性,所以君子不听不和之音。与此相反,和音则
使人修习平和之性,培养高尚德操,这也就是单穆公反复强调的
"听和德昭"。

经上所述,和乐之于德的重要已为我们所知晓。但是,上文所
述仍然也有需要继续深入探讨之处。在乐与德之间的联系中,耳
与心无疑扮演者非常关键的角色。耳为心之枢机,耳需要听和声,
而心在此中关系的作用又是如何? 我们已经知道,伶州鸠在《国
语》中曾专门论乐之理,而其在《左传》中也有一段相同却更为简
略的言论,他在其中针对耳、心的作用谈道:

> 故和声入于耳而藏于心,心亿则乐。窕则不咸,槬则不
> 容,心是以感,感实生疾。今钟槬矣,王心弗堪,其能久乎?④
> (《左传·昭公二十一年》)

和声为耳所听,因为耳是心之枢机,所以和声由耳进入心中,且藏

---

① 徐元诰撰:《国语集解》(修订本),中华书局 2002 年版,第 109 页。
② 徐元诰撰:《国语集解》(修订本),中华书局 2002 年版,第 470 页。
③ (清)阮元校刻:《十三经注疏》,中华书局 1980 年版,第 2025 页。
④ (清)阮元校刻:《十三经注疏》,中华书局 1980 年版,第 2097 页。

于心。"亿"者,杜预注为"安",也就是心感和声而安,安则愉悦、快乐。① 但是如果声不和,那么心也会有所感,并可能由此生出疾病。总之,在乐与德的联系中,首先是耳听和声,而后心感应之,乐和则心便会安乐,安乐则德成。这一点在晏子著名的论和羹的记述中表现更为明显:

> 先王之济五味,和五声也,以平其心,成其政也。声亦如味,一气,二体,三类,四物,五声,六律,七音,八风,九歌,以相成也。清浊小大,短长疾徐,哀乐刚柔,迟速高下,出入周疏,以相济也。君子听之,以平其心。心平德和。②(《左传·昭公二十年》)

在晏子看来,和声之关键便在于相成相济,诸多元素相成,而两种相反要素相济,便可成和乐。君子听之,便会平其心,而"心平"则"德和"。在此,晏子为我们明白无误地指出和乐之于德的关系。其实,不管是"听和德昭",还是"心平德和",其最终所指向的都是乐与德之间的关系,区别只在于是通过耳还是通过心,但这两者确实并无不同,和声入于耳而后藏于心,所以只阶段不同,其实则一。

由上可知,乐与德之间存在着密切的联系,细而言之,即是和乐有助于德行的修为,乐之和可促成德之和。"和"是音乐在应然状态的本质,这一点已在上一章有关生存世界的内容中有所论述。所以,乐教的目的便在于以和乐感应人心,从而促成德和。《周礼·地官司徒·大司徒》在论述大司徒的职责时,其中一项便是"以六乐防万民之情,而教之和",郑玄注曰:"乐所以荡正民之情

---

① 参见(清)阮元校刻:《十三经注疏》,中华书局 1980 年版,第 2097 页。
② (清)阮元校刻:《十三经注疏》,中华书局 1980 年版,第 2093 页。

思,使其心应和也"。① 由于音乐之于道德修养的作用,所以《周礼》在规划官职责任时,就将这一点归入大司徒,使其以六乐正众民情思、和众民德行。《周礼·春官宗伯·大司乐》中也有相关论述,在谈及大司乐的职责时说道:"以乐德教国子中、和、祗、庸、孝、友。"②这与大司徒之职责同理。对此,作为集古代乐理之大成的《礼记·乐记》提供了理论解释,其言曰:

> 夫民有血气心知之性,而无哀乐喜怒之常,应感起物而动,然后心术形焉。是故志微、噍杀之音作,而民思忧;啴谐、慢易、繁文、简节之音作,而民康乐;粗厉、猛起、奋末、广贲之音作,而民刚毅;廉直、劲正、庄诚之音作,而民肃敬;宽裕、肉好、顺成、和动之音作,而民慈爱;流辟、邪散、狄成、涤滥之音作,而民淫乱。……故乐行而伦清,耳目聪明,血气和平,移风易俗,天下皆宁。③

人都有血气心知之性,可感知外界事物变化,而哀乐喜怒之情绪则是随外界变化而来,故而不为常。所以,细微急促之音可引发人的忧思,宽和平缓之音可引发人的康乐,激昂有力之音可引发人的刚毅,正直端正之音可引发人的肃敬,宽舒顺和之音可以引发人的慈爱,邪辟泛滥之音可以引发人的淫乱。所以,好的音乐可以使人耳目聪明、血气和平,最终移风易俗、天下安宁。由此可见,音乐对于人的道德教化是多么重要。

由此,我们可进一步确信"和"作为价值范畴所经历的意义转换与生存世界有着密切关联。其实,在《国语·周语下》中,伶州鸠所

① (清)阮元校刻:《十三经注疏》,中华书局 1980 年版,第 708 页。
② (清)阮元校刻:《十三经注疏》,中华书局 1980 年版,第 787 页。
③ (清)阮元校刻:《十三经注疏》,中华书局 1980 年版,第 1535、1536 页。

说"道之以中德,咏之以中音"①的并列用词,便已经为我们揭示了这一点。在乐教之中,中和之音对于中和之德的养成无疑有着重要作用。这也正是和合思想生存维度转进至价值维度的路径所在。

第二节　和合的意义世界

作为价值范畴的"和",其意义来源于人对自身的道德规定性。人于生存世界之中,区别于其他动物之处便是追求价值和意义,并获得价值和意义。也就是说,人作为主体,不仅赋予客观事物以价值和意义,而且具有自我价值和意义。其中,人的自我价值和意义便是人对自身的规定性。因为人是群体性动物,处于人与人相互联系的社会状态,所以,人对自身的规定性在很多情况下是在与他人的关系中确定的。而《国语》中的"慈和"、"惠和"以及"和安"便是展现于与他人关系中的自我规定性,并由此获得其价值和意义,从而成为表述道德价值的范畴。因此,这一维度上的"和",是处于意义世界中的。② 作为价值范畴,"和"无可争议地成为意义世界中的重要组成。而在意义世界的视阈下,"和德"这一价值品质也可以得到更好的理解。

一、性与情

从《国语》及同期文献的使用情况来看,作为价值范畴的"和"

---

① 徐元诰撰:《国语集解》(修订本),中华书局 2002 年版,第 112 页。

② 意义世界也是和合学中的重要范畴,是"一切有关意义性、价值性的事物、对象、状态、规范、原理等的总和"。(参见张立文:《和合学——21 世纪文化战略的构想》,中国人民大学出版社 2006 年版,第 188 页。)

主要体现为个人的道德品性。无论是"慈和"、"惠和"及"和安"的品评，还是"和，不刚不柔"（郑玄语）的注解，都说明"和"指向着人的性格、品性方面。更进一步来看，贾公彦紧承郑玄注后说："和，不刚不柔者，谓宽猛相济者也"①，这就更明确了"和"就是对人之性情的调和。正如《中庸》所说："喜、怒、哀、乐之未发，谓之中，发而皆中节，谓之和。"②喜、怒、哀、乐等诸种情感不加以节制，便会导致种种恶果，因此必须加以调适，"和"的作用就体现于此。由此可见，作为价值范畴的"和"必然涉及中国古代哲学中的性情论。

（一）性

在"和"指称人之性格、品性时，传统注疏家大多都以"刚柔"来做注解。无论是《周礼注疏》中的郑玄、贾公彦，还是《逸周书汇校集注》中的潘振，都是如此。其实，《尚书》中就已经出现"刚柔"这一范畴。《洪范》篇中曾记载箕子为周武王陈述"洪范九畴"，第六曰"三德"，即"一曰正直，二曰刚克，三曰柔克"。对于其中的"刚"、"柔"，郑康成、马融等汉代注家多以政治解之，认为是为政之道在于宽猛相济。但清人孙星衍通过对相关注疏的梳理，令人信服地指出这种解释是"卫、贾诸君孔壁古文之说，未必合古经义也"，并认为此"三德"应是指"君德有中正者，有偏于刚柔者，须先自治其德，至于中和"，因此所谓"三德"即是"言治性，不言治人"。③ 依孙星衍所说，此处"刚柔"就是指人之性，箕子进言即要求君主自修其性。

不过，孙星衍对"刚柔"的解读毕竟属于清代注疏家的注解，

---

① （清）阮元校刻：《十三经注疏》，中华书局1980年版，第707页。

② （清）阮元校刻：《十三经注疏》，中华书局1980年版，第1625页。

③ （清）孙星衍撰：《尚书今古文注疏》，中华书局2004年版，第307页。

而《洪范》经文中并没有作出具体解释。但幸运的是,《左传》曾在一则叙事中直接引用《洪范》内容,这让我们可以借此窥见春秋时人对"刚柔"的理解。《洪范》篇"三德"条下,箕子在陈述完"一曰正直,二曰刚克,三曰柔克"后,又说:"沈潜刚克,高明柔克。"[1]《左传·文公五年》即引用这一句,"及温而还,其妻问之。嬴曰:'以刚。《商书》曰:"沈渐刚克,高明柔克。"夫子壹之,其不没乎?天为刚德,犹不干时,况在人乎?'"[2]杜预注曰:"沈渐,犹滞溺也。高明,犹亢爽也。言各当以刚柔胜己本性,乃能成全也。"[3]所谓"沈渐"即是指人性之"滞溺",而"高明"则是指人性之"亢爽",都是指人之性而言的。由此可见,春秋时期人们多以"刚柔"来谈人之性,直至两汉时,人们仍然沿循这一观念。《汉书·地理志》记载:"凡民函五常之性,而其刚柔缓急,音声不同,系水土之风气,故谓之风",这同样是以"刚柔"作为人之性。[4] 所以,"刚柔"指人性而言,是无需有疑虑的。不过,"性"在中国古代哲学中属于极重要范畴,在思想发展史上有其意义演变过程,历代学者对其理解也多有出入。所以,我们在此还需要明确《国语》时代"性"的确定含义。

"性"者,《说文》:"人之阳气性善者也。从心,生声。"[5]在这

---

① (清)孙星衍撰:《尚书今古文注疏》,中华书局 2004 年版,第 308 页。

② 此段的引用,首先解决的是年代问题,至少在春秋时期,《洪范》已行于世。[参见(清)阮元校刻:《十三经注疏》,中华书局 1980 年版,第 1843 页。]《洪范》原文为"沈潜刚克,高明柔克","潜"、"渐"古音近,可通。[参见杨伯峻:《春秋左传注》(修订本),中华书局 2009 年版,第 541 页。]

③ (清)阮元校刻:《十三经注疏》,中华书局 1980 年版,第 1843 页。

④ 参见(汉)班固撰:《汉书》,中华书局 1959 年版,第 1640 页。

⑤ (汉)许慎撰,(清)段玉裁注:《说文解字注》,浙江古籍出版社 2006 年版,第 502 页。

一解释中,"阳气"、"性善"等都属于后世的思想观念,因此许慎的这种解读至少不能作为《国语》时代"性"的释义。其实,对于"性"的含义来说,还是需要从字源学角度入手。"性"源于"生"字,甲骨文、金文中就没有"性"字,而只有无"心"旁的"生"字。由此可知,"生"字当为"性"之本字,而后随着意义扩展,"生"字加"心"旁专指抽象意义上的"性"。所以,徐锴在《说文解字通论》中直接说:"性者,生也。"①另外,傅斯年先生还通过统计金文及先秦文献中的"生"与"性"字,认为"统计之结果,识得独立之性字为先秦遗文所无,先秦遗文中皆用生字为之。至于生字之含义,在金文及《诗》、《书》中,并无后人所谓'性'之一义,而皆属于生之本义。"②当然,傅斯年先生的这一结论有些绝对化,但是这种文献检索工作仍有其重要价值。③ 通过这些考察,可知"性"字由"生"而来,其基本意义也就与"生"相关,即自然秉性。《国语》中"性"字就是在这一基本义上使用的。如《周语下》:"文王质文,故天胙之以天下",韦昭注:"质文,其质性有文德也";④《齐语》:"于子之乡,有居处好学、慈孝于父母、聪慧质仁、发闻于乡里者,有则以告",韦昭注:"质,性也"⑤;《晋语四》:"夫教者,因体能质而利

---

① (南唐)徐锴撰:《说文解字通论》,《说文解字系传》卷三十四,中华书局1987年版,第309页。

② 傅斯年:《性命古训辨证》,《傅斯年全集》第二卷,湖南教育出版社2003年版,第510页。

③ 参见徐复观:《中国人性论史》(先秦篇),上海三联书店2001年版,第1—12页。

④ 徐元诰撰:《国语集解》(修订本),中华书局2002年版,第89页。

⑤ 引文句读依俞志慧意见,见氏著:《徐元诰〈国语〉集解刊误》,载《〈国语〉韦昭注辨正》,中华书局2009年版,第277页。原文参见徐元诰撰:《国语集解》(修订本),中华书局2002年版,第225页。

之者也",韦昭注:"能质,性能"。① 上述三例都是以"质"释"性",质者就是自然、本然状态,自然秉性就是"性"。《广雅》说"性,质也",就是在这个意义上作解的。

由此我们可以说,至少是《国语》的时代,"性"是指自然秉性。到了战国时期,告子与孟子之间有过数次著名辩论,其中就曾涉及何为"性"的问题。告子主张"生之谓性",孟子极力反对,认为这与禽兽何异,并主张人性善。其实,从"性"之意义演变来看,告子观点更接近初始含义。这也就是《国语》中的用义。而且在当时的思想背景下,这种意义上的"性"是可以改变的。《周语·晋语七》:"夫膏粱之性难正也,故使惇惠者教之,使文明者导之,使果敢者谂之,使镇静者修之。"② 纨绔子弟本性难正。虽然难正,但也是可以改正过来的,所以可以请惇惠者、文明者、果敢者、镇静者教导之。

由此可知,"刚柔"作为人之"性",在《国语》语境下属于自然秉性。这种"性"是可以改易的,故而就有了"刚柔适"③(郑玄语)、"刚柔中节也"④(潘振语)的注解。同时,这种自然秉性意义上的"性"也是需要进行调适整合的,因其并不会天然具备好的德行,所以需要修正,最终指向的就是即"和"的状态。

(二)情

"情",也是一个重要的范畴,并且与"性"联系紧密,甚至是彼此连生。因此,谈人之"性"的问题,便不能不谈人之"情"的问题。

---

① 徐元诰撰:《国语集解》(修订本),中华书局 2002 年版,第 363 页。
② 徐元诰撰:《国语集解》(修订本),中华书局 2002 年版,第 407 页。
③ (清)阮元校刻:《十三经注疏》,中华书局 1980 年版,第 787 页。
④ 黄怀信、张懋镕、田旭东撰:《逸周书汇校集注》,上海古籍出版社 1995 年版,第 56 页。

"情"者,《说文》解为"人之阴气有欲者。从心,青声"。① 与"性"字相同,许慎以"阴气"解"情",同样是后起之义,不可用来作其字义的确解。

那么,从文字起源来看,甲骨文中同样没有"情"字出现。而金文中则只有"青"字,与"性"字的情况相同,以"心"旁的添加来看,"青"字可作本字。而且,在新出土楚简中,"情"字便经常以"青"字代之。但是,学者们对于两字之间的字义联系,讨论结果并未让人信服。不管怎样,大量楚简的出土,使得对"情"范畴的研究迅速发展起来,特别是对郭店楚简《性自命出》以及内容大致相同的上博简《性情论》的研究最为集中。以此为契机,学者们对先秦文献中的"情"字进行了广泛梳理。研究结果是先秦早期文献中的"情"大都没有"情感"义,而只是所谓"情实"或"质实",从《诗经》、《尚书》,到《国语》、《左传》,甚至《论语》、《孟子》莫不如此。而只有在上述两篇简文中,当然传世文献中也可列入大小戴《礼记》,"情"才具有"情感"义,成为与"性"相对言的范畴。② 如果只针对"情"字来看,这种解释还可以自圆其说,但如果因其"情感"义出现较晚,而忽略对情感的研究,则是于理不通的。尽管从文献的梳理情况看,"情"范畴发展较晚,但是描述诸种情感的词汇却早已出现。因此,对"情"的考察并不能仅限于本字字义,还需要关注与"情"相关的情感概念。

人之情感的表露,是天生自然的,属于人的自然属性,因此自人类产生之始,诸种情感便已随之出现,这是没有任何疑问的。但

---

① (汉)许慎撰,(清)段玉裁注:《说文解字注》,浙江古籍出版社 2006 年版,第 502 页。

② 参见李天虹:《〈性自命出〉与传世先秦文献"情"字解诂》,《中国哲学史》2001 年第 3 期。

是,文字出现之后,表述诸种情感意义的文字是否产生,我们却并无确凿的证据。早期文字尚未被系统发现,所以无从查考,而甲骨文属占卜祭祀类,金文也主要用来刻功祭祀,因此二者中都没有发现比较全面的表述情感的文字。细审之下,也只有"喜"、"乐"二字出现于甲骨金文,但即使如此,前者也只是表地名和人名,后者则是指音乐之乐,都与情感无关。① 如果我们以传世文献为依据,并以《礼记·礼运》出现"何谓人情? 喜怒哀惧爱恶欲"②的完整论述为准,那么所谓人之七种情感在传世文献中的出现情况则是逐渐增多且丰富的。在《易经》中,表情感的只有"喜"字出现,如《否》卦:"上九,倾否,先否后喜"③,以及《兑》卦:"九四,商兑未宁,介疾有喜"④,其他表情感的字都未有。而在《尚书》中,诸种情感用语大多已出现,并有增多之势,而至《诗经》,因诗歌本就是抒情之作,所以表述"喜、怒、哀、乐"等诸种情感的文字更是不胜枚举。从另一方面来看,由情感用语在传世文献中的演化过程,也可知其与"情"范畴发展的不同步。但不管"情"范畴如何发展,人之情感是真实存在且影响于人自身及他人的。所以,等到楚简《性自命出》的时代,"情"成为重点讨论的范畴。其中有云:"喜怒哀悲之气,性也"、"道始于情,情生于性"⑤,对于这种以"情"释"性"、指"性"为"情"的做法,庞朴认为是"唯情主义"⑥。对于先

---

① 参见徐中舒主编:《甲骨文字典》,四川辞书出版社1989年版,第513、650页。
② (清)阮元校刻:《十三经注疏》,中华书局1980年版,第1422页。
③ (清)阮元校刻:《十三经注疏》,中华书局1980年版,第29页。
④ (清)阮元校刻:《十三经注疏》,中华书局1980年版,第69页。
⑤ 李零:《郭店楚简校读记》,中国人民大学出版社2007年版,第136页。
⑥ 庞朴:《孔孟之间——郭店楚简中的儒家心性说》,载《庞朴文集》第二卷,山东大学出版社2005年版,第23页。

秦情感问题,从早期文献很少涉及这一主题到楚简的"唯情主义",其间原因已无从知晓。但是,在这一过程中,《国语》《左传》无疑处于重要的节点之上。

作为人之情感,喜怒、哀乐都发于己身,同时施于己也施于人,如果处理不好,便会伤己伤人。所以,面对诸种情感,必须处置得当。对于这一点,《国语》《左传》中已有所认识。如:

> 故圣人之施舍也议之,其喜怒取与亦议之。是以不主宽惠,亦不主猛毅,主德义而已。①(《国语·周语中》)

徐元诰注:"议,犹斟酌也。"②也就是说,圣人对于喜怒之情都是有所斟酌的,其标准即是"不宽惠,不猛毅",而以"德义"为准。

> 民有好恶、喜怒、哀乐,生于六气,是故审则宜类,以制六志。……哀有哭泣,乐有歌舞,喜有施舍,怒有战斗,喜生于好,怒生于恶。是故审行信令,行祸赏罚,以制死生。生,好物也;死,恶物也。好物,乐也;恶物,哀也。哀乐不失,乃能协于天地之性,是以长久。③(《左传·昭公二十五年》)

民有好恶、喜怒、哀乐等情感,所以杜预注:"为礼以制好恶、喜怒、哀乐六志,使不过节";而喜怒、哀乐等情感又会生出诸种事端,所以又要进行赏罚来制约生死;哀乐不失序,才能和于天地之性。④在《国语》《左传》中,人们已经认识到喜怒、哀乐诸种情感所存在的问题,因此主张对其进行调适、节制。就其实质而言,这种调适、节制即是"和",如果我们将此与《中庸》所谓"喜怒哀乐之未发,谓

---

① 徐元诰撰:《国语集解》(修订本),中华书局 2002 年版,第 72 页。
② 徐元诰撰:《国语集解》(修订本),中华书局 2002 年版,第 72 页。
③ (清)阮元校刻:《十三经注疏》,中华书局 1980 年版,第 2108 页。
④ 参见(清)阮元校刻:《十三经注疏》,中华书局 1980 年版,第 2108 页。

之中,发而皆中节,谓之和"①相比照,便会更为明确。在这个意义上,我们可将《国语》、《左传》中的情感调适视作《中庸》的前声。

通过对"性"与"情"两范畴的梳理,我们可以知道,在《国语》语境下,"性"一般是指人之材性或材质,也就是通常所说的自然秉性,而这是可以变易的,如人性之刚柔,可为之调适而达到不刚不柔,也就是"和"的状态,这与后世理学家所说的"气质之性"倒非常相似。② 而对于"情"而言,则大多是从情欲意义上理解的,因此其主张要对诸种情感进行调适、节制。由此可知,作为价值范畴的"和",其所指具有两个对象:一是对属于"性"的"刚柔"的"和";二是对属于"情"的"喜怒哀乐"等情感的"和"。最终两者都可达到所谓"慈和"、"惠和"、"和安"的状态,也就是作为价值品质的"和"。在此,"和"不仅是一种状态,还是一种方法,即"和性"或"和情"。而对于这种方法,其中又透彻着"中"的观念。

二、中与和

"中"是中国传统思想中的重要范畴,其中所蕴含的不仅是一种思想观念,还是一种方法论。对于诸多方面的事务,这种"用中"的方法是一种非常重要的方法论工具。特别是对于纷繁的性情来说,"中"的方法论意义显露无遗。而性情论上的"和"便是以"中"理"性情"的结果,在这个意义上,"中"与"和"二者互含互摄,"中"的结果便是"和",而"和"又包含着"中"的观念。

---

① (清)阮元校刻:《十三经注疏》,中华书局1980年版,第1625页。
② 张载说:"气质犹人言性气,气有刚柔、缓速、清浊之气也,质,才也。"又说:"人之刚柔、缓急,有才与不才,气之偏也。"而在其看来,这种人之性又可通过"变化气质"而改变。[(宋)张载:《张载集》,中华书局1978年版,第281、23、265页。]

（一）中

有关"中"的观念，起源很早。甲骨文中便已有"中"字，其字形作 ①，或 ②，或 ③，虽然字形稍异，但实指皆一。对此，唐兰先生指出："中本旃旗之类也，……其字以 为最古。凡垂直之线，中间恒加一点，双钩写之，……而 形盛行，由以省变，而为 形矣。"④关于"中"字字义的演化，唐兰认为："中者最初为氏族社会中之徽帜，……盖古者有大事，聚众于旷地，先建中焉，群众望见中而趋附，群众来自四方，则建中之地为中央矣。……然则中本徽帜，而其所立之地，恒为中央，遂引申为中央之义，因更引申为一切之中。"⑤唐氏此解甚为恰当，因而后之学者多从之。

从"中"在甲骨卜辞中的使用来看，唐兰先生的解释也是相合无差，而且"中"之多种含义几乎都已经出现在卜辞中。首先是"中"之本义，即旃帜，卜辞中多称为"立中"；其次是"中间"义，相对于左右、上下而言；又有"中日"，即日中，也就是午时。除此外，还有宫室名、人名等。⑥ 由此可以看出，"中"在甲骨文中便已经脱离其本义，演化出"中间"的引申义，可见其字义发展之早，演化之充分。

因为在原初语境中，"中"便是指部族之徽帜，而此徽帜又代表部族权力所在，之后又演化为"中央"，所以"中"从一开始便有着强烈的政治色彩。据胡厚宣先生的考证，在殷商卜辞中便已有

① 郭沫若主编，胡厚宣总编辑：《甲骨文合集》27244，中华书局1982年版。
② 郭沫若主编，胡厚宣总编辑：《甲骨文合集》35347，中华书局1982年版。
③ 郭沫若：《殷契粹编》597，中华书局1981年版。
④ 唐兰：《殷墟文字记》，中华书局1981年版，第52、53页。
⑤ 唐兰：《殷墟文字记》，中华书局1981年版，第53、54页。
⑥ 参见徐中舒：《甲骨文字典》，四川辞书出版社1989年版，第40、41页。

了"五方"的观念,也就是东、西、南、北、中,而殷人自居为中,卜辞中称"中商"。[①] 殷人又自称"天邑商"、"大邑商",所以"中"在很早时便已成了政治合法性的一种元素。作于周初的《何尊》中便有一段铭文,其中载:"惟武王既克大邑商,则廷告于天曰:'余其宅兹中国,自之乂民'"[②]。由此可以看到,古人对于"中"之政治重要性的认识。因为"中"含有强烈的政治色彩,甚至某种政治合法性的因素,所以政治生活中对"中"的理解和掌握便成为为政者的关注重点。对于这一点来说,如果古文《尚书·大禹谟》那句著名的"人心惟危,道心惟微,惟精惟一,允执厥中",因材料的可靠性而导致价值的重估,那么《论语·尧曰篇》中所载的"尧曰:'咨!尔舜!天之历数在尔躬,允执其中。四海困穷,天禄永终。'舜亦以命禹"便成为又一条论述"中"的重要材料。为政之道,在于"执中",如此可穷极四海、天禄长终。[③]

有关"中"的论述,在新近发现的清华简《保训》篇中再次成为关注的热点。此篇主要是周文王传于周武王的遗训,其中重点论述的便是"中",并被周文王认为是"前人传宝"。有关"中"的论述有:

> 昔舜旧作小人,亲耕于历丘,恐求中。……舜既得中,言不易实变名,身兹备,惟允。翼翼不解,用作三降之德。……昔微假中于河,以复有易,有易服厥罪。微无害,乃归中于河。[④]

---

① 参见胡厚宣:《论五方观念及"中国"称谓之起源》,载《甲骨学商史论丛初集》,齐鲁大学国学研究所 1944 年版,第 383 页。
② 侯志义编:《西周金文选编》,西北大学出版社 1990 年版,第 6 页。
③ 参见(清)阮元校刻:《十三经注疏》,中华书局 1980 年版,第 2535 页。
④ 李学勤主编:《清华大学藏战国竹简》(壹),上海文艺出版有限公司 2001 年版,第 143 页。

对于此"中",论者甚多,可谓众说纷纭。其中,有释为中道者,有释为旗表者,还有释为文书者,其他新奇之说也有很多。① 但从文意来看,舜"求中"、"得中",而上甲微"假中"、"归中",所以此"中"既可求得,又可归还。对此,很多解释都无法置入文意中,从而做到理解通顺。但其中姜广辉先生的理解确是非常恰当,他将"中"解为"处理事情时要把握分寸,要将事情处理得恰到好处"②。尽管这一解释还有可商榷之处,但其从方法的角度来理解"中"却是准确到位。周文王传于周武王的"中",其实就是一种方法,无论是认识问题,还是处理事情,时刻注意不可偏执,必须恰到好处,也就是所谓执两用中。《中庸》篇中记述孔子之言,"子曰:舜其大知也与。舜好问而好察迩言,隐恶而扬善,执其两端,用其中于民。其斯以为舜乎。"其中,"执其两端,用其中于民"便是这种方法,当然,这些主要还是在政治层面上的理解。

因为"中"所具有的政治色彩,所以在长时期内都是作为为政之道而存在的,包括"执两用中"的为政之法。但是,作为一种方法,"中"逐渐不再限于政治,而是扩展其范围,成为认识问题、处理事情的普遍方法。孔子所说:"不得中行而与之,必也狂狷乎。狂者进取,狷者有所不为也"(《论语·子路篇》),以及"中庸之为德也,其至矣乎! 民鲜久矣"(《论语·雍也篇》),便都已经不再是谈论为政之道了。其中,孔子所说"中行",包咸注曰:"行能得其中者"③,而此处所说之"狂狷",即指人之性情而言,所谓"中行"

---

① 参见廖名春:《清华简〈保训〉篇"中"字释义及其他》,《孔子研究》2011年第2期。
② 姜广辉:《〈保训〉十疑》,《光明日报》2009年5月4日。
③ (清)阮元校刻:《十三经注疏》,中华书局1980年版,第2508页。

者即是取其中道而行。孔子在另一处也谈及有关"中"的问题,只是文中并未明示:

　　　　子贡问:"师与商也孰贤?"子曰:"师也过,商也不及。"
曰:"然则师愈与?"子曰:"过犹不及。"(《论语·先进篇》)①
关于此章主题,邢昺曰:"此章明子张、子夏才性优劣",而孔子所说"过"与"不及"便是对他们各自的评价。在孔子看来,过与不及是相当的,都"俱不得中"②(何晏注)。在这里,"中"之作为方法显然是已经扩展了其适用的范围,成为生活世界中的重要原则。

　　(二)和

　　作为方法论的"中",不仅是处理政治事务的重要工具,还是处理日常事务的关键方法。随着其适用范围的扩展,"中"又逐渐成为生活世界的重要指导原则。而在"中"的指导范围中,性情论占据着重要的位置。以"中"作为方法对性情的调适是养性修情的一个重要方面,由此而导致的最终结果便是作为价值品质的"和",其呈现出的气质即是所谓"慈和惠和"。

　　作为对主体价值品质的描述用语,"和"被定义为"不刚不柔",郑玄如此③,《谥法》也如此④,当然还有"刚柔适"⑤(郑玄语)、"刚柔中节也"⑥(潘振语)等类似的表述。在描述对象为人

----

①　(清)阮元校刻:《十三经注疏》,中华书局 1980 年版,第 2499 页。
②　(清)阮元校刻:《十三经注疏》,中华书局 1980 年版,第 2499 页。
③　参见(清)阮元校刻:《十三经注疏》,中华书局 1980 年版,第 787 页。
④　参见《后汉书·孝和孝殇帝纪》注引。见范晔:《后汉书》,中华书局 1959 年版,第 165 页。
⑤　(清)阮元校刻:《十三经注疏》,中华书局 1980 年版,第 787 页。
⑥　黄怀信、张懋镕、田旭东撰:《逸周书汇校集注》,上海古籍出版社 1995 年版,第 56 页。

之性时,刚、柔指的是人之材性,这属于后世所说的气质范围。而所谓"和"则是指不刚不柔、刚柔中节的状态,而且与刚柔不同的是,"和"并不只是对主体气质或品性的客观描述,还包含着道德的肯定意义,因此"和"指的是主体的一种价值品质。这一意义的由来,主要是因为对主体刚柔之性的修养,也就是说是主体对自身本性的自觉,以及随之而来的对本性的修养,赋予了"和"以道德价值,使其成为描述主体的具有正面价值意义的宝贵品质。《国语》中的"慈和"、"惠和"以及"和安"所拥有的道德意义便是由此而来,并在其语境中成为圣王贤人的德行,甚至可以说由此德行而具备圣王贤人的资格。在获得这一德行的过程中,养性便成为重要的途径,至于养性之方法便蕴含在"和"本身中。

"和"也就是取法刚柔之中,这便是所谓执两用中。因此,对于刚柔之性来说,"和"是"中"之原则运用的结果,是"中"最后达到的状态。对于"中"所施与的对象而言,刚柔便是差分元素,其结果便是"和"。所以,"和"蕴含着"中"的观念,而"中"也透彻着"和"的思想。对此,也有训诂上的证据可为佐证。陆德明在《经典释文》中,解《周易·蒙》"时中"之"中"为"和也",解《蹇》"得中"之"中"引郑云注"和也"。[1]《论语·雍也篇》:"中庸之为德也",邢昺疏:"中谓中和"。[2]《国语·周语下》:"咏之以中音",韦昭注:"中和之音也"。[3] 另外,小徐本《说文》:"中,和也";《玉篇》、《广韵》、《集韵》引《说文》也都是:"中,和也"。但段玉裁在《说文解字注》中则认为是:"俗本'和也',非是,当作

---

① (唐)陆德明:《经典释文》,《四部丛刊》本,第77、101页。
② (清)阮元校刻:《十三经注疏》,中华书局1980年版,第2479页。
③ 徐元诰撰:《国语集解》(修订本),中华书局2002年版,第112页。

第三章 『和德』的价值品质

'内也'。"①正如廖名春先生所说,这种改动是错误的。廖名春先生指出,大徐本《说文》将"中"解为"而",而"而"即是"聊","聊"即可训为"和",所以大小徐本《说文》解"中",一作"和",一作"而",其实所指是相同的,而段玉裁认为是"而"讹为"内",故主张连带改"和"为"内",这都是错误的。② 由此看来,"中"之训为"和"是有着多种文献依据的。

以"中"为法,所得之"和"不仅有从材性方面讲的刚柔之和,还有从情欲方面说的情感之和。"喜怒、哀乐"等属于人的自然情感,但是情感不加节制的抒发,便会造成泛滥,而脱离中道。孔子所说:"《关雎》,乐而不淫,哀而不伤"③可看作对情感问题的最佳诠释。其中,"淫"与"伤"便属于情感的不加节制所导致的泛滥,也就是"乐"与"哀"的过度抒发所导致的。因此,在处理情感问题时,必须要修情,这其中便有"中"的方法,即情之发合乎中道。对此,《中庸》的表述最能体现这一点:"喜怒哀乐之未发,谓之中,发而皆中节,谓之和"④,这便是对诸种情感的调适,只是将其未发状态称为"中",而发出后中其节限便是"和"。

由上可知,无论是面对"刚柔"等材性,还是"喜怒、哀乐"等情感,用"中"之法来调适,最终达到"和"的状态,这种状态便是《国语》中所说的"慈和"、"惠和"以及"和安"三种道德品质,而这也就是和合思想中的价值维度。或者从另一个角度讲,作为价值范

---

① (清)许慎撰,段玉裁注:《说文解字注》,浙江古籍出版社 2006 年版,第20 页。

② 参见廖名春:《清华简〈保训〉篇"中"字释义及其他》,《孔子研究》2011 年第 2 期。

③ (清)阮元校刻:《十三经注疏》,中华书局 1980 年版,第 2468 页。

④ (清)阮元校刻:《十三经注疏》,中华书局 1980 年版,第 1625 页。

畴的"和"就是和合"刚柔"等材性或"喜怒、哀乐"等情感的结果，而这种和合的方法即是取"中"之法。这"中"内含有"和"，而此"和"也同时是"中"之和。因此，我们同时也有理由相信，《国语》中作为价值范畴的"和"与《中庸》的"中和"思想关系密切，其中或有思想传承的脉络。

三、情感论路向

作为和合思想的价值维度，"和德"在《国语》中具体体现为"慈和"、"惠和"以及"和安"等价值品质。这三种品质是对圣王贤人的道德描述，而其道德价值的赋予是由主体自觉与自我修养完成的。在主体的性情修养方面，"和"也是其达到的最终状态，换而言之，主体的性情修养是以"和"为最终价值指向的。同时，"和"在性情修养中还表现为一种方法论，以"和性"、"和情"的形式呈现。由此，作为价值品质的"和"成为情感论的重要表征，而作为方法论的"和"则提供了重要工具，对后世情感论的发展路向产生了重要影响。

《国语》之后，至诸子时代，性情作为主体人的本质特征逐渐受到人们的关注和重视。不过，与《国语》为我们展现的性情观不同，诸子对于性情的讨论更为细致，特别是对于性的理解，更是条分缕析，同时也是诸派各异。因此，如果说《国语》中作为材性的"性"与作为情欲的"情"可在"和"的观照下相关联的话，那么诸子时代的"性"与"情"之间的划分则更加明晰，而且对"性"理解更加多样化，由此"性"范畴也就不再以单一的含义出现在"和"的语境下。因此，我们在此所讨论的性情论，便不再与前节同义，其实质即是情感论。但是，《国语》"和德"品质所透露出的性情之"和"仍然适用，而且对诸子时代的情感论发挥着影响。

（一）孔子

在《论语》中，"情"字只两见，而且都非情感义。① 尽管如此，在孔子的思想体系中，"情"却有着非常重要的地位，甚至可以说孔子的仁学即是建构在"情"的基础之上，只是此"情"指的是真情实感。

所谓"真情实感"是孔子"仁"的基础，而孔子以"其父攘羊"②（《子路篇》）及"微生高乞醯"③（《公冶长篇》）为例所说的"直"指的也是"真情实感"。④ 更不要说孔子所极力推崇的"孝"，完全是立基于人之情感上的。所以，李泽厚先生认为这是"以'情'作为人性和人生的基础、实体和本源"⑤。但是，就人之情欲而言，情之发也必须有所节制，如果诸情感得不到调适，便会出现种种的问题。《论语·颜渊》中说：

> 爱之欲其生，恶之欲其死。既欲其生，又欲其死，是惑也。⑥

何晏引包咸注曰："爱恶当有常"⑦，也就是说，爱一个人便想要其生，厌恶一个人便要让其死，这是情感的泛滥而不受节制导致的，因此爱恶之情必须有其常道，而这一常道便是中和之道。对此，孔子虽然并未有专论，但是我们仍可从其论述中见及一二，如其所

---

① 即"民莫敢不用情"（《子路篇》）以及"如得其情，则哀矜而勿喜"[《子张篇》，见（清）阮元校刻：《十三经注疏》，中华书局 1980 年版，第 2506、2532 页]。
② （清）阮元校刻：《十三经注疏》，中华书局 1980 年版，第 2507 页。
③ （清）阮元校刻：《十三经注疏》，中华书局 1980 年版，第 2475 页。
④ 参见冯友兰：《中国哲学史新编》，《三松堂全集》第八卷，河南人民出版社 2001 年版，第 130、131 页。
⑤ 李泽厚：《论语今读》，安徽文艺出版社 1998 年版，第 18 页。
⑥ （清）阮元校刻：《十三经注疏》，中华书局 1980 年版，第 2503 页。
⑦ （清）阮元校刻：《十三经注疏》，中华书局 1980 年版，第 2503 页。

言:"《关雎》,乐而不淫,哀而不伤"①(《论语·八佾篇》),其所行:"子之燕居,申申如也,夭夭如也"(《论语·述而篇》),马融注曰:"申申、夭夭,和舒之貌"②。其中,"乐"却不至于"淫","哀"也不至于"伤",还有孔子燕居之时的和舒之貌,这些都表明在孔子的思想体系中,对诸种情感的调适已是其应有之义。特别是孔子所言之"乐而不淫"、"哀而不伤",其中便包含着"中和"的思想,朱熹注云:"淫者,乐之过而失其正者也。伤者,哀之过而害于和者也"③,所谓"正"者即是中道,而"和"者即是与"中"并言的。

因此,"乐而不淫"与"哀而不伤"的表述与"中和"思想是有着紧密联系的,而等到作为孔子后学代表的《中庸》出现时,便已经非常明确地提出"中和"思想。

(二)《中庸》

在《中庸》中,诸种情感完全被置入"和"的叙述语境下进行讨论。

> 喜怒哀乐之未发,谓之中,发而皆中节,谓之和。中也者,天下之大本也。和也者,天下之达道也。致中和,天地位焉,万物育焉。④

在此,"喜怒哀乐"指主体人之情感,诸种情感未发作之时,可称之为"中"。孔颖达疏曰:"喜怒哀乐缘事而生,未发之时,澹然虚静,心无所虑而当于理,故'谓之中'"⑤。朱熹则注:"其未发,则性

---

① (清)阮元校刻:《十三经注疏》,中华书局1980年版,第2468页。
② (清)阮元校刻:《十三经注疏》,中华书局1980年版,第2481页。
③ (宋)朱熹撰:《四书章句集注》,中华书局1983年版,第66页。
④ (清)阮元校刻:《十三经注疏》,中华书局1980年版,第1625页。
⑤ (清)阮元校刻:《十三经注疏》,中华书局1980年版,第1625页。

也,无所偏倚,故谓之中"①。除了朱熹特意区分性与情之外,二人的注解大意相同,特别是对于"中"的解释,"无所偏倚"也就是"当于理"。当诸种情感发作之时,其都有所节制而不为过,符合中道,这便称之为"和"。孔颖达疏曰:"不能寂静而有喜怒哀乐之情,虽复动发,皆中节限,犹如盐梅相得,性行和谐,故云'谓之和'"②。而朱熹则注:"发皆中节,情之正也,无所乖戾,故谓之和"③。所谓"节限"、"情之正"以及"无所乖戾"也都是指"中道"而言,而"情"得"中"便是"和","中"与"和"互含互摄,最后达到和谐的状态。对于末之两句,孔颖达所说最为合意,其疏曰:"'中也者,天下之大本也'者,言情欲未发,是人性初本,故曰'天下之大本也','和也者,天下之达道也'者,言情欲虽发而能和合,道理可通达流行,故曰'天下之达道也'。"④

这一章对于《中庸》全篇来说,其重要性是不言而喻的,而且其中所论及的"中和"思想对整个先秦情感论都有着重大的意义。《国语》中的"慈和"、"惠和"以及"和安",是对主体价值品质的描述,而这种价值品质的获得,又是对主体材性的修养,同时也是对诸种情感的调适。因此,"和德"的价值品质本身便蕴含着"中和"思想。又因为对材性、情感调适的普遍性,以及"和德"对主体而言的高度肯定性,经孔子至《中庸》,"和德"的重要性逐渐为人们所认识。而《中庸》更是首次明确了情感论上的"中和"思想,特别是对诸种情感和谐状态的文字确认,即"发而皆中节,谓之和",使得"和"作为对主体情感调适的状态描述而成为明确的价值范畴。

---

① (宋)朱熹撰:《四书章句集注》,中华书局 1983 年版,第 18 页。
② (清)阮元校刻:《十三经注疏》,中华书局 1980 年版,第 1625 页。
③ (宋)朱熹撰:《四书章句集注》,中华书局 1983 年版,第 18 页。
④ (清)阮元校刻:《十三经注疏》,中华书局 1980 年版,第 1625 页。

当然,如果追溯源头的话,那么《国语》为我们展现出来的"和德"品质,即"慈和"、"惠和"以及"和安"等主体德行无疑可列入其中,而其对后世情感论的影响也通过"和"这一范畴得到最大的彰显。

(三)《管子》

在孔子及其后学的路向之外,"和"在情感论上也以另一种形式展现出来,这主要体现在《管子》一书中,特别是《内业》、《心术》上、《心术》下、《白心》等四篇。此《管子》四篇曾被郭沫若先生单独列出,认为是宋尹学派等稷下先生的著作。[①] 此说并不一定完全确信,但是《管子》属于管子学派著作则是可以确定的。[②] 其对于情感论之"和"的论述,与儒家相比是有所差别的。

在《内业》篇中,"和"作为对主体规范性的描述范畴被明确提出:

> 凡心之刑,自充自盈,自生自成。其所以失之,必以忧乐喜怒欲利。能去忧乐喜怒欲利,心乃反济。彼心之情,利安以宁。勿烦勿乱,和乃自成。[③]

安心之法,完满而无亏,不需他求。而其之所以失之,全在"忧乐喜怒欲利"等六种情感,心受其干扰,便会扰乱。如果能够去除这忧愁、欢乐、喜悦、愤怒、嗜欲、贪利,心便会回复其本有的安宁。在此无烦乱侵扰的情况下,便会达到"和"的状态。由此看来,《管子》同样是以"和"作为性情修养的最佳状态。不过与儒家不同的是,《管子》所说之"忧乐喜怒欲利"全在情欲层面上理解,因此必

---

① 参见郭沫若:《宋钘尹文遗著考》,载《中国古代社会研究》(外二种),河北教育出版社 2000 年版,第 544 页。

② 参见张立文:《管子道德和合新释》,《社会科学战线》2010 年第 2 期。

③ 黎翔凤撰,梁运华整理:《管子校注》,中华书局 2004 年版,第 931 页。

须排除其干扰。这与《老子·十九章》:"见素抱朴,少私寡欲"①相类,而与儒家"发而皆中节"的态度不同。其实,此处"和"的状态与儒家所言也不相同。

《内业》篇随后仍以消除情感因素影响立言:

> 凡人之生也,必以平正,所以失之,必以喜怒忧患。是故止怒莫若诗,去忧莫若乐,节乐莫若礼,守礼莫若敬,守敬莫若静。内静外敬,能反其性,性将大定②

与上述引文相同,喜怒忧患等情感妨碍平正之性。而此处平正之性即是中正之义,也就是所谓"和"的状态。虽然,文中提到诗、乐、礼等儒家范畴,但是最终的落脚点只是"静",这便显露出其道家思想的本色。对于这种"和"而言,这是一种本真的状态,而非如儒家性情修养的结果。

因此,《管子》强调"反",即回返本性。上述"心乃反济"即是例证,此处"能反其性,性将大定"同样如此。在这个意义上,我们可以称《管子》情感论之"和"属于道家的范围。

经上所述,作为和合思想的价值维度,"和德"在《国语》中展现出情感论的意涵。之所以如此,全在性情修养的缘故,而"和"在其中既是一种方法,同时又是修养的结果,也就是一种主体价值品质。就此而言,后世情感论路向的发展也不可避免地受其影响。这不仅体现在儒家思想中,还成为道家描述无情感侵扰的本真状态的范畴。由此,和合思想的价值维度得以贯穿整个先秦思想史,成为先秦时期人们理解自身道德价值的重要德目。

---

① (魏)王弼注,楼宇烈校释:《老子道德经注校释》,中华书局 2008 年版,第45 页。
② 黎翔凤撰,梁运华整理:《管子校注》,中华书局 2004 年版,第 947 页。

第四章　"和民"的外王理想

在先秦时期,先民对整个世界的认知和理解都在《国语》中有所呈现,这其中就包括为政治国维度。在这一维度,"和"仍然是对国家社会治理状态的最佳描述,其在《国语》中的体现形式就是"和民"。可以说,"和民"是《国语》和合思想在政治上的呈现形式,就其实质而言,即是指君主和合民众,并使其达到和谐融洽的生活状态。而"和民"的实现则需要两种途径,即君主自身德行的修养以及以德教养民众,依照传统观点,这无疑属于内圣而至外王的实践范畴。也正因为有这一内圣而外王的转进路径,和合思想的价值维度也得到落实,由"和德"的价值维度而至"和民"的政治维度。这一维度指向的是和合的人间世,对此而言,"内圣外王"与"宗法家国"都属于理解这一过程的理论工具,同时也是上述两种"和民"途径的理论依据。由此,"和民"最终指向一种理想的社会形态,也就是后世所谓的大同社会。

第一节　"和民"理想

依照《国语》和合思想的维度分划,和合思想渐次展现,由生存世界的"和生"图式,进至意义世界的"和德"价值,而作为价值维度的显现,"和德"不仅是对生存世界的升度,还是对人自身的意义规范。这一意义规范即是人自身性情修养的和合状态。也就是说,人通过对自身的修性养情,最终达到中和的状态。这一状态无疑是价值层面的描述,是和合思想价值维度的显现。但是,"和德"价值从生存世界升度而来之后,并没有停留在意义世界的道德叙述之中,而是继续付诸实践,试图将其施之于现实社会中,落实于人间世,由此实现民之和合,从而构筑一个完整的和合世界。在其中,和合思想便通过外王实践的路径将价值维度落实于世间,力图构建一个理想社会。

一、"柔和万民"

在《国语》中,"和德"的价值品质并非仅止于个人修养,与《大学》所构筑出并流行于后世的"修身、齐家、治国、平天下"路径相同,"和德"本身也并非终点,而是以治世为落实之处。在《国语》中,作为政治层面的为政治国也属于和合思想的一个重要维度,并以"和民"的具体形式展现出来。

在《国语》中,有关"和民"的论述屡见,如:

> 是时也,王事唯农是务,无有求利于其官,以干农功。三时务农,而一时讲武,故征则有威,守则有财。若是,乃能媚于神而和于民矣,则享祀时至而布施优裕也。①(《国语·周语上》)

---

① 《国语集解》将此句断为:"若是,乃能媚于神。而和于民矣,则享祀时至而布施优裕也。"[徐元诰撰:《国语集解》(修订本),中华书局2002年版,第21页。]但观之上下文语境,媚神与和民并未前后分开,故此处依照上海师范大学古籍整理组所校版本。上海师范大学古籍整理组校点:《国语》,上海古籍出版社版1978年版,第21页。

无亦鉴于黎、苗之王,下及夏、商之季,上不象天,而下不仪地,中不和民,而方不顺时,不共神祇,而蔑弃五则。① (《国语·周语下》)

夫惠本而后民归之志,民和而后神降之福。② (《国语·鲁语上》)

及其即位也,询于八虞,而谘于二虢,度于闳夭,而谋于南宫,诹于蔡、原,而访于辛、尹,重之以周、邵、毕、荣,忆宁百神,而柔和万民。③ (《国语·晋语四》)

先主之所属也,又尹铎之所宽也,民必和矣。④ (《国语·晋语九》)

在这五处引文中,但凡谈及"民"时,必有"和"前后相随。民者,天下苍生也;和者,和顺和洽也。因此,"和民"即是使天下百姓众民生活和洽。在传统社会,"和民"是德政的落脚点,在政治伦理中有着极为重要的地位。孔子曾说:"修己以安百姓,尧舜其犹病诸?"⑤要让百姓众民实现安定和洽的生活,对尧舜这样的圣王都属难事,可见民众安和在儒家思想中的地位。

正因为"和民"在传统政治伦理中的重要地位,所以历代君主都极为看重,这从上述引文中也可看出。具体而言,第一条引文是虢文公对周宣王的劝谏之言,所以引文中明确提到"王事"。虢文公认为国君应以农务为首,不扰乱农时,如此才能做到"和于民"。

---

① 徐元诰撰:《国语集解》(修订本),中华书局 2002 年版,第 100 页。
② 此处各版本皆作"惠本",徐元诰依俞樾之说改"本"为"大",似有不妥,故此处仍依旧本。参见徐元诰撰:《国语集解》(修订本),中华书局 2002 年版,第 143 页。
③ 徐元诰撰:《国语集解》(修订本),中华书局 2002 年版,第 362 页。
④ 徐元诰撰:《国语集解》(修订本),中华书局 2002 年版,第 457 页。
⑤ (清)阮元校刻:《十三经注疏》,中华书局 1980 年版,第 2514 页。

第二条引文是太子晋劝谏周灵王勿学黎、苗、夏、商诸王,不做"和民"之事,否则就会落得国灭身死的下场。第三条引文则是曹刿劝谏鲁庄公之言,指出"民和"之后神灵才会降福。第四条引文是胥臣对晋文公言周文王事,指出周文王"柔和万民"的圣王之举。第五条引文是赵襄子所言,其中先主即是赵简子,也都是晋国公卿,其意指治民以"和"为目标。春秋时期本就处于一个"礼崩乐坏"的时代,诸国相互征伐、公卿大夫弑君。种种乱象之下,为政者认定只有"和民"才能保守社稷,否则便会国灭身死。这就是《国语》"和民"观念盛行的时代背景。

其实,"和民"这一观念早在《尚书》中便已经存在。如下所示:

皇天既付中国民,越厥疆土于先王,肆王惟德用和怿先后迷民,用怿先王受命。已!若兹监。惟曰:欲至于万年,惟王子子孙孙永保民。①(《尚书·梓材》)

王若曰:"公明保予冲子,公称丕显德,以予小子扬文武烈,奉答天命,和恒四方民。"②(《尚书·洛诰》)

周公曰:"呜呼!厥亦惟我周。太王、王季,克自抑畏。文王卑服,即康功、田功。徽柔懿恭,怀保小民,惠鲜鳏寡。自朝至于日中昃,不遑暇食,用咸和万民。"③(《尚书·无逸》)

第一条引文中,"和怿先后迷民"即是和服或和悦受迷惑之民,也就是使民众达到和悦的状态。④ 第二条引文,"和恒四方民"一句,

---

① (清)孙星衍撰:《尚书今古文注疏》,中华书局2004年版,第389页。
② (清)孙星衍撰:《尚书今古文注疏》,中华书局2004年版,第410页。
③ (清)孙星衍撰:《尚书今古文注疏》,中华书局2004年版,第440页。
④ 孙星衍解为和服,而刘起釪解为和悦,其意并无太大差异。分别见孙星衍:《尚书今古文注疏》,中华书局2004年版,第389页;顾颉刚、刘起釪:《尚书校释译论》,中华书局2005年版,第1428页。

孙星衍认为"恒"应解为"徧"①,也就是徧和四方之民,而刘起釪认为"恒"解为"久"②,即恒久和怿四方之民。二人一从空间理解,一从时间理解,虽然有异,但对于"和"之理解却并没有太大不同。第三条引文,"用咸和万民",孔颖达认为是"皆和万民"③,刘起釪则认同俞樾的观点,认为是"用诚和万民"④。与"和恒四方民"的情况相同,虽然他们对"咸"字的理解不同,但对"和"字则可确信是在相同意义上使用的。由上可知,三条引文都出现了"和民",而这一概念被用来表述以周公为代表的周初为政者来施行德政保民和民,这也就是以往研究者经常提及的周初保民思想。

这种以保民为表现形式的德政思想,经过儒家的大力提倡,在后世成为传统国家治理的典范,周公和周文化也由此成为符号化象征。在这种保民思想中,"和民"无疑属于终极理想状态。从上述《国语》、《尚书》的引文中可以看出,"和民"不仅仅是生活的富足,其中还包括精神的和悦。在《国语·周语上》的引文中,首先是"王事唯农是务",然后"乃能媚于神而和于民矣",从中可见农事的重要性。但此处之"和民"却并非仅是就表面所见的农事"财用不乏"意义上作出的理解。在此之前,虢文公还说道:"夫民之大事在农,上帝之粢盛于是乎出,民之蕃庶于是乎生,事之供给于是乎在,和协辑睦于是乎兴。"⑤由此可清楚地看到,农事所导致的结果中便不仅是"蕃庶"、"供给"的增长,更是"和协辑睦"的和谐关系。其实,这也属于儒家的一贯主张。孔子认为国家兴盛的三

① (清)孙星衍撰:《尚书今古文注疏》,中华书局 2004 年版,第 410 页。
② 顾颉刚、刘起釪:《尚书校释译论》,中华书局 2004 年版,第 1484 页。
③ (清)阮元校刻:《十三经注疏》,中华书局 1980 年版,第 222 页。
④ 顾颉刚、刘起釪:《尚书校释译论》,中华书局 2005 年版,第 1540 页。
⑤ 徐元诰撰:《国语集解》(修订本),中华书局 2002 年版,第 16 页。

个阶段,即是庶、富、教(《论语·子路》)。此处"民之蕃庶"、"事之供给"就是孔子所说的庶、富两个阶段,而孔子认定的最高阶段自然就属于"和协辑睦于是乎兴"。另外,《国语·鲁语上》:"惠本而后民归之志,民和而后神降之福"也可体现这一观念。其中,韦昭注:"惠本,树德施利也"①,予民以恩惠是和民的必要方法,这也就是《周语上》的"财用不乏",《尚书·无逸》的"怀保小民,惠鲜鳏寡",《论语·公冶长》的"养民也惠"②。因此,从另一个角度来看,"惠民"所指向的也就是"和民",以《国语》原文述之即是"惠所以和民也"③。在"惠民"与"和民"的比较下,后者无疑具有更为重要的地位。总之,我们可用上述《国语·晋语四》引文"柔和万民"作一总括。所谓"柔和万民",韦昭注:"柔,安也",也就是使万民安定和洽,而这一生活状态正是对"和民"的完美解读。④ 由此,"和民"也就成为后世对理想社会的核心表述,其中蕴含的民众和合的生活状态也成为理想的人间秩序。

因此,民众之安定和洽并不是历史的常态,只有在贤明君主治下才会成为可能。而要实现"万民柔和"的理想人间,无疑需要君主施行德政。这便包含两个方面的因素,其一是君主自身的德行修养,其二是君主以德教养民众。下面两节将分别对此展开详细论述。

---

① 徐元诰撰:《国语集解》(修订本),中华书局 2002 年版,第 143 页。
② (清)阮元校刻:《十三经注疏》,中华书局 1980 年版,第 2474 页。
③ 徐元诰撰:《国语集解》(修订本),中华书局 2002 年版,第 70 页。关于"惠"字,韦昭有时解之为"爱"[参见徐元诰撰:《国语集解》(修订本),中华书局 2002 年版,第 28 页],但是在《国语》中,就惠民这一语境下,爱民便必然予民以恩惠,二者差异并不大。
④ 徐元诰撰:《国语集解》(修订本),中华书局 2002 年版,第 362 页。

二、"非精不和"

作为和合思想的政治维度,"和民"是以和顺、和洽的理想状态为表述内核,并将之施于民众的治世行为。对于这一理想的实施路径,其导源处毫无疑问是君主,也就是由君主实施善政,从而最终实现"民和"。而这便要涉及君主德行的问题。因此,我们可以在这个意义上,将"和民"视为和合思想价值维度向现实层面的落实与流行。换而言之,和合思想的价值维度由生存维度超越而来,并进一步落实于政治维度,而这一过程便是外王实践的路径。

对于君主德行与"和民"之间的联系,《国语·周语上》中记有一段周襄王与内史过的对话,从中我们可以窥见一二:

> 襄王使邵公过及内史过赐晋惠公命。吕甥、郤芮相晋侯不敬,晋侯执玉卑,拜不稽首。内史过归,以告王曰:"晋不亡,其君必无后。且吕、郤将不免。"王曰:"何故?"对曰:"《夏书》有之曰:'众非元后,何戴?后非众,无与守邦。'在《汤誓》曰:'余一人有罪,无以万夫。万夫有罪,在余一人。'在《盘庚》曰:'国之臧,则惟女众。国之不臧,则惟余一人是有逸罚。'如是则长众使民,不可不慎也。民之所急在大事,先王知大事之必以众济也,是故慎除其心,以和惠民。考中度衷以莅之,昭明物则以训之,制义庶孚以行之。慎除其心,精也;考中度衷,忠也;昭明物则,礼也;制义庶孚,信也。然则长众使民之道,非精不和,非忠不立,非礼不顺,非信不行。今晋侯即位而背外内之赂。虐其处者,弃其信也。不敬王命,弃其礼也。施其所恶,弃其忠也。以恶实心,弃其精也。四者皆弃,则远不至而近不和矣,将何以守国?"①

---

① 徐元诰撰:《国语集解》(修订本),中华书局 2002 年版,第 31—33 页。

　　周襄王让内史过去赐晋惠公瑞命,而晋侯及大臣却无礼无德,内史过回来后便向周襄王作了上述一番陈言。

　　内史过先是引述《夏书》、《汤誓》、《盘庚》,其中,韦昭注:"元,善也","后,君也"①。也就是说,《夏书》所言即是指民众拥戴有善德之君。当然,没有民众,君主也无法守护国家,这是《夏书》引言要表达的两方面含义。至于《汤誓》、《盘庚》的两句引言,也同样是在阐述君主与民众的关系,即国家之善在于民众,国家之不善或民众之罪则皆在君主一人。如果说《夏书》、《汤誓》、《盘庚》的三句引文在原文语境中含有重民思想的话,那么在内史过所使用的语境中,其更多强调的则是君主德行的重要性。所以,内史过在引述完毕后才以"如是则长众使民,不可不慎也"作结,这便是指出君主必须时刻注意自身德行。之所以如此,就是因为君主德行对于民众而言有着重要的影响。按内史过的理解就是,君主一人便可导致"万夫有罪"或"国之不臧",由此可见君主德行之重要。所以,内史过接下来在讨论何以"长众使民"时,首先便指出"被除其心,以和惠民"。韦昭注:"被,犹拂也"②,"被除其心"即拂除心中邪念,做到精纯洁净,也就是修养德行才能做到"和民"。③ 之后,内史过又进一步解释:"被除其心,精也",对此,韦昭注:"精,洁也"④,这也正是指出"被除其心"即是精纯洁净之义。随后,内史过又引出"忠"、"礼"、"信"等德行,最后归结到"然则长众使民之道,非精不和,非忠不立,非礼不顺,非信不行"。

---

① 徐元诰撰:《国语集解》(修订本),中华书局 2002 年版,第 32 页。
② 徐元诰撰:《国语集解》(修订本),中华书局 2002 年版,第 32 页。
③ 邬国义、胡果文、李晓路:《国语译注》,上海古籍出版社 1994 年版,第 32 页。
④ 徐元诰撰:《国语集解》(修订本),中华书局 2002 年版,第 32 页。

这明白无误地为我们指出,君主德行在治理民众时所起的重要作用,无此等德行便无法"长众使民",其最终结局只能是"远不至而近不和矣"。此处"非精不和"所蕴含的强烈语气,更是明确指出君主自身德行对于"和民"之重要。其实,不独无礼无德的晋侯如此,任何不修德行的君主也都逃不出这种结局,所以对于君主来说,"长众使民"最重要的便是修养德行,只有如此才能实现"民和"的状态。

其实,作为价值维度的"和"也是君主的一项重要德行,而且在《国语》的相关论述中也已经透露出其与民众治理之间的密切关系。如:

> 我先王不窋用失其官,而自窜于戎狄之间,不敢怠业,时序其德,纂修其绪,修其训典,朝夕恪勤,守以敦笃,奉以忠信,亦世载德,不忝前人。至于文王、武王,昭前之光明,而加之以慈和,事神保民,莫弗欣喜。商王帝辛大恶于民,庶民不忍,欣戴武王,以致戎于商牧。① (《国语·周语上》)

> 国之将兴,其君齐明衷正,精洁惠和,其德足以昭其馨香,其惠足以同其民人。神飨而民听,民神无怨,故明神降之,观其政德,而均布福焉。国之将亡,其君贪冒辟邪,淫佚荒怠,粗秽暴虐,其政腥臊,馨香不登,其刑矫诬,百姓携贰。明神不蠲,而民有远志,民神怨痛,无所依怀,故神亦往焉,观其苛慝,而降之祸。② (《国语·周语上》)

依照祭公谋父所说,周之先王不窋自修其德行,继承先祖业绩,日日勤勉,以敦厚自受,以忠信自奉,累世成德,而至周文王、周武王

---

① 徐元诰撰:《国语集解》(修订本),中华书局2002年版,第5页。
② 徐元诰撰:《国语集解》(修订本),中华书局2002年版,第28页。

第四章 『和民』的外王理想

时,不仅发扬光大前人之德行,还在此之上添之以慈和,据此"事神保民",而至"莫弗欣喜",最后民众欢欣拥戴武王,从而战胜了商纣。第二条材料则是内史过所说,即国家如要兴盛,君主必须具有"齐明衷正"、"精洁惠和"的德行,由此"其德足以昭其馨香,其惠足以同①其民人",而如果君主无此德行,民众便有离心而远行。因此,从这两条材料可以看出,前者是以"慈和"来"保民",其结果是民众"莫弗欣喜",后者则是以"惠和"来"同其民人",都指出了作为价值维度的"和"对于"和民"的重要作用。

除了"和德"之外,君主其他德行对于"和民"的作用同样是不容忽视的。富辰在对周襄王的劝谏中说道:

> 章怨外利,不义。弃亲即狄,不祥。以怨报德,不仁。夫义所以生利也,祥所以事神也,仁所以保民也。不义则利不阜,不祥则福不降,不仁则民不至。古之明王不失此三德者,故能光有天下,而和宁百姓,令闻不忘。王其不可以弃之。②（《国语·周语中》）

在富辰看来,义、祥、仁三德同样是君主必备德行,尽管三者所主不一。分而言之,义为生利,祥为事神,仁为保民,但三德都是古之明王所有,而有此三德,古之明王便能使民众和洽安宁,并德及后世子孙。因此,富辰劝谏周襄王不能弃此三德,君主德行对于"和民"之作用也由此可见。对此,《左传·隐公四年》更是明确提出"以德和民"的论述。其载卫国州吁弑其君而欲"求宠于诸侯,以和其民",鲁国众仲指出"以德和民,不闻以乱",所以认为州吁"不

---

① 《说文》:"同,合会也",因此,"同其民人"也就是"和民"之义,也就是指君主德行升闻于天,并和其民众。

② 徐元诰撰:《国语集解》(修订本),中华书局2002年版,第46页。

务令德"必败。①

对于君主德行的问题,不仅《国语》原文屡屡谈及,而作为注解者,韦昭也深得其意。《周语下》中有文如下:

> 且其语说《昊天有成命》,《颂》之盛德也,其诗曰:"昊天有成命,二后受之,成王不敢康。夙夜基命宥密,于缉熙,亶厥心,肆其靖之。"是道成王之德也,成王能明文昭,能定武烈者也。夫道成命者而称昊天,翼其上也。二后受之,让于德也。成王不敢康,敬百姓也。夙夜,恭也。基,始也。命,信也。宥,宽也。密,宁也。缉,明也。熙,广也。亶,厚也。肆,固也。靖,龢也。其始也,翼上德让而敬百姓。其中也,恭俭信宽,帅归于宁。其终也,广厚其心以固龢之。始于德让,中于信宽,终于固和,故曰成。②

此段原文主要是解释《诗经》中《昊天有成命》一诗,在原文语境中,此诗是在称颂文王、武王之德。韦昭在"其始也"后注:"言以敬让为始也","其中也"后注:"言其恭俭信宽,循而行之,归于安民也","其终也"后注:"广厚其心,美其教化,而固和之也。"韦昭的注解可谓将诗中所述文武二王修德和民的路径完整展现,以敬让始,以修恭俭信宽继之,以和民终之。总之,依韦昭之言即是"光明其德,厚其心,以固和天下也"③。

通过对上述诸文的梳理,我们对于君主德行与"和民"之间的关系已经有了大致的了解。其实,君主之天生职责便在于治世和

---

① (清)阮元校刻:《十三经注疏》,中华书局1980年版,第1725页。
② 韦昭注:"言昊天有所成之命,文、武则能受之。谓修己自劝,以成其王功,非谓周成王身也。"[徐元诰撰:《国语集解》(修订本),中华书局2002年版,第103、104页。]
③ 徐元诰撰:《国语集解》(修订本),中华书局2002年版,第103、104页。

第四章 「和民」的外王理想

167

民,这是由其自身性质所决定的,特别是在春秋时期,时人已对此有了普遍的认识。《左传·文公十三年》记载邾文公面对利君与利民的选择时,曾说道:"天生民而树之君,以利之也。……命在养民。"①在邾文公看来,君主之首要职责便在于利民养民,这是所谓天立君主的本意。《左传·襄公十四年》也有"天之爱民甚矣,岂其使一人肆于民上,以从其淫,而弃天地之性? 必不然矣"的论述,对于君主纵肆于民众之上的行为,作为神灵的天是不允许的,那背离了君主自身的天职。② 另一方面,所谓保民、养民之说,其最终目的仍在于"和民",正如上节所说,"和民"之和是对君主治世理想状态的描述。因此,在这个意义上可以说,君主之天职便在于治世和民,而这无疑需要君主修养自身德行。

但是,对于君主修德和民来说,也并不是简易之事,需要很多代的努力才能最终实现"民和"理想。《国语·周语下》记载太子晋劝谏周灵王之言,便历数修德安民之难:"自后稷以来宁乱,及文、武、成、康而仅克安民。自后稷之始基靖民,十五王而文始平之,十八王而康克安之,其难也如是。"③其实,在"和民"的外王实践过程中,君主不仅仅需要自修其德,还需要以德教民,这便是下文所要论述的内容。

三、"和合五教"

"和民"能否顺利实施,不仅需要君主自身德行的修养,还需要民众德行的提升。当然,在传统圣王治世的心理模式下,民众的德行也需要君主的教化。在《尚书》的记述中,"德"在周初逐渐被

---

① (清)阮元校刻:《十三经注疏》,中华书局1980年版,第1852页。
② (清)阮元校刻:《十三经注疏》,中华书局1980年版,第1958页。
③ 徐元诰撰:《国语集解》(修订本),中华书局2002年版,第100页。

放置在一个非常重要的地位上，从此之后，君主之德行成为考量其资格的重要标准。在这种观念支配下，尧、舜、禹也逐渐成为德行至高的圣王。对于圣王而言，其自身的德行首先必须是完满的，另外，其还必须以德教民，使民众德行符合标准，也就是孔子所说的"道之以德，齐之以礼"①(《论语·为政》)，如此才能实现"和民"。其实，对民众的教化，其本身也就是和民。对此，《国语》中著名的"和合五教"即是最贴切的说明。

在《国语·郑语》中，郑桓公问史伯兴衰之道，史伯在谈及著名的"和实生物"论述之前，论及"成天地之大功者，其子孙未尝不章"这一观点，就此便有了"和合五教"的言论。史伯说：

> 夫成天地之大功者，其子孙未尝不章，虞、夏、商、周是也。虞幕能听协风，以成物乐生者也。夏禹能单平水土，以品处庶类者也，商契能和合五教，以保于百姓者也，周弃能播殖百谷蔬，以衣食民人者也，其后皆为王公侯伯。②

史伯认为"成天地之大功者，其子孙未尝不章"，进而对此展开论证，分别举了虞、夏、商、周的例子。在其看来，虞幕、夏禹、商契、周弃四人的成就都是"天地之大功"，甚至可福及他们的子孙，使其后代"皆为王公侯伯"。那么，此四人都有何成就呢？虞幕，韦昭认为是"舜后虞思"，汪远孙则认为应是"虞舜之上祖"，观之原文称诸人"子孙未尝不章"，可知汪远孙所说近是。对于此人之功，韦昭注："言能听知和风，因时顺气，以成育万物，使之乐生"；夏禹之功则是"除水灾，使万物高下各得其所"；周弃，也就是后稷之功是种植百谷蔬菜，为民众提供衣食；而我们所关注的商契之功即是

① （清）阮元校刻：《十三经注疏》，中华书局 1980 年版，第 2461 页。
② 徐元诰撰：《国语集解》（修订本），中华书局 2002 年版，第 466 页。

和合五教,教养安抚民众。与商契相比,其他三人多是从生存层面着手,而商契则主要是教化民众。其教化民众之举,首先便是"和合五教",以此达到"保于百姓"的目的。①

对于"和合五教"来说,首先众所周知的是,这是"和合"一词迄今所知的最早出处。单从形式上来看,"和合"虽然已是不同于"和"的组合词,但其在此处的含义却与"和"并无太大差别,都是指对诸多差分元素的融合、调和。此处的差分元素即是五教所指之父、母、兄、弟、子,而五教依照韦昭的注解则是:"父义、母慈、兄友、弟恭、子孝"②,也就是父、母、兄、弟、子所应具备的五种德行。由此,"和合五教"即是指父、母、兄、弟、子五种象征角色所代表的家族伦理关系和谐融洽,而关系融洽的关键在于父、母、兄、弟、子具有符合各自角色的德行。因此,君主教化民众,主要是使其具备相应德行,从而融洽其间的关系。

关于这一点,孔颖达在《左传》疏中也曾提及。在上一章中,我们曾引《左传·文公十八年》中有关"高辛氏有才子八人"的论述,八人有所谓"忠肃共懿,宣慈惠和"等八种德行,故天下之民称之为八元。其实,在此之后,还有进一步的论述:

> 举八元,使布五教于四方,父义、母慈、兄友、弟共、子孝,内平外成。③

这便是要让那八人布化五教于四方民众,所谓五教在此进一步得到《左传》原文的支撑,即"父义、母慈、兄友、弟共、子孝"。而"布五教"在孔颖达看来即是"使契为司徒,布五教于四方:教父以义,教母以慈,教兄以友,教弟以共,教子以孝,是之谓五教。此五教可

---

① 参见徐元诰撰:《国语集解》(修订本),中华书局 2002 年版,第 466 页。
② 参见徐元诰撰:《国语集解》(修订本),中华书局 2002 年版,第 466 页。
③ (清)阮元校刻:《十三经注疏》,中华书局 1980 年版,第 1862 页。

常行,又谓之五典也"①。因此,所谓"和合五教"即是君主教化民众,使其各自具备相应德行,这样便可使家族关系和谐融洽。而在传统宗法社会中,整个社会都可抽象化为家族关系,由此五教之和合也便是社会之和合、民众之和合。在这个意义上,"和合五教"不仅是"和民"的手段,同时也是"和民"的一种表述形式。《国语·鲁语上》曾有"契为司徒而民辑"的记述,韦昭注:"辑,和也"②,这明白无误地显示,《国语》本身便确信商契为司徒和合五教而最后可达至"民和"。

对于"和合五教"与"和民"的关系,《左传》也有相关的论述。桓公六年,随侯称自己"牲牷肥腯,粢盛丰备",神必福佑,季梁对此则是持否定态度,他说:

> 奉盛以告曰"洁粢丰盛",谓其三时不害,而民和年丰也。奉酒醴以告曰"嘉栗旨酒",谓其上下皆有嘉德,而无违心也。所谓馨香,无谗慝也。故务其三时,修其五教,亲其九族,以致其禋祀。于是乎民和而神降之福,故动则有成。③

季梁认为,在向神奉献粢稷时祷告"洁粢丰盛",这是说三季无灾,民众和睦而收成好。奉献美酒时祷告"嘉栗旨酒",这是说上下都有美德,依照孔颖达所说即是"奉酒醴以告神,曰'嘉栗旨酒'者,非谓所祭之酒栗善味美而已,乃言百姓之情,上下皆善美也。言嘉旨者,谓其国内上下,群臣及民皆有善德而无违上之心。若民心不和,则酒食腥秽。由上下皆善,故酒食馨香。非言酒食馨香,无腥膻臭秽,乃谓民德馨香,无谗谀邪恶也"④。因此,在季梁看来,向

① （清）阮元校刻:《十三经注疏》,中华书局 1980 年版,第 1862 页。
② 徐元诰撰:《国语集解》(修订本),中华书局 2002 年版,第 158 页。
③ （清）阮元校刻:《十三经注疏》,中华书局 1980 年版,第 1750 页。
④ （清）阮元校刻:《十三经注疏》,中华书局 1980 年版,第 1750 页。

第四章　『和民』的外王理想

神所献祭品都旨在表明年丰民和,而非在祭品本身如何"肥腯"、"丰备"。从另一个角度说,如果祭品丰盛,但民不和,那只会"酒食腥秽",最后神灵也不会福佑。由此可见"民和"之重要。

但何以实现"民和"呢? 季梁随后指出,"务其三时,修其五教,亲其九族……于是乎民和而神降之福",正如孔颖达疏中所言:"由是王者将说神心,先和民志,故务其三时,使农无废业;修其五教,使家道协和;亲其九族,使内外无怨"①。也就是说,季梁所言"务其三时"在于使不荒废农事而至年丰,"修其五教"则可使家族和谐,"亲其九族"是使内外无怨而和顺。虽然在此"五教"与"九族"分而言之,但二者实质则是相同的。五教,杜预注:"父义、母慈、兄友、弟恭、子孝"②,与《国语》韦昭注一致。九族,杜预注:"九族谓外祖父、外祖母、从母子及妻父、妻母、姑之子、姊妹之子、女子之子、并已之同族,皆外亲有服而异族者也。"③由此可知,尽管九族所指范围已扩大,但其实质仍然不离五教,所以虽然季梁分言五教、九族,其实都可统为五教。由此,季梁所说之"修其五教"、"亲其九族"都可划入"和合五教"的论述范围中,而在季梁看来,这也正是实现"民和"的重要途径。据此,我们可以更为确信,"和合五教"对于"和民"的实现是不可或缺的。

第二节 和合的理想世间

作为和合思想的重要维度之一,"和民"是对世间秩序的一种

---

① (清)阮元校刻:《十三经注疏》,中华书局 1980 年版,第 1750 页。
② (清)阮元校刻:《十三经注疏》,中华书局 1980 年版,第 1750 页。
③ (清)阮元校刻:《十三经注疏》,中华书局 1980 年版,第 1750 页。

实践和规划。"和民"属于政治范畴,其隐含的实施者即是君主,而"和民"也就是君主通过两种途径实现的,即自修其德和教民以德,由此才能实现"民和"的世间秩序。其中,君主自修其德,依《国语》之言即是"非精不和",这无疑属于内圣或修身的范围,而由此对"和民"的实现也就可概以"内圣外王"或"修齐治平"之说;而教民以德,依《国语》之言即是"和合五教",这主要是从家庭伦理角度着手,由此可致"和民"的原因便在于传统社会宗法制度与家国同构的存在。当然,"和民"本身即是传统民本思想的重要表述,特别是置于春秋时期——这一民本思想形成的重要阶段,对以后民本思想的发展也起着重要作用。而且对于人世间而言,"和民"所要达到的民之和合的状态,无疑具有理想色彩,也就是为人世间构筑的理想目标。因此,作为和合思想的政治维度,"和民"不仅是现实政治的外王实践,还指向着一个理想状态,即通由外王实践构筑和合的理想世间。

一、内圣与外王

"内圣外王"是传统哲学中的重要范畴,一直被历代儒者视为修身治国的理想。不过从词源学角度看,这一范畴最早出现于《庄子·天下》篇。其中,在谈及"道术将为天下裂"时,文曰:"天下大乱,贤圣不明,道德不一,天下多得一察焉以自好。……判天地之美,析万物之理,察古人之全,寡能备于天地之美,称神明之容。是故内圣外王之道,暗而不明,郁而不发,天下之人各为其所欲焉以自为方。"[1]察之文意,此处之"内圣外王"指称所谓"道术",即庄子学派认同之道,与后世儒家理解自有出入。

---

① (清)郭庆藩撰:《庄子集释》,中华书局 1961 年版,第 1069 页。

如果说"内圣外王"范畴是道家发明,那么其思想彰显与发扬则依靠儒家的阐释。在后世儒学思想发展史上,"内圣外王"成为最能体现儒家修身养性与天下情怀的思想范畴。梁启超先生就曾说过:"儒家哲学,范围广博。……其学问最高目的,可以《庄子》'内圣外王'一语括之。"①牟宗三先生也曾说:"'内圣外王'一语虽出于《庄子·天下》篇,然以之表象儒家之心愿实最为恰当。"②二位学者同将"内圣外王"作为概括儒家思想的终极范畴,源于这一范畴与儒家思想的高度契合。当然,"内圣外王"范畴不仅是后世学者对儒家思想的概括用语,还完全适用于《国语》"非精不和"论述。

(一)范畴分析

对于"内圣外王"范畴来说,"内圣"与"外王"可分而言之,其间涉及范围各不相同。"圣"是对"内"而言,主要指人的内在修养;"王"则是对"外"而言,更多指事功成就。不过另一方面,"内圣"与"外王"又合为一体,"内圣"以"外王"为现实指向,"外王"则以"内圣"为价值依归。这种二而一、一而二的关系正是儒家思想的体现。

"聖"者,《说文》:"通也,从耳,呈声",段玉裁注:"凡一事精通,亦得谓为聖。……聖从耳者,谓其耳顺。《风俗通》曰:'聖者,聲也,言闻聲知情。'按聲、聖字古相假借。"③从许慎与段玉裁的注解看,"圣"字当与声音有关。其实,从字源学角度看,这一观点是

---

① 梁启超:《儒家哲学》,《梁启超全集》,北京出版社 1999 年版,第 4955 页。

② 牟宗三:《心体与性体》,上海古籍出版社 1999 年版,第 4 页。

③ (汉)许慎撰,(清)段玉裁注:《说文解字注》,浙江古籍出版社 2006 年版,第 592 页。

有字形依据的。"圣"在甲骨文中作"𦔻"①,从耳从口,徐中舒先生认为"以耳形著于人首部位强调耳之功用;从口者,口有言咏,耳得感知者为声;以耳知声则为听,耳具敏锐之听闻之功效是为圣。声、听、圣三字同源,其始本为一字,后世分化其形音义乃有别,然典籍中此三字亦互相通用。𦔻之会意为圣,既言其听觉功能之精通,又谓其效果之明确。故其引申义亦训通、训明、训贤,乃至以精通者为圣"②。不仅字形如此,从其在甲骨卜辞语境的使用来看,"圣"也都是用于指称"听闻"的。因此,从创字之始看,"圣"就是指人的听觉灵敏。顾颉刚先生依据《风俗通》,认为"圣"即是"闻声知情",也就是听到音乐就能知道人内心的情绪,由此认为"圣"并无后世所谓"圣人"的崇高意义,其本义只是指人之聪明而已。③ 从文字考察来看,无论是听觉敏锐,还是聪慧精明,"圣"字最初更多指的是自然禀赋。这种自然禀赋并无道德意味,不过随着"圣"字意义的扩充,特别是"圣人"道德标杆属性的出现,道德修养逐渐成为"圣"的当然之义。

"王"者,《说文》:"天下所归往也。董仲舒曰:'古之造文者,三画而连其中谓之王。三者,天地人也。而参通之者,王也。'孔子曰:'一贯三为王。'凡王之属皆从王。𠙻,古文王。"④许慎自言"王"乃"天下所归往",并引用董仲舒言"三画而连其中谓之王"。这两种解释一从音解,一从形解,但都未切合"王"字本义。特别

---

① 郭沫若主编,胡厚宣总编辑:《甲骨文合集》261,中华书局1982年版。
② 徐中舒主编:《甲骨文字典》,四川辞书出版社1989年版,第1287页。
③ 顾颉刚:《"圣"、"贤"观念和字义的演变》,载王元化主编:《释中国》,上海文艺出版社1998年版,第714、715页。
④ (汉)许慎撰,(清)段玉裁注:《说文解字注》,浙江古籍出版社2006年版,第9页。

是董仲舒之言,"三者,天地人也。而参通之者,王也",将"王"之三横解释为天地人,并称"王"参通三者,这无疑与西汉皇权强化的时代背景相关,却并不符合文字演变的历史。其实,许慎所引古文"𠇍"字,倒是和"王"字原形非常接近。在甲骨文中,"王"字字形为"𠂤"①或"𤣩"②,吴其昌先生将其解释为斧形,斧为武器,"用以征服天下,故引申之,凡征服天下者称王"。③ 吴氏认为甲骨文"王"字为斧形,如今已成为定论。一字的产生与其字义的发展,必然与其时代相关,这一点在"王"字上体现地最为明显。《左传》称"国之大事,在祀与戎"④,军事征伐自人类文明开始就一直属于国之大事。因此,掌握军事权的首领都拥有极大的权力,即使在国家产生之前的上古时期也是如此。战争中作为武器的斧钺,逐渐成为部族首领的身份象征,进而演化为无上权力的符号。在公元前 3000 年的良渚文化遗址中,就发现有不具实用意义的玉钺。⑤玉钺并不属于实用武器,更多具有象征意义。何种象征? 即是权力的象征。这表明军事首领已经成为凌驾于族人之上的权力拥有者,而像斧钺之形的"王"字也就成为至高权力的指称。之后,随着部族间的联合或兼并,"王"字逐渐成为了更大的共同体首领的称号,直至国家出现后又自然成为国君的专有名词。"王"字最早出现于甲骨卜辞,此时已经被用于专指商王。⑥ 因此,"王"字从开

---

① 郭沫若主编,胡厚宣总编辑:《甲骨文合集》32974,中华书局 1982 年版。
② 郭沫若主编,胡厚宣总编辑:《甲骨文合集》23106,中华书局 1982 年版。
③ 李孝定编:《甲骨文字集释》,"中央研究院"历史语言研究所 1970 年版,第 123 页。
④ (清)阮元校刻:《十三经注疏》,中华书局 1980 年版,第 1911 页。
⑤ 王震中:《中国文明起源的比较研究》,陕西人民出版社 1994 年版,第 370 页。
⑥ 徐中舒主编:《甲骨文字典》,四川辞书出版社 1989 年版,第 33 页。

始就属于事功,与"圣"相比更侧重于外在方面。

综上所述,"圣"与"王"分指内外两个方面。不过,二者并非完全隔绝,而是相互关联。特别是由"内圣"至"外王"的转进,成为"内圣外王"范畴的核心。这一转进始于周初敬德思想。如果说在最初"王"仅仅指称至高王权的拥有者,那么在周初"德"被突出之后,"王"必须具备"德"就成为当然之义。此后,"外王"不再局限于君王,而是成为外在事功方面的统称。由此,"内圣"指称的道德修养与"外王"指称的事功成就便联系起来,"内圣外王"范畴最终得以确立。

(二)历史考察

"内圣外王"范畴可分为两个方面,其间的思想逻辑是由"内圣"而"外王",即通过修养自身道德,并以此施于社会,落实于世间,从而实现治国平天下的事功,最终达到政平民和的治世状态。其实,从历史上看,这种思想逻辑与"内圣外王"范畴出现时间并不同步,而是早于"内圣外王"就已经出现在文献中,这就是《国语》中的"和民"论述。

在《国语》中,"非精不和"是"和民"论述中的重要内容。其完整叙述是:

> 民之所急在大事,先王知大事之必以众济也,是故祓除其心,以和惠民。……祓除其心,精也;……。然则长众使民之道,非精不和,非忠不立,非礼不顺,非信不行。……四者皆弃,则远不至而近不和矣,将何以守国?[①](《国语·周语上》)

在此,所谓"祓除其心",即是拂除心中邪念,做到精纯洁净,也就

---

① 徐元诰撰:《国语集解》(修订本),中华书局 2002 年版,第 32、33 页。

是自修道德,这自然属于"内圣"的范围。而所谓"长众使民"、"以和惠民",即是治国理政,使民和悦融洽,这无疑属于"外王"的范围。至于其间的思想逻辑,则与"内圣外王"同出一则,即通过"被除其心"实现"以和惠民"。所以,"长众使民之道"就是"非精不和",所谓"精"者即是"被除其心",所谓"和"者即是"以和惠民"。这无疑是就"内圣外王"的思想逻辑。

通过自修其德就可以实现治平天下、和洽众民,这种思想逻辑是在古代社会王权制度的背景下产生的。对此,《国语》一书也多有论及。如:

> 《夏书》有之曰:"众非元后,何戴?后非众,无与守邦。"
> 在《汤誓》曰:"余一人有罪,无以万夫。万夫有罪,在余一人。"在《盘庚》曰:"国之臧,则惟女众。国之不臧,则惟余一人是有逸罚。"如是则长众使民,不可不慎也。①(《国语·周语上》)

在此,《夏书》、《汤誓》、《盘庚》等引文都意在说明君主对于一国众民的重大责任,国之不臧则罪在君主一人。这种观念的产生源于在古代王权制度下,君主作为一国之君对民众及整个国家的重要影响。在这种背景下,君主的德行好坏就成为决定一国治乱的关键因素。由此,"内圣外王"的思想逻辑逐渐演化形成。当然,这与后世对"内圣外王"的诸多理解以及据此形成的丰富内涵相比,显得有些简略。但是,不可否认的是,《国语》蕴含的这种思想逻辑正是"内圣外王"范畴的发展起点。对于这种思想逻辑来说,《国语》中的很多论述都可以作如是解。如《周语中》的"夫义所以生利也,祥所以事神也,仁所以保民也。不义则利不阜,不祥则福

---

① 徐元诰撰:《国语集解》(修订本),中华书局 2002 年版,第 32 页。

不降,不仁则民不至。古之明王不失此三德者,故能光有天下,而和宁百姓,令闻不忘"①。"义"、"祥"、"仁"三德有各自的功用,分别是"生利"、"事神"以及"保民",通过三德的实施,便可以实现民和。此处"内圣"与"外王"之间的联系路径更为明显,"外王"的实践是通过"内圣"的具体效用来达成的。

当然,如果我们继续向前追溯的话,周初敬德思想的出现直接导致了后世对德性修养的重视。殷周鼎革,作为殷商曾经的附庸,小邦周革了大邑商之命,这引发了周初统治者的忧患意识。为防止重蹈殷商覆辙,使周王朝国祚长存,周公提出了"敬德保民"思想。在《尚书》中,"敬德"一词多有出现,如:

> 天亦哀于四方民,其眷命用懋,王其疾敬德。②(《召诰》)

> 我不可不监于有夏,亦不可不监于有殷。我不敢知曰,有夏服天命,惟有历年,我不敢知曰,不其延;惟不敬厥德,乃早坠厥命。我不敢知曰,有殷受天命,惟有历年,我不敢知曰,不其延;惟不敬厥德,乃早坠厥命。③(《召诰》)

> 今天其命哲,命吉凶、命历年。知今我初服,宅新邑,肆惟王其疾敬德。王其德之,用祈天永命。④(《召诰》)

当然,此处的"德"与后世通常意义上的道德可能还存在着些许差异,毋宁说这是后世儒家尊德性的早期表述。郑开先生就曾指出,"普世道德、个体道德意义上的'德'成熟于春秋中晚期,而之前的'德'主要运用于政治范畴,或者用来表明贵族阶层的身份地位和

---

① 徐元诰撰:《国语集解》(修订本),中华书局2002年版,第46页。
② (清)孙星衍撰:《尚书今古文注疏》,中华书局2004年版,第396页。
③ (清)孙星衍撰:《尚书今古文注疏》,中华书局2004年版,第398页。
④ (清)孙星衍撰:《尚书今古文注疏》,中华书局2004年版,第399页。

行为模式。前者由后者的分化发展,渐渐触及了人性哲学的边缘"①。在这个意义上,我们可以说德的"内面化"在先秦时期是一个逐渐完成的过程。因此,"敬德保民"可算作"内圣外王"的思想雏形。而到了《国语》时代,"内圣外王"的思想逻辑规则就已经相当成熟。由此可见,《国语》"和民"的相关表述对于"内圣外王"思想的形成和发展有着重要的影响。

到《国语》时代的末期,孔子继续充实完善了"内圣外王"思想逻辑,《论语》中的很多论述都被后世学者归入"内圣外王"思想中。如"修己以安人"、"修己以安百姓"。② 其中,"修己"即是修养自身道德,而"安人"、"安百姓"实质就是"和民",这属于典型的"内圣"与"外王"思想逻辑。梁启超先生就曾说:"儒家哲学,范围广博。概括说起来,其用功所在,可以《论语》'修己安人'一语括之。其学问最高目的,可以《庄子》'内圣外王'一语括之。做修己的功夫,做到极处,就是内圣;做安人的功夫,做到极处,就是外王。"③梁启超先生对"修己安人"与"内圣外王"之间的关系讲解得非常透彻。其实,《论语》中与此相关的论述还有很多,其间思想逻辑都是一致的。如:

　　其身正,不令而行;其身不正,虽令不从。④ (《子路》)
　　苟正其身矣,于从政乎何有?⑤ (《子路》)

---

① 郑开:《德礼之间——前诸子时期的思想史》,三联书店 2009 年版,第 11 页。
② 子路问君子。子曰:"修己以敬。"曰:"如斯而已乎?"曰:"修己以安人。"曰:"如斯而已乎?"曰:"修己以安百姓。修己以安百姓,尧舜其犹病诸?"(《论语·宪问》)
③ 梁启超:《儒家哲学》,《梁启超全集》,北京出版社 1999 年版,第 4955 页。
④ (清)阮元校刻:《十三经注疏》,中华书局 1980 年版,第 2506 页。
⑤ (清)阮元校刻:《十三经注疏》,中华书局 1980 年版,第 2506 页。

无为而治者,其舜也与! 夫何为哉? 恭己正南面而已矣。① (《卫灵公》)

子为政,焉用杀? 子欲善,而民善矣。君子之德风,小人之德草。草上之风必偃。② (《颜渊》)

在《论语》语境中,为政之道首要就是正己正身,也就是修身,由此民众自然就会群起效仿,国家也就会安定,从而达到由"内圣"而"外王"的目的。如果说《论语》的相关论述还并不明晰,那么在《大学》里,"内圣外王"思想就得到了明确体现。《大学》开篇即言:"古之欲明明德于天下者,先治其国;欲治其国者,先齐其家;欲齐其家者,先修其身;欲修其身者,先正其心;欲正其心者,先诚其意;欲诚其意者,先致其知。致知在格物。物格而后知至,知至而后意诚,意诚而后心正,心正而后身修,身修而后家齐,家齐而后国治,国治而后天下平。自天子以至于庶人,壹是皆以修身为本。"③所谓格、致、诚、正、修都属于内圣的范围,而齐家、治国、平天下则是外王的范围,二者之间的逻辑推演已经非常清楚。梁启超先生就曾说:"至于条理次第,以《大学》上说得最简明。《大学》所谓'格物致知诚意正心修身',就是修己及内圣的功夫;所谓'齐家治国平天下',就是安人及外王的功夫。"④

由此可见,无论是范畴分析方面,还是历史考察方面,"内圣外王"都是理解《国语》"和民"论述的重要途径。"和民"属于"内圣外王"的落实处,而由"和德"到"和民"的逻辑演进自然就属于"内圣外王"的思想逻辑。由此,我们可以说《国语》"和民"论述

① (清)阮元校刻:《十三经注疏》,中华书局 1980 年版,第 2517 页。
② (清)阮元校刻:《十三经注疏》,中华书局 1980 年版,第 2504 页。
③ (清)阮元校刻:《十三经注疏》,中华书局 1980 年版,第 1673 页。
④ 梁启超:《儒家哲学》,《梁启超全集》,北京出版社 1999 年版,第 4955 页。

第四章 『和民』的外王理想

充实了"内圣外王"思想，开启了相关讨论的序幕。

二、宗法与家国

作为和合思想的重要维度，"和民"借由"和合五教"来实践，同时也由"和合五教"来呈现。也就是说，"和合五教"不仅是"和民"的重要实现途径，还是其主要表现形式。根据韦昭的注解，"和合五教"之五教分别是："父义、母慈、兄友、弟恭、子孝。"① 一方面，父、母、兄、弟、子通过对各自应有德行的修养，从而形成和谐融洽的关系，并由此实现"民和"，而另一方面，"和民"也就意味着五教和合。"和合五教"与"和民"的这种相互关系中，便蕴含着传统中国特别是周代的宗法与家国结构问题。

（一）宗法关系

在古代中国，宗法制度是传统社会结构的重要支撑。从定义上看，宗法即是指在宗族内部实行并维护宗族秩序的一系列规则。② 这一系列规则不仅施行于宗族内部，还维系着传统社会的整体运行。因此，从其产生始，宗法就逐渐由自然血缘层面的规定发展至政治层面的制度性存在，从而成为传统中国的重要特征。

血缘关系是人类社会的组织根基，在古代社会尤为如此，这一直可上溯至人类文明社会的开端。但是，基于血缘关系的宗法制度发源并不太早。王国维先生在《殷周制度论》中曾指出："中国政治与文化之变革，莫剧于殷、周之际。……周人制度之大异于商者，一曰'立子立嫡'之制，由是而生宗法及丧服之制。"③ 依王氏

① 徐元诰撰：《国语集解》（修订本），中华书局2002年版，第466页。"五教"无疑属于后世孟子"五伦"的早期表述。
② 参见钱杭：《周代宗法制度史研究》，学林出版社1991年版，第31页。
③ 王国维：《观堂集林》，中华书局1959年版，第451、453页。

所说,宗法制度是周代与殷商的最大区别。不过,据后来学者的研究,殷商时期已经有了宗法制。① 当然,如果考虑到文献记载的详细程度,那周代宗法制度自然是最为严整的。就其实质而言,宗法制度的核心是血缘关系,并以此为基础,根据血缘远近、年龄长幼划定相应权力和责任,最终实现各安其位、各尽其职,由此达到宗族内部的和谐融洽。因此,在宗法制下,宗族以及家庭内部每个人都具有自己的角色定位,而"和合五教"就是这种意义上的伦理定位。

"和合五教"之五教是所谓"父义、母慈、兄友、弟恭、子孝",即是关于父、母、兄、弟、子等五种角色的伦理定位,五者分别应具有义、慈、友、恭、孝等五种品质。这五种角色分别具备相应的品质,五者的关系便会实现和合,这就是"和合五教"的基本含义。② 其中,父、母、兄、弟、子属于核心家庭中的五种角色,而任何家族或宗族都可以省约为这五种身份,由此对于宗法伦理而言,五教便具有了高度的代表性和普遍性。因此,在《国语》之外的先秦其他文献中,五教之称谓也经常出现,如《左传·文公十八年》:"举八元,使布五教于四方,父义、母慈、兄友、弟共、子孝",以及桓公六年:"故务其三时,修其五教,亲其九族,以致其禋祀",杜预注:"父义、母慈、兄友、弟恭、子孝"③。这与《国语》"和合五教"的表述是相同的,而且第二处引文也在显示五教与九族的密切关系。

---

① 参见钱杭:《周代宗法制度史研究》,学林出版社 1991 年版,第 31 页。
② 五教也被称为五伦,《国语》称:"商契能和合五教,以保于百姓者也",而《孟子·滕文公上》则是:"使契为司徒,教以人伦:父子有亲,君臣有义,夫妇有别,长幼有序,朋友有信",孟子对五教说有所改动,但是以"人伦"称诸种关系可与"教"互通。
③ (清)阮元校刻:《十三经注疏》,中华书局 1980 年版,第 1750 页。

其实,在《国语》、《左传》之前,《尚书》中就已经有关于五教的记述了。《尧典》有"慎徽五典,五典克从",所谓"五典"即是五教,司马迁释"徽"为和,郑康成释"五典"为五教,也就是"和合五教"之义。① 舜也曾说:"契,百姓不亲,五品不逊,汝作司徒,敬敷五教,在宽",其中,郑康成释"五品"为父、母、兄、弟、子,而对五教的解释亦同如前注。② 当然,我们不能据此就判定尧、舜时便已有"五教"之说。父、母、兄、弟、子五种关系依血缘而定,应该很早便出现,但是作为依循各自道德规范的伦理角色,则是宗法产生之后才有其可能性。除此之外,还有一些涉及五教的论述,如《左传·隐公三年》:"君义,臣行,父慈,子孝,兄爱,弟敬,所谓六顺也",《左传·昭公二十六年》:"君令、臣共,父慈、子孝,兄爱、弟敬,夫和、妻柔,姑慈、妇听,礼也。"③在这两处论述中,五教大致都有谈及,只是在此之外,又添加了君臣。君臣无疑已经超出了家庭的范围,不过其仍然可以置入宗法的视野中进行讨论,这也就是下文将讨论的所谓家国同构。但是在此,我们只考虑宗法伦理中的最大化约,即五教。就其本质而言,五教就是对宗族内部人员的角色划定,是宗法制度中的伦理规定,宗族由此获得和谐融洽的关系。

对于五教来说,其不同于后世对宗法所形成的负面印象。在五教的论述中,对于各个角色的伦理判定是双向对等关系,而非单向要求或付出。这对于宗法伦理以及宗族关系之"和合"而言,无疑具有重要的影响。详而言之,虽然在宗法的叙述语境下,所谓"父义、母慈、兄友、弟恭、子孝"中之父、母、兄、弟、子五者有尊卑之分,但是尊者如父也需合乎"义"的规范,母则需合乎"慈",兄则

---

① (清)孙星衍撰:《尚书今古文注疏》,中华书局 2002 年版,第 32 页。
② (清)孙星衍撰:《尚书今古文注疏》,中华书局 2002 年版,第 64 页。
③ (清)阮元校刻:《十三经注疏》,中华书局 1980 年版,第 1724、2115 页。

是"友"。在此基础上,其相对位卑之一方便有相应的规范,如"子孝"、"弟恭"。因此,五教的论述应是双向对等的,而绝非完全如后世三纲之父为子纲的偏执化。对此,孔颖达可能有不同理解。在《左传·桓公六年》的引文之下,孔颖达疏曰:"父母于子并为慈,但父主教训,母主抚养。抚养在于恩爱,故以慈为名。教训爱而加教,故以义为称。义者,宜也。教之义方,使得其宜。弟之于兄亦宜为友,但兄弟相敬,乃有长幼尊卑,故分出其弟,使之为共,言敬其兄而友爱。"①依孔颖达所说,"父义"即是父教子以义,而"兄友弟共"则主要是讨论弟弟需"敬其兄而友爱"。孔氏的这种理解完全将对父、对兄的伦理规范颠倒为对子、对弟的单向判定,这无疑是以后世三纲观念作解。确切来讲,此处"父义"应是对父之伦理规定,而孔氏对"义"的理解有误。

对此,《孝经·谏诤章》中有明确论述:"曾子曰:'若夫慈爱恭敬,安亲扬名,则闻命矣。敢问子从父之令,可谓孝乎?'子曰:'是何言与! 是何言与! 昔者天子有争臣七人,虽无道,不失其天下;……父有争子,则身不陷于不义。故当不义,则子不可以不争于父,臣不可以不争于君。故当不义,则争之。从父之令,又焉得为孝乎!'"②其中所说之"义"明显不是教子以义的意思,而是对父之行为的规范,父之行为合义则可,不合义,子便要谏诤,以免父陷于不义。《荀子·子道》中也有"从道不从君,从义不从父"③的言论。因此,对于五教中的"父义"来说,先秦诸子都以其为对父的伦理规范,而绝非孔颖达所理解的教子以义。

对于这一点,孔子也多有论及,特别是孔子所说"君君,臣臣,

① (清)阮元校刻:《十三经注疏》,中华书局1980年版,第1750页。
② (清)阮元校刻:《十三经注疏》,中华书局1980年版,第2558页。
③ (清)王先谦撰:《荀子集解》,中华书局1988年版,第529页。

第四章 『和民』的外王理想

父父,子子"①(《论语·颜渊篇》),即是对双向对等规则的最佳诠释。这种对等规则对于宗族关系的和谐融洽,无疑有着巨大助益。但是,随着三纲理论的提出,宗族内部单向权力的增强,宗法制度的弊端逐渐显现出来,而"和合五教"之说也便不得彰显。

(二)家国同构

对于"和合五教"与"和民"的关系,依《国语》原文之意即是,"商契能和合五教,以保于百姓者也"(《国语·郑语》),而"契为司徒而民辑"(《国语·鲁语上》),韦昭注:"辑,和也"②。也就是说,在《国语》的论述中,"和合五教"即可实现"和民"。由于"五教"本身属于宗法伦理规范,因此"和合五教"便可保证宗族关系的和谐融洽,而宗法制度中的家国同构体制又会将家族关系扩展至国家关系,从而实现"和民"。

在古代中国,家国同构可以说是其区别于其他古代文明的一项重要特质。《大学》曾说"古之欲明明德于天下者,先治其国;欲治其国者,先齐其家",又说"家齐而后国治",这种家国之间的前后演进关系就是古代家国同构社会的写照。③ 殷周换代之后,为了巩固周王朝的统治,周天子"封邦建国",实行分封制,也就是《左传·僖公二十四年》所言"封建亲戚,以蕃屏周"④。在这种制度下,诸侯多为周王宗室,同属姬姓,如鲁国、燕国、晋国、卫国、郑国等春秋大国都是姬姓。而异姓诸侯又因为"同姓不婚"的礼制多是甥舅关系,《左传·成公二年》单襄公说:"兄弟甥舅,侵败王

---

① (清)阮元校刻:《十三经注疏》,中华书局1980年版,第2503页。
② 徐元诰撰:《国语集解》(修订本),中华书局2002年版,第158页。
③ (清)阮元校刻:《十三经注疏》,中华书局1980年版,第1673页。
④ (清)阮元校刻:《十三经注疏》,中华书局1980年版,第1817页。

略"，杜预注曰："兄弟，同姓国。甥舅，异姓国"①，因此诸侯国之间多以"甥舅"称之，如"夫齐，甥舅之国也"②（成公二年），"宋、郑，甥舅也"③（哀公九年）皆是。由此，周王室与诸侯国以及诸侯国之间都同处宗法体系之中。在这个意义上，天下就成为周王之家天下，国与家实现了社会结构上的合一。由封建而宗法，由宗法而封建，整个西周政制都被整合进宗法体制之中，从而达到家而国、国而家，也就是家国同构的体制。④

对于家国同构来说，除了社会结构层面的建构之外，还有一种心理层面同样重要。如果说社会结构层面属于周代分封制下的体制建构，那么心理层面则对古代中国产生了最长久、最广泛的影响。《孝经·广扬名章》曾说："君子之事亲孝，故忠可移于君。事兄悌，故顺可移于长。居家理，故治可移于官。"⑤依其所说，对父母"孝"，那么对君主便会"忠"，而对兄"悌"就会对上司"顺"，处置家务有条理，那么处理公务也不会例外。这种"孝"与"忠"、"悌"与"顺"之间的转移，无疑属于心理层面。其产生缘由就在于国被视为家，君被视为父，其间的感情、心理因素被认为是相通的。这就是家国同构的心理结构层面。其社会结构层面在春秋末期随着分封制的瓦解而失去了存在的社会基础，而心理结构方面却一直发挥着影响。甚至可以说，这是古代中国超稳定社会的重要影响因子。不过，那已是大一统帝国建立之后的情况了，而在《国语》时代，家国同构中的社会与心理两个层面是并存的。在这一

---

① （清）阮元校刻：《十三经注疏》，中华书局 1980 年版，第 1898 页。
② （清）阮元校刻：《十三经注疏》，中华书局 1980 年版，第 1898 页。
③ （清）阮元校刻：《十三经注疏》，中华书局 1980 年版，第 2165 页。
④ 参见冯天瑜：《"封建"考论》，武汉大学出版社 2007 年版，第 17—28 页。
⑤ （清）阮元校刻：《十三经注疏》，中华书局 1980 年版，第 2558 页。

时期,家国同构有其社会基础,也有其心理认同,这两种因素同时发挥着作用。

回到《国语》的叙述语境中,"和合五教"即"父义、母慈、兄友、弟恭、子孝"是对家庭伦理关系的规范。其中,父、母、兄、弟、子等五种角色是对所有家庭关系的最大化约。家庭中的各个角色遵循各自伦理规范,整个家庭就会和谐融洽。而依照家国同构的观点,"和合五教"不仅是针对单个家庭,还可以推及整个国家,最终的结果就是"和民"理想的实现。

从社会结构来看,西周分封制形成的家国同构是家庭伦理施用于国家层面的社会基础。在这个基础上,"和合五教"同样是对国家治理的规范。当然,在国家体制建构上,周代已经脱离了初级的家族式政治,形成了比较完善的官僚化政体。不过,由于宗法制度的存在,血缘亲族仍然在国家政治中发挥着影响。李峰就将西周定位为"权力代理的亲族邑制国家"(Delegatory Kin-ordered Settlement State),其政府权力运作是通过血缘结构完成的,从周王室到诸侯国都是如此。由此,宗族的社会组织便转换成了国家的政治组织。① 在这种转换过程中,作为宗法伦理的"和合五教"就成为国家政治生活中的规范,从而与政治层面的"和民"建立了联系。

从心理层面来看,"和合五教"更是可以扩展至整个国家运行体制。依照《孝经·广扬名章》所说,宗法伦理都可移作国家情感,由此"父义、母慈、兄友、弟恭、子孝"就可以与政治伦理相通。其实,将君比之于父母,在先秦时期非常普遍。如《国语·越语

---

① 参见李峰:《西周的政体——中国早期的官僚制度和国家》,三联书店2010年版,第296、299页。

上》:"越四封之内,亲吾君也,犹父母也。子而思报父母之仇,臣而思报君之雠,其有敢不尽力者乎?"①《左传》中的相关例证也比比皆是。"孝"可移为对君之"忠","悌"可移为对长之"顺",这种君父情节是传统政治伦理的重要特征。当然,这种所谓"移情"并非只是对臣下的单方面要求,与此相匹配的是对君长的同等要求。因此,君臣与父子两种关系都遵循着双向对等原则。如孟子所说:"君之视臣如手足,则臣视君如腹心;君之视臣如犬马,则臣视君如国人;君之视臣如土芥,则臣视君如寇雠。"②(《孟子·离娄下》)在要求子孝的同时,还要做到父义,同理而言,要求为臣下者做到忠顺,那么为君为长者也应具备为父为兄之道。《大学》即有言:"孝者所以事君也;弟者所以事长也;慈者所以使众也。《康诰》曰:'如保赤子。'心诚求之,虽不中不远矣。……一家仁,一国兴仁;一家让,一国兴让;一人贪戾,一国作乱。"③对父母之孝可用以事君,对兄之悌可用以事长,但同时君长使民也需具有为父母之慈。依照这种家国同构之理,一家兴则一国兴,一人戾则一国乱。

综上所述,对于家庭和国家来说,"和合五教"都具有重要的作用。通过家国同构的传统体制,无论是从社会结构,还是从心理层面,"和合五教"都成为国家民众和谐融洽的重要保证。通过"和合五教"在社会实践层面的运行,"和民"的外王理想最终得以实现。

三、人世间路向

在《国语》中,"和民"作为和合思想的政治维度,其着眼点无

---

① 徐元诰撰:《国语集解》(修订本),中华书局2002年版,第571页。
② (清)阮元校刻:《十三经注疏》,中华书局1980年版,第2726页。
③ (清)阮元校刻:《十三经注疏》,中华书局1980年版,第1674页。

疑在于世间的实践层面。其中,不管是君主的自修其德,还是对民众的道德教育,落实点都是民众的和洽。因此,"和民"自身便内含着浓厚的世间关怀,这不仅有对民众生活的期冀,还有着对一个完美世间的理想。由此而知,从性质上来看,"和民"属于民本思想的范围,而从其指向来看,"和民"又致力于构建一个理想社会。从这个意义上看,《国语》"和民"对后世和合思想的人世间路向发展产生了重要影响。

(一)民本的视阈

谈及民本,首先需要辨析的便是此中之"民"。"民"何所指?如果单从字源考察来看,甲骨文中已有"民"字,其字形为"𤓷"①,金文字形为"𤓚"②(大盂鼎),学界基本认可郭沫若的注释,认为是以针刺左目,引申为被刺瞎左眼的奴隶。③ 但是,此义殊为不解,刺瞎奴隶眼睛,无疑会妨碍其正常劳动,不知此举为何。因此,就目前研究成果而言,从字形入手的理路是不可通的。而从《说文解字》来看,许慎将"民"解为:"众萌也,从古文之象。凡民之属皆从民",段玉裁注:"萌犹懵懵无知儿也。"④也就是说,民即是懵懵无知之人,这一解释也可从另一处得到支持。《墨子·尚贤上》

---

① 董作宾:《殷墟文字乙编》118,"中央研究院"历史语言研究所 1948 年版。
② 中国社会科学院考古研究所编:《殷周金文集成释文》2.2837-4,香港中文大学中国文化研究所 2001 年版。
③ 郭沫若根据金文字形考释"民"字字义,当时甲骨文中尚未发现"民"字。后《殷墟甲骨乙编》出,中有"民"字,与金文形同。因此,郭氏研究仍然有效。李孝定并列举含"民"之卜辞以证郭氏观点,卜辞有"其奠王卯民",李认为"'奠王',奠者以酒为祭也;'卯民'之辞与卯牛、卯羊同等,此以民为人牲之实证也"。[李孝定编:《甲骨文字集释》,"中央研究院"历史语言研究所 1970 年第 2 版,第 3715 页。]
④ (汉)许慎撰,(清)段玉裁注:《说文解字注》,浙江古籍出版社 2006 年版,第 627 页。

有"四鄙之萌人",指居住在四边鄙县的萌人。对于所谓萌人,孙诒让辑录的解释中,有称:"萌与甿同,无知之貌",也有言:"萌,田民也。"①这都与《说文》的解释相近,其实,无论是"懵懵无知",还是"田民",前者从知识角度讲,后者从身份地位讲,总之民即是最为普通的民众。②因此,民本之"民"即是普通民众。

对于民本的含义,很多学者都会引用著名的"民惟邦本,本固邦宁"③(《尚书·五子之歌》),以其作为"民本"一词的出处,同时也是后世学者讨论民本思想时使用最多的论据。但是,这句话作为论据的可靠性是值得商榷的,其古文《尚书》的出身使其无法保证年代上的准确性,由此使这条引文的价值大打折扣。不过抛开字面形式的寻查,而直接将"民本"解释为"以民为本",恐怕是研究者们可达成的共识。当然,作为思想理论来说,民本思想内涵丰富,有着多层次的蕴意,但其中表意最为直接,同时也最为重要的无疑即是"保民"。④"保民"作为直接性的政治实践,无疑是"以民为本"的最佳体现。同时,作为《尚书》中周公提出的重要观念,其所蕴含的进步性观念使其成为后世学者极为重视的论题,特别

---

① (清)孙诒让撰:《墨子间诂》,中华书局 2001 年版,第 45 页。

② 傅斯年先生曾指出,"私名最为原始,次乃有类名,达名之生,待人智进步方有之矣",也就是说任何一种概念,在最初产生之时,仅是特指,属专有名词,等到流传长远之后,便出现泛称之义,逐渐成为普通概念。傅氏便从音韵学角度出发,指出"民"是族名,民、蛮、闽、苗诸字都是双声,一名之分化。其族被异族征服,于是族众降为下民,随着时间变迁便逐渐转为普通民众的达名。故而《国语》称,"百姓、千官、亿丑、兆民"。此可备一说。(傅斯年:《性命古训辨证》,广西师范大学出版社 2006 年版,第 108 页。)

③ (清)阮元校刻:《十三经注疏》,中华书局 1980 年版,第 156 页。

④ 金耀基分析了民本思想的六种意义,即以人民为政治之主体、君主得人民之同意、保民养民、义利之辨、王霸之争以及君臣之际。(参见金耀基:《中国民本思想史》,台湾商务印书馆 1993 年版,第 8—12 页。)

是在讨论先秦民本思想时,更是讨论的起点和重点。从传世文献的梳理来看,在《尚书》"周书"部分所透露出的周初世界中,以周公为代表的周初统治者大力宣扬保民重民,相关言论处处可见,如"别求闻由古先哲王,用康保民"、"王应保殷民"①(《康诰》),"保惠于庶民"、"怀保小民"②(《无逸》)等都成为周公屡屡谈及的话题,同时这些言论也成为学者们讨论周初民本思想时的坚实论据。所谓"保民"之"保",古文《尚书》中伪孔传注为"安",孔颖达也以"安"训"保"。③ 对此,孙星衍④、刘起釪⑤等人都基本认同。因此,周公所说之"保民"即是安民,这便是民本思想在现实政治中的一个重要体现。

对于"和民"来说,其无疑属于与"保民"相同的政治实践,二者所追求的都是民众生活的安定和谐。在《尚书》"周书"部分中,同样也有很多关于"和民"的论述。如"肆王惟德用和怿先后迷民"⑥(《梓材》)、"咸和万民"⑦(《无逸》)、"和恒四方民"⑧(《洛诰》),等等,都是"和民"的相关论述。站在周初包括周公在内的当政者的角度来看,这些都是他们在将"以民为本"的政治理念落实于现实政治过程中所做的努力。

到了《国语》记述的年代,"和民"仍然是周天子以及诸侯国君在政治实践中所致力的方向,这在"柔和万民"一节中已经有过详

---

① (清)孙星衍撰:《尚书今古文注疏》,中华书局 2004 年版,第 361、363 页。
② (清)孙星衍撰:《尚书今古文注疏》,中华书局 2004 年版,第 439、441 页。
③ (清)阮元校刻:《十三经注疏》,中华书局 1980 年版,第 157、212 页。
④ (清)孙星衍撰:《尚书今古文注疏》,中华书局 2004 年版,第 361 页。
⑤ 顾颉刚、刘起釪:《尚书校释译论》,中华书局 2005 年版,第 1311 页。
⑥ (清)孙星衍撰:《尚书今古文注疏》,中华书局 2004 年版,第 389 页。
⑦ (清)孙星衍撰:《尚书今古文注疏》,中华书局 2004 年版,第 441 页。
⑧ (清)孙星衍撰:《尚书今古文注疏》,中华书局 2004 年版,第 410 页。

细论述,在不赘述。不过,在对周初以至春秋这一长时段的民本思想研究中,"和民"范畴并未得到符合其地位的重视,特别是在论及所谓"保民"等现实政治举措时,常常都会忽略这一点。其实,"和民"作为现实世间的施政指向,其所表达的民众和悦、和顺的理想状态是民本思想的更高级体现。对于民众的生活状态,孔子曾指出其发展的三个阶段,《论语·子路篇》记载孔子到卫国,观其国而叹,"子曰:'庶矣哉!'冉有曰:'既庶矣,又何加焉?'曰:'富之。'曰:'既富矣,又何加焉?'曰:'教之'"①。在孔子看来,民众人口繁盛是第一阶段,生活富裕是第二阶段,但这仅是生存层面,而更高级的阶段是优秀的教育,也就是指获得良好的精神状态,这才是民众生活的最高阶段。民众和悦、和谐的生活,无疑属于这一最高阶段。因此,"和民"不仅属于民本思想的表述范围,是其重要的政治实践,还是"以民为本"最高阶段的体现,是人们希冀达到的理想状态。

(二)"和民"的理想

在民本思想的视阈下,"和民"所蕴含的政治意味展露无疑。在《国语》的叙述语境下,无论是"非精不和",还是"和合五教",其最终目的都是要达到民众和谐、和悦的生活状态,这是和合思想在政治维度上的意义呈现。因此,"和民"不仅是民本思想在现实中的理念实践,而且还是和合思想在政治层面上为人世间所规划的理想世界。在《国语》中,和合思想从生存、意义一直到世间实现诸层级的演进和流行。对于人世间来说,和合的社会是其终极目标,此和合的社会也就是"民和"的理想状态。在《国语》之后,"和民"一直保持着影响力,这种影响便体现在后世诸家思想

---

① (清)阮元校刻:《十三经注疏》,中华书局1980年版,第2507页。

之中。

在《墨子·尚同上》篇中,有"内者父子兄弟作怨恶,离散不能相和合。天下之百姓皆以水火毒药相亏害"①。在墨子看来,父子兄弟不能相互怨恶,否则便会使得家庭离散而不能和谐亲睦,以至于天下百姓彼此相害而不能兼爱。尽管对于"和民"之五教,墨子并不以为然,但是父子兄弟关系之和合却是他认同的。在成书稍晚的《管子·幼官》篇中,民之和合表述的更为直接:"畜之以道,养之以德。畜之以道,则民和;养之以德,则民合。和合故能习,习故能谐,谐习以悉,莫之能伤也。"②"畜之以道,养之以德"对于民众之和合起着关键性的作用,张立文先生曾对管子道德和合有过专述,他认为"道"即是世界万物本原和人类社会原理,"德"则是天地万物的本性和人的本性、品德,而"蓄养道德与民众和合,有着一种因果的联系"③。这一点与上文所述的以德教民的"和民"途径非常相似,因此《管子》此论或许源来有自。当然,最重要的是《管子》对民之和合的重视,由和合而生发出的"习"、"谐",最后至"莫之能伤",都是源自民之和合。

其实,孟子也曾论及"民和",不过其并未明言而已,这便是孟子"天时、地利、人和"的著名论述:

> 孟子曰:"天时不如地利,地利不如人和。三里之城,七里之郭,环而攻之而不胜。夫环而攻之,必有得天时者矣。然而不胜者,是天时不如地利也。城非不高也,池非不深也,兵革非不坚利也,米粟非不多也,委而去之,是地利不如人和也。

---

① (清)孙诒让撰:《墨子间诂》,中华书局 2001 年版,第 74、78 页。

② 郭沫若、闻一多、许维遹撰:《管子集校》,科学出版社 1956 年版,第 137 页。

③ 张立文:《管子道德和合新释》,《社会科学战线》2010 年第 2 期。

故曰:域民不以封疆之界,固国不以山溪之险,威天下不以兵革之利。得道者多助,失道者寡助。寡助之至,亲戚畔之;多助之至,天下顺之。以天下之所顺,攻亲戚之所畔,故君子有不战,战必胜矣。"①(《孟子·公孙丑下》)

在此,孟子是以攻为题而论仁政。在其看来,对一城池而言,围而攻之是有天时相助,如果不胜,即是地利的原因。但是如果拥有城高、池深、兵坚、粮多等地利的因素,最后却弃城而逃,便是地利抵不过人和。从后面孟子所说"域民不以封疆"以及"得道者多助,失道者寡助"可大致看出,其"人和"即是指"民和",所以赵岐注曰:"人和,得民心之所和乐也",最后又以"章指"形式言曰:"民和为贵,贵于天地,故曰得乎丘民为天子也。"②在孟子看来,"民和"成为胜败关键,甚至重于天时以及地利。而是否"民和"又在于"得道"与否,即所谓"得道者多助,失道者寡助",就其实质而言,也就是是否施仁政,即君主有德行并施于民众,便可达至"民和"。由此可知,孟子所谓"人和"的观念是与《国语》"和民"相同的,其间并无差异,而二者之间的前后联系也是非常清晰的。同时,孟子也有着非常著名且明晰的民本表述,即"民为贵,社稷次之,君为轻",这与其"天时、地利、人和"的观念也是相通的。对此,我们特别注意到其中与"和民"相同的民本属性,由此也可见"和民"的流衍所及。

随着战国时期思想观念的变迁,"和民"也经历着变化与发展,特别是随着天下观的兴盛,"和民"逐渐演变为对天下和合的诉求。荀子曾以周公居天子位为例解释何为大儒,他说:

① (清)阮元校刻:《十三经注疏》,中华书局1980年版,第2693页。
② (清)焦循撰,沈文倬点校:《孟子正义》,中华书局1987年版,第251、254页。

天子也者,不可以少当也,不可以假摄为也。能则天下归
之,不能则天下去之,是以周公屏成王而及武王以属天下,恶
天下之离周也。……故以枝代主而非越也,以弟诛兄而非暴
也,君臣易位而非不顺也。因天下之和,遂文、武之业,明枝主
之义,抑亦变化矣,天下厌然犹一也。①(《荀子·儒效》)

周公先是居天子之位,等周成王成年之后,又将天子位还与成王,
这便是大儒之功。所以,以旁支的身份来代嫡长子执政并不是超
出本分,以弟弟的身份诛杀兄长管叔、蔡叔也不是暴虐,君与臣变
换位置也不算不顺。周公借天下之和合局面,成文武之事业,表明
庶嫡之义,虽然尽权变之事,但天下却安和如一。在荀子那里,
"和"已经不仅是民众之和,更成为天下的修饰语,可称为"天下之
和"。从"和民"到"和天下",是春秋至战国时代变迁所导致的思
想疆域扩大化。在战国时期,天下已经成为讨论的习语,是诸子思
想关照的新边界。如果说"和民"关注于一国之民众,那么"和天
下"所关注的不仅超出了一国之范围,同时也超出了民众之所指。
由于天下这一观念所蕴含的丰富含义,"和天下"所关注的已经具
有了终极关怀与价值指向。由此,"和天下"也就成为"和民"在战
国时期的承继者与发展者。

"和天下"所致力构建的是一个堪称完美的世界,因其所具有
的终极关怀与价值指向,这个世界是种种理想观念的实施,而对于
这一理想世界的最佳描述即是所谓的"大同社会":

大道之行也,天下为公,选贤与能,讲信修睦。故人不
独亲其亲,不独子其子,使老有所终,壮有所用,幼有所长,
矜寡孤独废疾者,皆有所养,男有分,女有归。货恶其弃于

---

① (清)王先谦撰:《荀子集解》,中华书局 1988 年版,第 115、116 页。

地也,不必藏于已;力恶其不出于身也,不必为已。是故谋闭
而不兴,盗窃乱贼而不作,故外户而不闭。是谓大同。①(《礼
记·礼运》)

据通常所言,此即为大同社会,其实更为准确地讲,应是大同天下,
这其中所展现的是传统天下观,而非现代之社会观念。在对这一
天下的描述中,大同便是所谓大道流行,天下为公,贤人居位,人人
讲信修和,各得其分。此"大同"之"同"绝非相同、同质之"同",
《说文》:"同,会合也"②,郑玄也注"大同"之"同":"同,犹和也,
平也"③,因此,大同也就是大和,更为准确地说即是大和天下。这
一大和天下便是"和天下"所致力构建的理想世界,在这一世界
中,所谓"民和"已是应有之义,而此中所蕴含的和合思想也不再
仅限于政治维度,而成为张立文先生所说的包含终极价值的和合
理想世界。④

---

① (清)阮元校刻:《十三经注疏》,中华书局 1980 年版,第 1414 页。
② 关于"同"字字义的梳理,见本书第一章第三节"'合'的释义"。
③ (清)阮元校刻:《十三经注疏》,中华书局 1980 年版,第 1414 页。
④ 张立文:《和合学——21 世纪文化战略的构想》,中国人民大学出版社
2006 年版,第 261 页。

第五章 "和神人"的信仰秩序

在《国语》的叙述中,民与神之间存在着密切的联系,"和民"世界的实现便会导致神灵降下福佑,这就是和合思想由政治维度向信仰维度的转进路径。但是,"民"与"人"两个范畴却存在着差异,"民"在大多情况下是与君主对言的,而"人"则是种属的称谓。因此,神民与神人二者关系也是不同的。但是,二者也有共同点,即都是以"和"作为指向的。只是神民之"和"体现在《国语》"绝地天通"的故事中,而神人之"和"则是体现在宗教祭祀仪式过程中,但这二者都可被归入"和神人"的信仰秩序中。在先秦的信仰世界中,"和神人"便成为其中的秩序规划。当然,这其中也包括宗教意义上的"和天人",而这对于后世"天人合一"思想来说,无疑蕴含着影响的元素。

第一节 "和神人"信仰

宗教信仰是古代世界的一个重要面相。人生存于这个世界之中,面对着种种不得而解的现象,便有了对人之外力量的信仰。自此,信仰问题便始终处于人们的生活世界中,有关神灵的各种叙述也一直成为人之思想和行为的影响源。因此,在以人为主体的这个生活世界中,也应给予神以应有的位置,特别是在古代世界中,这个位置显得尤为重要。在和合学视野的观照下,人不仅与生存世界、意义世界以及理想世界相联系,而且还与神所处的信仰世界有关联。人与信仰世界的联系,就其实质而言就是神人关系。在古代中国,特别是早期中国,也就是佛教、道教兴起之前的时期,神人关系是以"和神人"为指向的,这一点在《国语》中得到了充分的展现。由此,神人关系也就成为了和合思想的另一个重要维度,而和合思想中"和神人"的这一维度,对于构筑古代中国信仰秩序也发挥了重要作用。

一、"民和神福"

在《国语》中,和合思想的诸维度意义是逐层跃进的,从"和生"开始,进而"和德",进而"和民",而"和民"与信仰世界之间同样存在着密切的联系。这在《国语》中的表述即是"民和神福",也就是神降福与否的标准在民是否和洽,由民和而至神降福,以《国语》原文言之,即"民和而后神降之福"(《鲁语上》)。

在《国语·鲁语上》中,曹刿问鲁庄公何以战,庄公称要对民众惠赐丰厚,对神灵祭祀隆重,随后曹刿便说出了上述引言:

> 长勺之役,曹刿问所以战于庄公。公曰:"余不爱衣食于民,不爱牲玉于神。"对曰:"夫惠本而后民归之志,民和而后神降之福。若布德于民而平均其政事,君子务治而小人务力,动不违时,器不过用,财用不匮,莫不共祀。是以用民无不听,求福无不丰。……夫民求不匮于财,而神求优裕于享者也,故不可以不本。"[1]

---

① 徐元诰撰:《国语集解》(修订本),中华书局 2002 年版,第 143、144 页。

在此,韦昭注:"惠本,谓树德施利也","民,神之主,故民和神乃降福".[①] 因此,曹刿此言即是说君主树德施利,民众便会归志于上,而民众和洽之后神才会降下福泽。如果布德于民而政事公平,各方分工明确,才会有能力祭祀神灵,于是使民无不从,求神降福无不应。由此可知,民和至少是神降福佑的条件之一。但是,为何神灵会以民是否和洽为降福标准呢? 韦昭注中提到民乃神之主,所以神灵才会以民为降福条件,视民之处境而对君主作出相应回应。

其实,对此而言,《左传》中有更为详细的解读。此段引文在上一章中也曾引用,以作为"和民"的相关材料,在此,我们将再次引用如下,以说明和民与神降福佑的联系。桓公六年,随侯称自己"牲牷肥腯,粢盛丰备",神必福佑,季梁不以为然,他认为:

> 夫民,神之主也,是以圣王先成民,而后致力于神。故奉牲以告曰'博硕肥腯',谓民力之普存也。谓其畜之硕大蕃滋也,谓其不疾瘯蠡也,谓其备腯咸有也。奉盛以告曰"洁粢丰盛",谓其三时不害,而民和年丰也。奉酒醴以告曰"嘉栗旨酒",谓其上下皆有嘉德,而无违心也。所谓馨香,无谗慝也。故务其三时,修其五教,亲其九族,以致其禋祀。于是乎民和而神降之福,故动则有成。[②]

在季梁看来,民为神主是最为根本的原因,所以在祭祀神灵时,奉献之牺牲、粢盛、酒醴等本身的肥腯、丰盛、甜美并不重要,而其关键在于这些形式化表现的背后所指向的深层蕴意。据季梁所说,即牺牲之肥腯是说明民力普存,不为农畜之事疲于劳苦,而是轻松闲适;粢盛之丰盛是说明粮食丰多,民众和顺而收成好;酒醴甜美

---

① 徐元诰撰:《国语集解》(修订本),中华书局2002年版,第143页。
② (清)阮元校刻:《十三经注疏》,中华书局1980年版,第1750页。

是说明上下都有善德,民众欣悦而无谗谀邪恶。因此,君主应当不使民众荒废农事,并使其家道和洽无隙,九族亲睦和谐,如此民众方才和洽。而又因民为神主,所以神灵才会依据民和之状况降下福佑,这也便是"圣王先成民而后致力于神"的原因。

通过以上论述,"民和"与信仰世界之间的联系已经大致明了,由此,和合思想的"和民"维度与信仰世界的转进路径也已大致清晰。正是通过"和民",神灵才会降下福佑,神人之间的关系也才能正式确立。但是,如果再进一步追问的话,"民和神福"的深层原因何在?换而言之,为何神灵会以民和作为降福的条件?对于这一问题,上述引文已作出初步解答,即"夫民,神之主也"。对此,大多数学者都将其理解为民为神之主人,如照字面来看,这一解读并无不妥。但是,这种解读总觉得有些浅显。对此"神之主也",杜预的注解是"鬼神之情,依民而行"①。杜氏的注解是有文本依据的。在《左传·庄公三十二年》,史嚚有言曰:"吾闻之:国将兴,听于民;将亡,听于神。神聪明正直而一者也,依人而行。"②史嚚先以"吾闻之"开始,先秦古籍中多有含"闻之"的言谈,大多是指流传于当时社会的共识性言论。③ 因此,史嚚之言可作为处于当时时代的大多数人的共同意见,也由此具有了代表性。据此,国之兴盛听于民,而国之衰亡听于神,而这主要是因为神乃"聪明正直而一者",孔颖达疏:"所谓聪明者,不听淫辞、不视邪人之谓也……言正者,能自正;直者,能正人。曲而壹者,言其一心不

---

① (清)阮元校刻:《十三经注疏》,中华书局 1980 年版,第 1750 页。

② (清)阮元校刻:《十三经注疏》,中华书局 1980 年版,第 1783 页。

③ 俞志慧:《古"语"有之——先秦思想的一种背景与资源》,华东师范大学出版社 2010 年版,第 18 页。

二意也。"①依其释义,神即是视听皆正,且正己正人,一心而不二意,由此,所谓"依人而行",即如杜预所注,"唯德是与"②。就神本身之性质而言,其便有正德之属性,因此唯德是从也就成了必然之举,孔颖达所谓"依人而行,谓善则就之,恶则去之"③只是更为具体化的解读。

既然神之唯德是从,那么此与"民和神福"又有何关系,这又是进一步的追问。其实,正如上一章所探讨的那样,君主若要"柔和万民",不仅是"非精不和",而且还要"和合五教"。也就是说,为使民和,君主需要自修其德并以德和民,这便涉及君主之德与民众之德两个方面。对于前者而言,《国语·周语上》中所说"国之将兴,其君齐明衷正,精洁惠和,其德足以昭其馨香,其惠足以同其民人。神飨而民听,民神无怨,故明神降之,观其政德,而均布福焉"即是最佳例证,君主德行优良,便是民和神福。而对于后者而言,则是五教和合,民众获得各自所应有的德行,由此实现和睦融洽的状态。所以,民和本身也就意味着民德之融洽,而神又唯德是从,由此,民和而神降之福同样有了合理的解释。

经上所述,"和民"与信仰世界的关联路径已然显露无遗,而且这一路径的发生原理也得到澄清。由此,神人关系得以成立,而和合思想的信仰维度也正式确立起来。但是,"人"与"民"是两个不同的范畴,前者是指称种属的抽象范畴,而后者则是带有政治色彩的群体范畴,前者可与其他种属对言,而后者是与君或为政者对言的,也就是说这两个范畴是基于不同意义基础的称谓。当然,在

---

① (清)阮元校刻:《十三经注疏》,中华书局1980年版,第1783页。
② (清)阮元校刻:《十三经注疏》,中华书局1980年版,第1783页。
③ (清)阮元校刻:《十三经注疏》,中华书局1980年版,第1783页。

古代文献中，"人"与"民"两个范畴在有些情况下是可以通用的，但不可否认的是，在很多时候二者的差别也是无法忽视的。由此，两个范畴各自与神之间的关系，也就是神民与神人所表述的两种关系也是存在着差别的。所以，为了更准确地阐明其中差异，更全面地论述"和神人"的信仰秩序，我们将在下面两节中分别探讨神民与神人关系。至于此处之所以称"民和神福"开启了神人关系，主要还是从和合思想的维度间转进的角度着眼，而"民和神福"也确实可以算到神民关系范围。

二、"和于民神"

谈及民神关系，其实"民和神福"也可算作其中的一个方面。但是，在这貌似仅有神、民两个元素的关系中，还隐藏着另一个元素，即君主。上节有关"民和神福"的三段引文，都是发生在君臣之间的对话，分别是鲁庄公与曹刿、随侯与季梁、虞公与宫之奇。从对话内容来看，其主旨主要是在讲民和而后神降之福，但是就对话的语境而言，却是三位君主认为以丰盛祭品来祭祀神灵，所以神灵也必会福佑。而神所降之福也多是与君主相关，这三个例子中便都是有关君主获福的。归结起来，"民和神福"的论述中其实含着三个元素，也就是君"和民"而神降福。其实，民这一范畴本身就带有政治色彩，是与君主相对而言的，也就意味着其是君主治下作为群体范畴的民众。所以，如果要探讨民神关系，便不能无视君主这一因素，不能忽视其中的政治色彩。从《国语》对民神关系的相关论述中，我们也可以看到其一直处于君主的治理视野之下。因此，就其实质而言，民神关系即是君主对信仰秩序的划定。

在《国语》中，民神关系都是在君主治世的语境下进行论述的。如在《周语下》中，周灵王欲壅谷水，太子晋劝谏不可，其开口

即是"晋闻古之长民者",然后进一步论述历史上诸王兴衰,而其兴衰之理即是:

> 唯不帅天地之度,不顺四时之序,不度民神之义,不仪生物之则,以殄灭无胤,至于今不祀。及其得之也,必有忠信之心闲之。度于天地而顺于时动,和于民神而仪于物则,故高朗令终,显融昭明,命姓受氏,而附之以令名。若启先王之遗训,省其典图刑法,而观其废兴者,皆可知也。①

在太子晋看来,那些衰亡无后的"长民者"都是不循天地法度、不顺四时之序、不度民神之宜、不法生物之则的,而那些守祀不废的则与此相反。在这些使其兴盛不衰的举措中,其一便是"和于民神"。在太子晋的论述中,民神相和是保证"有胤在下,守祀不替其典"的重要条件,如此才能做到"有夏虽衰,杞、鄫犹在;申、吕虽衰,齐、许犹在"。因此,合格的君主必须处理好民神关系,而最佳方式即是"和于民神"。但是,民神关系具体何指,其所谓"和"应是何种状态? 这些都需要更进一步的说明,而太子晋在此却并未提供更多的材料。不过,《国语》中的另一处记述为我们提供了进一步阐明民神关系的可能,这便是著名的"绝地天通"论述。

为方便解读,我们现将相关内容全录于下:

> 昭王问于观射父,曰:"《周书》所谓重、黎实使天地不通者何也? 若无然,民将能登天乎?"对曰:"非此之谓也。古者民神不杂。民之精爽不携贰者,而又能齐肃衷正,其智能上下比义,其圣能光远宣朗,其明能光照之,其聪能听彻之,如是则明神降之,在男曰觋,在女曰巫。是使制神之处位次主,而为之牲器时服,而后使先圣之后之有光烈,而能知山川之号、高

---

① 徐元诰撰:《国语集解》(修订本),中华书局 2002 年版,第 97、98 页。

祖之主、宗庙之事、昭穆之世、齐敬之勤、礼节之宜、威仪之则、容貌之崇、忠信之质、禋絜之服，而敬恭明神者，以为之祝。使名姓之后，能知四时之生、牺牲之物、玉帛之类、采服之宜、彝器之量、次主之度、屏摄之位、坛场之所、上下之神祇、氏姓之所出，而心率旧典者为之宗。于是乎有天地神民类物之官，是谓五官，各司其序，不相乱也。民是以能有忠信，神是以能有明德，民神异业，敬而不渎，故神降之嘉生，民以物享，祸灾不至，求用不匮。及少皞之衰也，九黎乱德，民神杂糅，不可方物。夫人作享，家为巫史，无有要质。民匮于祀，而不知其福。烝享无度，民神同位。民渎齐盟，无有严威。神狎民则，不蠲其为。嘉生不降，无物以享。祸灾荐臻，莫尽其气。颛顼受之，乃命南正重司天以属神，命火正黎司地以属民，使复旧常，无相侵渎，是谓绝地天通。其后三苗复九黎之德，尧复育重、黎之后不忘旧者，使复典之。以至于夏、商，故重、黎氏世叙天地，而别其分主者也。其在周，程伯休父其后也，当宣王时，失其官守而为司马氏。宠神其祖，以取威于民，曰：'重寔上天，黎寔下地。'遭世之乱，而莫之能御也。不然，夫天地成而不变，何比之有？"①（《楚语下》）

此处是关于"绝地天通"最为详细的阐述。不过就其出现时间来说，"绝地天通"一词最早见于于《尚书·吕刑》，其言曰："皇帝哀矜庶戮之不辜，报虐以威，遏绝苗民，无世在下。乃命重、黎绝地天通，罔有降格。"②这大概就是前文所引"昭王问于观射父"中的《周书》。《尚书》中的这段记载大致是讲上帝哀怜被戮之无辜庶

---

① 徐元诰撰：《国语集解》（修订本），中华书局 2002 年版，第 512—516 页。
② （清）孙星衍撰：《尚书今古文注疏》，中华书局 2004 年版，第 523 页。

民,对施虐者报以惩罚,断绝有罪苗人世系,不使其留后于下界。由于苗民直接向上帝申诉,家家以巫术通天,所以重、黎禁止民神杂糅,断绝民与神的直接交往。① 对《周书》中的这段话,楚昭王不解其意,特别是其中"绝地天通",昭王疑问民是否可以登天。针对这一问题,观射父进行了详细解答,其中涉及的实质问题就是民神关系。

在观射父的论述中,民神关系的发展可大致分为三个时期。一是"民神不杂"的时期。在这一时期,民神之间的联系是通过民众中的精英分子进行的。称其为精英是因为他们精神专一而又恭敬中正,其智、圣、明、聪都超出常人,所以明神就会降在其身,男则称为觋,女则称为巫。然后再以先圣、名姓之后为祝、宗,总之,即是以少数人作为民神之间的联系中介,如此即是"民神异业,敬而不渎"。于是,神便降下善物,而民以物祭祀,灾祸不至,财用不乏,这其实也就是民神关系和谐的状态。第二个时期即是"民神杂糅"。在这一时期中,民神之间的交通不再局限于少数人,而是人人都可祭祀,家家皆作巫史,民穷于祭祀却无法得到神降福。另外,祭祀无法度,民神同位,民轻慢盟誓,没有敬畏,这种民神相狎乱的结果便是神不降善物,而民无物可祭祀,灾祸并至,民尽早夭。第三个时期即是所谓"绝地天通"。民神关系的混乱在颛顼时得以终结,颛顼命重、黎二人,一则司天,一则司地,将神民分开,不使二者再相侵犯,恢复了原有的秩序,这便是"绝地天通",依韦昭注即是"绝地民与天神相通之道"②。当然,三个时期之外,还有尧时的反复,但最终还是回归至"绝地天通"的状态,一直到夏、商、周

---

① 参见顾颉刚、刘起釪:《尚书校释译论》,中华书局 2005 年版,第 2078 页。
② 徐元诰撰:《国语集解》(修订本),中华书局 2002 年版,第 515 页。

三代。因此,大致说来,民神关系分为三个时期是可以成立的。

通过对"绝地天通"论述的梳理,我们发现其论述主旨即在于民神关系,而一开始楚昭王的提问只是引出观射父有关民神关系的论述。至于观射父所说民神关系的三个时期是属于历时性陈述,抑或只是为其论述而虚设的时间框架,我们便不得而知。① 尽管有很多学者试图将其作为历史材料使用,并通过观射父提及的"少皞之衰,九黎乱德","三苗复九黎之德,尧复育重、黎之后不忘旧者",以及颛顼、重、黎等诸多事件、人物来与历史叙述甚至考古遗址相联系,以对其做进一步的重塑,但是这些努力是否能实现则是存疑的。② 观射父的论述无疑含有传说甚至神话的成分,不可能都找到历史证据的支撑,所以我们在此不再重复将"绝地天通"作为历史事件的努力,而是将其视为观射父阐述其主旨的故事。观射父试图阐述的主旨即是民神关系,以此为楚昭王阐明何为合理的民神关系。

在观射父的论述中,民神关系分为三个时期,但是如果我们不将其视为历史发展阶段的话,那称其为三种类型则是较为合理的。其实,这三种类型可合并为两种,即第一和第三所谓"民神不杂"属于一种,而第二所谓"民神杂糅"则属另一种。张立文先生便对其做了如此划分,并认为前者是"体制性一体化"、"规范化",而后者则是"混沌无序化"。③ 因此,在这民神关系的两种类型中,"民神杂糅"明显属于不正常之列,而相比之下,"民神不杂"则是合理

---

① 袁珂便认为"'古者民神不杂',历史家之饰词也"。见袁珂:《山海经校注》(修订本),巴蜀书社1992年版,第461页。
② 张光直:《商代的巫与巫术》,载《中国青铜时代二集》,三联书店1990年版,第47页。
③ 参见张立文:《中国哲学思潮发展史》,人民出版社2014年版,第90页。

的民神关系。称"民神杂糅"为不正常,是因为其导致的结果,即"嘉生不降,无物以享,祸灾荐臻,莫尽其气",这种神不降福、民不祭祀且灾祸并至的状况,是无论如何都不能算作常态的。这种结果之主因,便是人人、家家都要与神交通,即所谓"夫人作享,家为巫史"。有的学者引用人类学研究成果,认为这即是人类社会最原始的状态。① 但是,从考古材料来看,人类社会至少在很早时便已经结束了这一状态,如公元前3000年的良渚文化所出玉琮便已经成为少数拥有巫权力的人所有。② 因此,"夫人作享,家为巫史"的时代是否真实存在,我们只能根据人类学研究做逻辑上的推断。但就观射父所言,这一类型是一种极为混乱的局面,"民匮于祀,而不知其福。烝享无度,民神同位。民渎齐盟,无有严威。神狎民则,不蠲其为",总之即是民神不和。而在"民神不杂"的类型中,民与神并不直接交通,而是通过"民之精爽不携贰者"即所谓巫觋与神沟通,于是"民神异业,敬而不渎,故神降之嘉生,民以物享,祸灾不至,求用不匮",总而言之即是民神关系和洽。因此,所谓"和于民神",所谓民神关系之"和",其实就是"民神异业,敬而不渎"。尽管如此,民神之间也并非毫无关系,前文所述"民和神福"即是民神关系中的一个侧面。只是在此之中,民与神并未直接联系交通,而是由君主介入其中的。这从另一方面也说明了"绝地天通"对于民神关系的影响。

---

① 参见陈来:《古代宗教与伦理——儒家思想的根源》,三联书店2009年版,第27页。徐旭生也认为"夫人作享,家为巫史"属于原始社会末期的普遍情形。参见徐旭生:《中国古史的传说时代》(增订本),文物出版社1985年版,第79页。

② 参见张光直:《谈"琮"及其在中国古史上的意义》,载《中国青铜时代二集》,三联书店1990年版,第69页。

但是,考虑到民只是相对于君而言的群体,所以民神关系并不包括君主或统治者,这从"绝地天通"的举措中也可以看出。因其是由颛顼命重、黎所为,不管这一说法是否属于史实,但至少其反映了"绝地天通"属于君主重整信仰秩序的行为,因此有的学者称其为宗教改革。① 这也说明了所谓民神关系并不包括统治者,而且与神联系交通者还有观射父所说之巫、觋、祝、宗,这都不在民神关系的范围之内。所以,为更全面阐述和合思想的信仰维度,我们还需进一步探讨人与神之间的关系。

三、"以合神人"

就范畴本质而言,民是与君主相对而言的群体,相对于作为种属的人来说,其性质是完全不同的。因此,我们在此继续探讨神与人之间的关系。正如上节在民神关系探讨中所说,民神之和体现在"民神异业,敬而不渎",但因为民之属性的限制,除了民之外,"绝地天通"论述中的巫、觋、祝、宗却都是可以与神联系交通的,而这种关系便发生于祭祀过程之中。就其实质而言,这种交通关系反映的即是神与人之间的联系,所以在这个意义上,我们可将其称为神人关系。而且,在《国语》中,这种关系也正是以"神人"的用语出现的,其探讨的便是神人关系。

在"绝地天通"论述中,观射父曾说道:"民之精爽不携贰者,而又能齐肃衷正,其智能上下比义,其圣能光远宣朗,其明能光照之,其聪能听彻之,如是则明神降之,在男曰觋,在女曰巫。"其中,"民之精爽不携贰者"也就是巫觋,是承载神人联系交通的中介

① 参见徐旭生:《中国古史的传说时代》(增订本),文物出版社1985年版,第84页。

第五章 『和神人』的信仰秩序

者。巫觋与神的联系交通即是通过"明神降之"实现,也就是神附在他们的身上,神旨借由他们的言语和行为表示出来。那么,巫觋作为神人交通的关键,又具有哪些特征?"巫,祝也。女能事无形,以舞降神者也。象人两褒舞形。与工同意。古者巫咸初作巫。凡巫之属皆从巫。"①《说文》对"巫"的这一释义指出了巫在降神过程中的重要行为,即舞。在神人交通的宗教仪式上,巫觋通过乐舞来实现与神的交流。有的学者甚至认为,巫字便是舞,陈梦家先生指出"巫字实即舞字","卜辞舞字作 ，象人两袖秉旌而舞,伪变而为小篆之巫。……舞巫既同出一形,故古音亦相同,义亦想合,金文舞无一字,《说文》舞无巫三字分隶三部,其与卜辞则一也"。② 杨向奎先生也持有相同观点,认为在字源上"巫"、"舞"一致。③ 从文字考察角度来看,乐舞在巫觋与神交通过程中起着非常重大的作用。在巫觋降神过程中,酒也有着重要用途。据张光直先生的研究,一方面酒可以作为供奉祖先神祇的祭品,另一方面巫觋也可以通过饮酒来达到通神的精神状态。所以,他总结道:"巫师以歌舞饮宴为手段而沟通人神。"④

从人类早期生活来看,巫觋凭借着神人关系的中介,在社会阶层中一直占据着重要地位。不过,随着人类社会的发展,巫觋地位呈逐渐下降趋势,特别是商代之后,周代巫觋已经退出了主流文化。所以,瞿兑之先生说:"古经多言祝而少言巫。《周官》之巫故

① (汉)许慎撰,(清)段玉裁注:《说文解字注》,浙江古籍出版社 2006 年版,第 201 页。
② 陈梦家:《商代的神话与巫术》,《燕京学报》第 20 期,第 537 页。
③ 参见杨向奎:《中国古代社会与古代思想研究》,上海人民出版社 1962 年版,第 163 页。
④ 张光直:《商代的巫与巫术》,载《中国青铜时代二集》,三联书店 1990 年版,第 64 页。

不可信。大抵巫虽行于民间而不列入邦典,贤人君子所不乐道。"①周代人文精神兴起,巫觋的早期宗教色彩使其逐渐进入民间信仰行列,经典文献中则少有记述,这或许就是儒家文化的去魅化过程。不过,巫觋所代表的神人交通方式一直保存下来,特别是乐舞在神人交通中仍然发挥着重要作用,并在祭祀典礼中得到充分体现。

《国语·周语下》曾记载周景王与伶州鸠之间的一段关于乐理的对话,其中就涉及神人和合的关系。伶州鸠说:

> 夫有和平之声,则有蕃殖之财。于是乎道之以中德,咏之以中音,德音不愆,以合神人。②

此处对话就透露出最重要的信息,即"以合神人"。韦昭注:"合神人,谓祭祀飨宴也。"③在伶州鸠看来,在祭祀飨宴时,和平之声、中和之音对神与人之间的交通联系起着关键作用。《左传·昭公四年》也说:"是以先王务修德音,以亨神人。"④其中透出的观念与伶州鸠所说大致相同。

随后,伶州鸠又谈及神人关系:

> 王将铸无射,问律于伶州鸠。对曰:"律所以立均出度也。古之神瞽,考中声而量之以制,度律均钟,百官轨仪,纪之以三,平之以六,成于十二,天之道也。夫六,中之色也,故名之曰黄钟,所以宣养六气九德也。由是第之。二曰大蔟,所以金奏赞阳出滞也。三曰姑洗,所以修洁百物,考神纳宾也。四

① 瞿兑之:《释巫》,载杜正胜编:《中国上古史论文选集》,华世出版社 1979 年版,第 991 页。
② 徐元诰撰:《国语集解》(修订本),中华书局 2002 年版,第 112 页。
③ 徐元诰撰:《国语集解》(修订本),中华书局 2002 年版,第 112 页。
④ (清)阮元校刻:《十三经注疏》,中华书局 1980 年版,第 2033 页。

曰蕤宾,所以安靖神人,献酬交酢也。五曰夷则,所以咏歌九
则,平民无贰也。六曰无射,所以宣布哲人之令德,示民轨
仪也。"①

周景王问律于伶州鸠,其中涉及六律之说,属于古代乐理。抛开这
些专业问题,伶州鸠在此依然提到了音乐之于神人关系的作用,即
"考神纳宾"、"安靖神人"。对此,韦昭都作了注解,"是月,百物修
洁,故用之宗庙,合致神人,用之乡宴,可以纳宾也","可用之宗
庙、宾客,以安静神人,行酬酢也",都是指神人安和、宾客宴饮。②
随后,伶州鸠又说道:

南北之揆,七同也,凡人神以数合之,以声昭之,数合声
和③,然后可同也。故以七同其数,而以律和其声,于是乎有
七律。④

这依然是复杂的乐律理论,但其中也依旧透露出神人相合的观念。
韦昭注:"凡合神人之乐也。以数合之,谓取其七也。以声昭之,
谓用律调音也。"又注:"同,谓神人相应也。"⑤音乐可助神人相
合,但这也必须遵循一定规则,即以其数使之和会,以其律使之交
通,数相合而音和谐,然后神人才能相应。对于这一理论,《尚
书·尧典》中也有记载,"八音克谐,无相夺伦,神人以和"⑥。尽

---

① 徐元诰撰:《国语集解》(修订本),中华书局 2002 年版,第 113—117 页。
② 参见徐元诰撰:《国语集解》(修订本),中华书局 2002 年版,第 115、
116 页。
③ 此处《国语》诸本皆作"数合声和",而《国语集解》中却作"数合神和",但
徐元诰并未在注解中提及,所以为谨慎起见,本文依前者。参见徐元诰
撰:《国语集解》(修订本),中华书局 2002 年版,第 126 页。
④ 徐元诰撰:《国语集解》(修订本),中华书局 2002 年版,第 126 页。
⑤ 徐元诰撰:《国语集解》(修订本),中华书局 2002 年版,第 126 页。
⑥ (清)孙星衍撰:《尚书今古文注疏》,中华书局 2004 年版,第 70 页。

管此文成书年代存疑,但其中反映出的观念仍可作为《国语》"以合神人"的旁证。

　　从人类早期发展阶段开始的原始巫觋降神行为,到《国语》时代乐舞助神人相合的祭祀典礼,神人关系都在追求"和合"的状态。不过,两个时期的神人关系也存在不同之处,此中差异就在于原始信仰的淡化、儒家精神的彰显。正如前文所述,原始巫觋以舞降神,而神降于其身,并以其为代言人,用张光直先生的话说即是"巫师能举行仪式请神自上界下降,降下来把信息、指示交与下界"①。因此,这种神降于身的方式便是早期神人关系之"和"的表现,这种"和"无疑属于原始巫术的性质。到了《国语》的时代,虽然这种神人相和的方式还在民间有所存留②,但是这种原始方式已经逐渐退出主流文化,这或许与周代人文主义风潮逐渐兴起有关。由此,这一时代的思潮反映到《国语》中就是周景王与伶州鸠的对话,而神人之间的关系由巫术模式下的"形神"之和,转变为神与人在祭祀宴飨中的和谐融洽,这更多的是一种氛围之和。对于这种祭祀宴乐的环境,《周礼·春官宗伯·大司乐》中曾有过描述:"以六律、六同、五声、八音、六舞、大合乐,以致鬼神示,以和邦国,以谐万民,以安宾客,以说远人,以作动物。"③这其中绝无所谓原始巫觋通神的内容,使用更多的只是"和"、"谐"、"安"、"悦"等表情感、氛围的描述性用语。而上述《国语》中的"安靖神人"也

---

①　张光直:《商代的巫与巫术》,载《中国青铜时代二集》,三联书店1990年版,第48页。

②　"原生性巫术在民间和小传统中仍然存活,而巫文化在文化总体中的地位在衰落。"陈来:《古代宗教与伦理——儒家思想的根源》,三联书店2009年版,第61页。

③　(清)阮元校刻:《十三经注疏》,中华书局1980年版,第788页。

表达的是相同的意义,指祭祀宴乐过程中神与人安和相处的状态。

在《国语》中,信仰秩序是以"和神人"的形式呈现的。不过,这其中也有分梳,即根据"民"与"人"两范畴的性质差异,信仰秩序分别以神民和神人两种关系展现。因为"民"这一范畴所含的政治因素,神民关系主要是以二者之间的边界来界定,也就是为避免"嘉生不降,无物以享",为整个人间秩序的稳定,神与民之间必须划定清晰的界限,"民神异业,敬而不渎",二者不能相杂糅,这也就是民神之间的和谐关系。而因为"人"这一范畴的种属性质,其本质上是与神相对言的。因此,神与人之间的关系主要是在祭祀宴飨中得以呈现的,这从早期带有巫术性质的神降于人身,逐渐转变到《国语》中祭祀宴飨时神人之间的和谐融洽。总之,无论是神民之和,还是神人之和,都一起构成了《国语》和合思想的信仰维度。

第二节　和合的信仰世界

人是这个世界的主体,但是在最初的时期,人并未对这一点有所自觉。正如张立文先生所指出的那样,"人与自然生存世界被看作同质的浑沌不分的和合体",人"以自然生存世界的某些现象说明、解释人的生活,没有主客观、人与非人的明确分野"。① 不过,随着自我意识的萌发,人开始逐渐关注人与物、人与神以及人自身的种种分界。其中,人与神的关系便是确立人自我主体性的

---

① 张立文:《和合学——21 世纪文化战略的构想》,中国人民大学出版社 2006 年版,第 321、330 页。

一个重要表征。其实,从本质上看,鬼神是人类想象的产物,是观念存在。因此,从这一意义上说,信仰世界也是一种可能世界。①在《国语》的信仰世界中,神灵仍然拥有巨大的权威和影响,只是人与神之间的关系与先前已有所改变,《国语》"和神人"的信仰秩序是这一时期人神关系的真实写照。在这个信仰世界中,和合成为人对人神关系所作的新界定,而且从历史的角度来看,也深深影响了后世神人、天人关系的发展。

一、神与民、人

在早期中国,宗教信仰问题是一个重要的面相,其影响已经渗透进社会的方方面面,政治、思想、文化、艺术莫不如此。其实,"早期中国"这一范畴本就是与信仰问题紧密相连的。作为西方汉学研究中的一个学术范畴,"早期中国"是指汉代灭亡之前,也就是佛教传入之前的中国研究。② 这也就是说,关于早期中国的研究,即是以佛教未发生影响之前的中国为研究对象,而这其中的宗教信仰便是关注重点。这一时期中,神灵信仰很多都是由上古沿袭而来,其权威和影响仍然很大,而且神的序列也是复杂繁多,这些都一一体现在《国语》的信仰世界中。因此,本节将对《国语》中的"神"这一范畴作一梳理,与其相对应的民和人也将得到详细分析,这对神民和神人关系的探讨无疑是大有助益的。

（一）神

关于"神"这一范畴,从字义来看,其在《说文》中被解释为:

---

① 参见张立文:《和合学——21 世纪文化战略的构想》,中国人民大学出版社 2006 年版,第 251 页。

② 参见朱渊清:《早期中国研究丛书序》,载 [美] 夏含夷编:《远方的时习——〈古代中国〉精选集》,上海古籍出版社 2008 年版,第 1 页。

"天神,引出万物者也。"①许慎的这一解释中所透露出的观念无疑是后世才会具有的,而非神的初始含义,这在与"祇"的解释对照下更为明显。《说文》在解"神"之后,随后解"祇"为:"地祇,提出万物者也。"②天神、地祇的二分估计要到很晚才会出现,因此《说文》的解释是不足为据的。而从字形演变来看,在甲骨文中并没有神字,只有申,其字形为"𓆏"③,金文字形也与之相同,一般被认为像闪电之形,而引申为神。④ 因此,神从其产生始,便是与人相对而言的,是异于人而处于人之外的力量。对于人而言,神拥有极大的权威,而人则对其心怀敬畏。《国语·楚语下》便记述观射父之言:"况其下之人,其谁敢不战战兢兢以事百神!天子亲春禘郊之盛,王后亲缫其服,自公以下至于庶人,其谁敢不齐肃恭敬致力于神!"⑤所谓"战战兢兢"、"齐肃恭敬",又以"谁敢不"来加重其语气,由此可知神于人的权威性。

对于"神"而言,其最高最大者无疑即是天或帝,但是本节并不打算对其进行详细讨论,这一任务留至第三节完成。在本节中,我们将集中讨论《国语》中的神。在很多情况下,《国语》中所提及的神只是泛称而已,并没有一个清晰的类别和形象。不过幸运的是,《国语》中的一段叙事为我们提供了了解神之具体状况的机

---

① (汉)许慎撰,(清)段玉裁注:《说文解字注》,浙江古籍出版社 2006 年版,第 3 页。
② (汉)许慎撰,(清)段玉裁注:《说文解字注》,浙江古籍出版社 2006 年版,第 3 页。
③ 董作宾:《殷墟文字甲编》2415,"中央研究院"历史语言研究所 1948 年版。
④ 李孝定编:《甲骨文字集释》,"中央研究院"历史语言研究所 1970 年版,第 4389 页。
⑤ 徐元诰撰:《国语集解》(修订本),中华书局 2002 年版,第 519、520 页。

会。在《国语·周语上》中，记载着周惠王与内史过的一段对话，便是关于当时某神降临的话题：

> 十五年，有神降于莘。王问于内史过，曰："是何故？固有之乎？"对曰："有之。国之将兴，其君齐明衷正，精洁惠和，其德足以昭其馨香，其惠足以同其民人。神飨而民听，民神无怨，故明神降之，观其政德，而均布福焉。国之将亡，其君贪冒辟邪，淫佚荒怠，粗秽暴虐，其政腥臊，馨香不登，其刑矫诬，百姓携贰。明神不蠲，而民有远志，民神怨痛，无所依怀，故神亦往焉，观其苛慝，而降之祸。是以或见神以兴，亦或以亡。"①

周惠王十五年，有神降临在名为莘的地方。这则故事是否属实，如今我们已经无法证实。但是，既然将此事记载于《国语》之中，也就说明编撰人意图以此事教育君王或其他贵族，这也就从另一面说明了当时人或者更为准确地说是上层统治者是相信此事中对神所做描述的真实性的，否则便无法达到教导意义。就此而言，事件本身的真实性就变得不那么重要了。在这段对话中，内史过详细讨论了君、民、神之间的关系，有些内容在前章也已作详细分析，不过本节主要关注其中关于神的论述。

在文中，内史过所说的神并不是泛称，而是有所指的，那么，这神是何种形象呢？内史过随后说：

> "昔夏之兴也，融降于崇山；其亡也，回禄信于聆隧。商之兴也，梼杌次于丕山；其亡也，夷羊在牧。周之兴也，鸑鷟鸣于岐山；其亡也，杜伯射王于鄗。是皆明神之志者也。"王曰："今是何神也？"对曰："昔昭王娶于房，曰房后，实有爽德，协于丹朱，丹朱凭身以仪之，生穆王焉。是实临照周之子孙而祸

---

① 徐元诰撰：《国语集解》（修订本），中华书局 2002 年版，第 28、29 页。

福之。夫神壹,不远徙迁。若由是观之,其丹朱之神乎?①
从内史过对神的介绍中,我们可以知道其所说的神包括融、回禄、梼杌、夷羊、鸑鷟、杜伯以及此次降于莘的丹朱。诸神都是何方神圣呢? 依照韦昭的注解,融即是祝融,《郑语》中称其是黎,也即是《左传》所说的颛顼氏之子②;回禄本名吴回,是火神,又有说其名黎,与祝融为同一人③;梼杌是鲧,即禹的父亲④;夷羊是神兽名⑤;鸑鷟则是凤之别名⑥;杜伯是周宣王大臣,被其冤杀,事也见于《墨子·明鬼下》⑦;丹朱则是尧之子,此处却可以凭借身生穆王而可以福祸周子孙。⑧

通过对诸神的考察,我们可以知道至少在这段叙述中,可进入神这个序列中的,不仅可以有夷羊、鸑鷟等神兽、神鸟,即使人死之后同样可以被称为神。又如《郑语》所引古书《训语》称褒人二先君为神,《训语》有之曰:"夏之衰也,褒人之神化为二龙,以同于王庭,而言曰:'余,褒之二君也。'"⑨《晋语二》中虢公梦刑神蓐收,即《左传》所说少皞氏之子该,这都是以人死后为神的例子。⑩ 除此之外,还有一些其他神灵,如东周王城边的谷、洛两条河交汇在

---

① 徐元诰撰:《国语集解》(修订本),中华书局 2002 年版,第 29、30 页。
② 《左传·昭公二十九年》:"颛顼氏有子曰黎,为祝融"。(清)阮元校刻:《十三经注疏》,中华书局 1980 年版,第 2124 页。
③ 参见徐元诰撰:《国语集解》(修订本),中华书局 2002 年版,第 29 页。
④ 参见徐元诰撰:《国语集解》(修订本),中华书局 2002 年版,第 29 页。
⑤ 参见徐元诰撰:《国语集解》(修订本),中华书局 2002 年版,第 29 页。
⑥ 参见徐元诰撰:《国语集解》(修订本),中华书局 2002 年版,第 29 页。
⑦ 参见徐元诰撰:《国语集解》(修订本),中华书局 2002 年版,第 30 页。
⑧ 参见徐元诰撰:《国语集解》(修订本),中华书局 2002 年版,第 30 页。
⑨ 徐元诰撰:《国语集解》(修订本),中华书局 2002 年版,第 473 页。
⑩ 参见徐元诰撰:《国语集解》(修订本),中华书局 2002 年版,第 283 页。

一起,周太子晋称之为"二川之神"①(《周语下》),可见神也包括河神之属。由此可知,《国语》中的神首先包括祖先神,人鬼亦可称为神,还包括自然神,如河神等,而神兽、神鸟之属也可称为神。其实,在春秋时期,神这一范畴有着广泛的指称。《鲁语上》记载有海鸟落在鲁城东门,臧文仲让国人祭祀,展禽劝止说:

> 夫圣王之制祀也,法施于民则祀之,以死勤事则祀之,以劳定国则祀之,能御大灾则祀之,能捍大患则祀之。非是族也,不在祀典。……凡禘、郊、祖、宗、报,此五者,国之典祀也。加之以社稷、山川之神,皆有功烈于民者也。及前哲令德之人,所以为明质也。及天之三辰,民所以瞻仰也。及地之五行,所以生殖也。及九州名山川泽,所以出财用也。非是不在祀典。②

依照展禽所说,以"法施于民"、"以死勤事"、"以劳定国"、"能御大灾"、"能捍大患"为标准,诸如黄帝、帝喾、颛顼、禹、汤、周文王等都可列入祀典,而除此之外,还可以加上社稷山川、前哲令德、天之三辰、地之五行、名山川泽等,都在祭祀之列,都属于神的序列。从类别来看,这些神大多都是人神,当然也有自然神。

而且,这些神很多都拥有某种形象,并以其形象降临人间。如上文所述,有神兽、神鸟状貌的,还有杜伯仍为人形而"乘白马素车,朱衣冠,执朱弓,挟朱矢"③(《墨子·明鬼下》),而鲧则在另一处相关记述中化为黄熊的形象④(《国语·晋语八》),但其他诸神的形象如降于莘的丹朱我们便无法知晓。内史过所说的丹朱凭身

---

① 徐元诰撰:《国语集解》(修订本),中华书局 2002 年版,第 98 页。
② 徐元诰撰:《国语集解》(修订本),中华书局 2002 年版,第 154、155、161 页。
③ (清)孙诒让撰:《墨子间诂》,中华书局 2001 年版,第 225 页。
④ 参见徐元诰撰:《国语集解》(修订本),中华书局 2002 年版,第 437 页。

仪房后,与历史上众多的感神迹而生的故事大体类似,而从"夫神壹,不远徙迁",以及之后派丹朱之后狸姓往祭来看,对丹朱的祭祀也符合"神不歆非类,民不祀非族"的规则,因此丹朱大致属于宗神之列。① 依据殷商至周的宗祖神观念,他们死后都是在帝左右的,《国语》《左传》也多有这类叙事,如作为天之刑神的蓐收是少皞氏之子,开口即是"帝命曰"②(《国语·晋语二》),而句芒原为少皞氏之子重,也是奉帝命增郑穆公寿命③(《墨子·明鬼下》)。但是内史过所说诸神是否也是奉帝命,至少这里并没有论据来证明。在另一则故事中,神还有着更为具体的形象:

> 虢公梦在庙,有神人面白毛虎爪,执钺立于西阿之下,公惧而走。神曰:"无走! 帝命曰:'使晋袭于尔门。'"公拜稽首,觉,召史嚚占之,对曰:"如君之言,则蓐收也,天之刑神也,天事官成。"④(《国语·晋语二》)

前面我们已有所提及,蓐收据《左传》所说是少皞氏之子⑤,而此神为天之刑神,形象是人面、白毛、虎爪,并手执兵器。从文中记述可知,此神名是史嚚据虢公梦占卜所得,既然可以通过形象而知道神名,这也说明当时人们对于某一神的形象已经有了大致的了解。其实鲧化为黄熊的事例也是如此,子产便根据黄熊的形象而知其为鲧⑥(《国语·晋语八》)。当然,从另一方面来说,既然需要通

---

① 参见徐元诰撰:《国语集解》(修订本),中华书局 2002 年版,第 31 页。
② 参见徐元诰撰:《国语集解》(修订本),中华书局 2002 年版,第 283 页。
③ 参见(清)孙诒让撰:《墨子间诂》,中华书局 2002 年版,第 227 页。
④ 徐元诰撰:《国语集解》(修订本),中华书局 2002 年版,第 283 页。
⑤ 《左传·昭公二十九年》:"少皞氏有四叔,曰重、曰该、曰修、曰熙……该为蓐收"。(清)阮元校刻:《十三经注疏》,中华书局 1980 年版,第 2124 页。
⑥ 参见徐元诰撰:《国语集解》(修订本),中华书局 2002 年版,第 437 页。

过多识多闻之人的介绍才能知晓神名,那这同时也说明当时人们对于诸神形象还没有形成普及性的知识。但是,由此我们也可以得出一个确定的结论,即诸神都可以通过某种形象降临人间。

(二)人与民

对于"人"这一范畴而言,从字义来看,《说文》对其的解释是:"天地之性最贵者也。此籀文,象臂胫之形。凡人之属皆从人",段玉裁注:"性古文以为生"①,所以许慎称人为"天地之性最贵者",也就是天地所生之最贵者,张舜徽先生在其《说文解字约注》中解释此句为:"天地之间生物中以人为最贵也"②。天地之间生物之最贵者即是人,这无疑是从人在这个世界上的地位和价值的角度立论的。

另外,从字形来看,"人"在甲骨文中便已出现,其字形为"𠆢"③,或"𠂉"④,《甲骨文字典》对此字形的解释是:"象人侧立之形,人侧立则仅见其躯干及一臂。"⑤观其字形,确是如此,同时也可知许慎"象臂胫之形"之说亦是。甲骨文中,"人"之字形除了上述侧立之形外,还有其他几种形式,如"𡗜"、"𡕥"、"𠂊"⑥等,前两者像人正立之形,后一者像人跪坐之形,字形各不同,但其所指则一也。依徐中舒先生的解释,即是"初民造字非一人,各据不同角度以取其象,致一字而出多形。字形虽异,而其初义皆同"⑦。

---

① (汉)许慎撰,(清)段玉裁注:《说文解字注》,浙江古籍出版社 2006 年版,第 365 页。
② 张舜徽:《说文解字约注》,华中师范大学出版社 2009 年版,第 1903 页。
③ 郭沫若主编,胡厚宣总编辑:《甲骨文合集》23403,中华书局 1982 年版。
④ 郭沫若主编,胡厚宣总编辑:《甲骨文合集》32273,中华书局 1982 年版。
⑤ 徐中舒主编:《甲骨文字典》,四川辞书出版社 1989 年版,第 875 页。
⑥ 徐中舒主编:《甲骨文字典》,四川辞书出版社 1989 年版,第 875 页。
⑦ 徐中舒主编:《甲骨文字典》,四川辞书出版社 1989 年版,第 875 页。

因此,就字形来看,"人"字只是依照人之形体而造成的,并无许慎所说的价值赋予其中。另外,"人"字自产生之后,其所指便已有普遍性,其义是指如"我"一般的同类物。从其在卜辞具体语境中的使用来看,如"王以人五千正土方"①,即是说王派五千人征伐土方,此处之"人"便已具有相当的普遍性。尽管对于"人"是否具有与现在相同的普遍性,我们并不可知,可能当时殷商的观念中并不会将异族人包括在"人"的所指之中。但是,当时"人"字所指已经可用于一个群体,也就是已经具备一定抽象性和普遍性了。

在《国语》中,"人"之含义已经与后世无异,我们可以稍举几例来分析"人"字在《国语》中的使用情况。如:

> 报生以死,报赐以力,人之道也。臣敢以私利废人之道,君何以训矣?②(《晋语一》)

> 邮无正进,曰:"……夫尹铎曰:'思乐而喜,思难而惧,人之道也。委土可以为师保,吾何为不增?'是以修之,庶曰可以鉴而鸠赵宗乎! 若罚之,是罚善也。罚善必赏恶。臣何望矣!"简子说,曰:"微子,吾几不为人矣!"③(《晋语九》)

> 且夫诵诗以辅相之,威仪以先后之,体貌以左右之,明行以宣翼之,制节义以动行之,恭敬以临监之,勤勉以劝之,孝顺以纳之,忠信以发之,德音以扬之,教备而不从者,非人也。④(《楚语上》)

从上述引文可以看出,诸如"报生以死,报赐以力","思乐而喜,思难而惧",都被冠以"人之道"的称谓。如果再继续深入分析的话,

---

① 徐中舒主编:《甲骨文字典》,四川辞书出版社1989年版,第876页。
② 徐元诰撰:《国语集解》(修订本),中华书局2002年版,第248页。
③ 徐元诰撰:《国语集解》(修订本),中华书局2002年版,第448、449页。
④ 徐元诰撰:《国语集解》(修订本),中华书局2002年版,第487页。

"报生以死,报赐以力",即是以死报答养育,以力报答恩赐,这属于人之道德规范层面,而"思乐而喜,思难而惧"则属于人之性情方面,二者都是对"人"的普遍性规定。由此可知,所谓"人之道"之"人"即是具有普遍性和抽象性的种属意义上的人,是人之本质的体现,所以上述引文中便出现"吾几不为人矣"以及"非人也"的判定。

一般而言,《国语》中的"民"即是指与君主等统治者相对而言的民众。不过,在有些情况下,《国语》中的"人"与"民"是在相同意义上使用的。如"国之将兴,其君齐明衷正,精洁惠和,其德足以昭其馨香,其惠足以同其民人。神飨而民听,民神无怨"①(《周语上》),此处便有"民人"的称谓,但其意义基本等同于"民"。除此之外,《国语》全书还有多处使用"民人"或"人民",都是指民众。另外,还有以"人"指民众的例子,如《周语下》:"吾周官之于灾备也,其所怠弃者多矣,而又夺之资,以益其灾,是去其藏而翳其人也",韦昭注:"人,民也。"②同时,《国语》中也有指称人的"民"字,如《周语中》:"王至自郑,以阳樊赐晋文公。阳人不服,晋侯围之",最后"乃出阳民",可见此处"民"即是指人。③

通过对《国语》中"人"与"民"两字的梳理,我们发现两字的使用好像有些混乱,但实际上并非如此,两字的区别还是非常明显的。在绝大多数情况下,"民"是指民众,而"人"则是在具有普遍性和抽象性的种属意义上使用的,不过当其与"民"字共同出现时,大多则是与"民"同义,而"民"作人字解更是少之又少。由此

① 参见徐元诰撰,王树民、沈长云点校:《国语集解》(修订本),中华书局2002年版,第28页。
② 徐元诰撰:《国语集解》(修订本),中华书局2002年版,第107页。
③ 参见徐元诰撰:《国语集解》(修订本),中华书局2002年版,第54页。

第五章 「和神人」的信仰秩序

可知,神民与神人关系中的"民"与"人",都是在各自基本义上使用的,这将是我们进一步分析的字义基础。

二、神民与神人

通过对《国语》中的"神"、"人"以及"民"的梳理,我们已经对三者各自内涵和所指有了更深入的理解。在此基础上,我们再次回到神民与神人关系的考察中,重新对其展开讨论。需要注意的是,本节所讨论的神并不包括"天",而有关"天"的问题将于下一节讨论。

(一)神民

确切地说,神民关系的大量出现是在《国语》之中,当然也包括《左传》,而其最早的出现也大致是在《国语》、《左传》所记述的时代,在此之前则几乎没有明确的例证。

就早期文献的考察情况来看,在西周金文及《易经》、《诗经》中,"神"甚至始终未曾与"民"连用过。至于《尚书》中的情况则稍显复杂,众所周知,因为古文《尚书》的问题,虽然很多篇章出现"神"的称谓,但是出于谨慎的原因,我们并不能将其作为材料来放心使用。而今文《尚书》的问题稍少,其中便有篇章出现"神"与"民"的连用,如《微子》篇中有"今殷民乃攘窃神之牺牷牲用,以容将食无灾",当然也仅此一例。① 尽管"神"与"民"二字在此同时出现,但严格看来,此处民是作"人"解的,殷民也就是殷人,又因本篇是针对周人而言,所以句意即是指殷人偷窃祭神祇的祭品。② 这与上文提及的《国语·周语中》所谓"阳民"与"阳人"的用例是相同的,也就是说在前加国名或地名的情况下,"民"字一般都与

---

① 据刘起釪的考证,《微子》成篇年代在周代。参见顾颉刚、刘起釪:《尚书校释译论》,中华书局 2005 年版,第 1090 页。

② 参见顾颉刚、刘起釪:《尚书校释译论》,中华书局 2005 年版,第 1085 页。

"人"字是同义的。所以,《尚书》中仅有的一处"神"与"民"连用的例子其实也并非是在探讨神民关系问题。

"神"与"民"的连用,只有到了《国语》、《左传》中才真正出现,尤以《国语》为多,但凡提及"神"处,其后便会有"民"随之。这在《国语》中有很多例证,我们可以大略罗列如下:

事神保民,莫弗欣喜。① (《周语上》)

若是,乃能媚于神而和于民矣。② (《周语上》)

匮神乏祀而困民之财。③ (《周语上》)

神飨而民听,民神无怨……明神不蠲,而民有远志,民神怨痛。④ (《周语上》)

离民怒神而求利。⑤ (《周语上》)

祥所以事神也,仁所以保民也。⑥ (《周语中》)

不度民神之义。⑦ (《周语下》)

不咸,民不归也;不优,神弗福也。⑧ (《鲁语上》)

忾宁百神,而柔和万民。⑨ (《晋语四》)

以上所引即是神民并举合称的诸多范例。在这些引文中,"神"与"民"是紧密相连的两个主体。"事神保民"指的便是君主既要侍奉神灵,又要保养民众,而第六条材料则是分别加之以"祥"与

① 徐元诰撰:《国语集解》(修订本),中华书局 2002 年版,第 5 页。
② 徐元诰撰:《国语集解》(修订本),中华书局 2002 年版,第 21 页。
③ 徐元诰撰:《国语集解》(修订本),中华书局 2002 年版,第 21 页。
④ 徐元诰撰:《国语集解》(修订本),中华书局 2002 年版,第 29 页。
⑤ 徐元诰撰:《国语集解》(修订本),中华书局 2002 年版,第 31 页。
⑥ 徐元诰撰:《国语集解》(修订本),中华书局 2002 年版,第 46 页。
⑦ 徐元诰撰:《国语集解》(修订本),中华书局 2002 年版,第 98 页。
⑧ 徐元诰撰:《国语集解》(修订本),中华书局 2002 年版,第 144 页。
⑨ 徐元诰撰:《国语集解》(修订本),中华书局 2002 年版,第 362 页。

"仁"作为"事神保民"的条目;同理,"媚于神而和于民"也是针对"神"与"民"而言,而最后一条"忆宁百神,而柔和万民"显然是同样的表述;如果对"神"与"民"未能尽责,如第三条所言,"匮神乏祀而困民之财",或是"不度民神之义",那么"民神怨痛"、"离民怒神"、"民不归"、"神弗福"便会成为严重的后果。这种组合在《国语》中屡屡出现,似乎已经变成固定搭配,从而成为《国语》异于其他文献的明显特征。之所以这样说,是因为《左传》尽管有类似用例,但绝没有《国语》如此普遍。

上面所列诸例虽然是神民并举,但是大多并非在谈论神民关系,而只是由"神"与"民"二者并列一起,并未涉及其间的关系。对此,我们可暂存疑。待回顾上一节所讨论的"和于民神",我们的疑问便可随即解开。《国语·楚语下》中观射父所说之"绝地天通",即是"民神不杂"、"民神异业,敬而不渎"的状况,而这与上文所引"神"与"民"并列无涉的诸多例证正可相互印证。① 当然,上一节所讨论的"民和神福"即是有关神民关系的论题,民和,神才会降福,但是也正如上节结论所示,民与神的这种关系是建立在君主这第三方因素上的。也就是说,君主是和民的主导者,而就"民和神福"的具体语境来看,在民和之后,神所降之福也大多是与君主有关。对于这一点,我们也可获得文献证据的支撑。这便是发生在虞公与宫之奇之间的对话,晋侯欲假虞攻虢,宫之奇劝阻虞公勿允:

---

① 观射父所说上古"民神不杂"也是民神并用且涉及民神关系,这与我们本节所说民与神连用的例子不见于《国语》之前的文献是否矛盾呢? 正如上节讨论观射父言论时所说,其"论述无疑含有传说甚至神话的成分,不可能都找到历史证据的支撑,同时考虑到《国语》的性质,如第一章所述,其在很多情况下都是在借事寓意,所以我们在此不再重复将'绝地天通'作为历史事件的努力,而是将其视为观射父阐述其主旨的故事"。因此,观射父所说上古民神情况并不能作为本节结论成立的反证。

公曰:"吾享祀丰洁,神必据我。"(宫之奇)对曰:"臣闻之:'鬼神非人实亲,惟德是依。'故《周书》曰:'皇天无亲,惟德是辅。'又曰:'黍稷非馨,明德惟馨。'又曰:'民不易物,惟德繄物。'如是则非德,民不和,神不享矣。神所冯依,将在德矣。若晋取虞,而明德以荐馨香,神其吐之乎?"①(《左传·僖公五年》)

虞公也认为祭祀丰盛,神便会福佑,而在此其特别提及"我"。宫之奇对此指出鬼神"惟德是依"的实质,并引述《周书》以证之,最后总结为"非德,民不和,神不享矣"。因此,"民和神福"所表述的民神关系并不是直接性的,而是通由君主作中介的间接性关系。这正与君主在"绝地天通"中的主导性以及重、黎分属神、民的状况正相符合。当然,上文所列《国语》神民并举诸例,其中民神并列的关系之上也同样隐藏着君主这一要素。所谓"事神保民"者,所谓"忆宁百神,而柔和万民"者,莫不是君主。

综上所述,从文献考察情况来看,《国语》书中出现了大量民神连用的例子,这反映出神民关系已经成为这一时期的重要主题。在春秋时人眼中,神民关系的终极形态仍然是由"和"体现的,这也正符合前文所言"和于民神"的信仰秩序。

(二)神人

至于神与人之间的关系,《国语》中也有很多涉及,特别是诸神降临人间并与人交通的情况。在《国语》所反映出的春秋时人观念中,神与人是可以交通联系的,这不仅仅是体现在"绝地天通"论述中的巫觋降神,还有非祭祀情况下的神人联系,而这既包括对人有利的一面,也包括对人不利的一面。

---

① (清)阮元校刻:《十三经注疏》,中华书局1980年版,第1795页。

如上节曾引过的虢公梦蓐收的故事：

> 虢公梦在庙，有神人面白毛虎爪，执钺立于西阿之下，公惧而走。神曰："无走！帝命曰：'使晋袭于尔门。'"公拜稽首，觉，召史嚚占之，对曰："如君之言，则蓐收也，天之刑神也，天事官成。"①（《国语·晋语二》）

虢公梦到蓐收来示警，称虢将为晋国所灭，而虢公不听，最后落得亡国的下场。但是就警灾防患而言，蓐收之警示无疑是对虢国有利的。与此类型相同的还有墨子所讲郑穆公梦句芒的故事，在其中，句芒对穆公说："无惧！帝享女明德，使予锡女寿十年有九，使若国家蕃昌，子孙茂，毋失。"②（《墨子·明鬼下》）句芒奉帝所命来赐予郑穆公 19 年寿命，这个故事由于出于墨子之口，其可靠性当然不是十分充足，但是这种神降福的模式在春秋时期还是非常普遍的。如《国语·周语下》记载晋成公的故事，"且吾闻成公之生也，其母梦神规其臀以墨，曰：'使有晋国，三而畀驩之孙。'故名之曰'黑臀'"，此处则是晋成公之母梦神言，称成公将为晋国之君。③ 类似对人有利的神人交通在《左传》中也有很多事例，如楚子玉"梦河神谓己曰：'畀余，余赐女孟诸之麋。'"④（僖公二十八年），赵婴"梦天使谓己：'祭余，余福女'"⑤（成公五年）。在这些事例中，某神作为天或帝的使者通过梦来告知消息，且都是有利于主人公的。

不过，另一方面，诸神有时也会对人有不利的举措。如《国

---

① 徐元诰撰：《国语集解》（修订本），中华书局 2002 年版，第 283 页。
② （清）孙诒让撰：《墨子间诂》，中华书局 2001 年版，第 227 页。
③ 参见徐元诰撰：《国语集解》（修订本），中华书局 2002 年版，第 90 页。
④ （清）阮元校刻：《十三经注疏》，中华书局 1980 年版，第 1826 页。
⑤ （清）阮元校刻：《十三经注疏》，中华书局 1980 年版，第 1901 页。

语·晋语八》中记载：

> 郑简公使公孙成子来聘，平公有疾，韩宣子赞授客馆。客问君疾，对曰："寡君之疾久矣，上下神祇无不遍谕也，而无除。今梦黄熊入于寝门，不知人杀乎，抑厉鬼邪？"①

在此，晋平公有疾不愈，怀疑是由其梦到黄熊导致。而后子产指出黄熊即是鲧，便建议祀夏郊，而鲧即是《国语·周语上》"有神将于莘"一章中的"梼杌"，属于夏之宗神。由此可知，神对人可降下疾病，而与此相同的事例也为数不少。如《左传·昭公二十年》记载，齐侯久病不愈，有臣对其说："吾事鬼神丰，于先君有加矣。今君疾病，为诸侯忧，是祝史之罪也。诸侯不知，其谓我不敬，君盍诛于祝固、史嚚以辞宾？"在此，诸侯不知齐侯病因，以为其不敬鬼神，这即说明在时人眼中不敬鬼神亦可致病。其实，神降下疾病的观念可以一直向上追溯至殷商时期，在商人眼中，商王有所疾即是有神为祟。② 小至个人疾病生死，大至国家社稷兴亡，都可以被归结为神的力量。总而言之，于人有利或不利，都可说是神的行为。而面对如此强大的人之外的力量，人应该如何作为呢？依照当时人的传统观念，祭祀、祈祷等敬神、媚神的行为便可以求神降福而止神降祸。而这种观念在人们意识中的投射也就具体化为上文所引天使说的"祭余，余福女"（《左传·成公五年》）。

在神与个人的交通中，人们通过祭祀、祈祷而获得神的降福，

---

① 徐元诰依《说苑》改"人杀"为"人鬼"，但《国语》诸本皆作"人杀"，徐氏改动理由牵强，故不依。参见徐元诰撰：《国语集解》（修订本），中华书局2002年版，第437页。

② 参见胡厚宣：《殷人疾病考》，《甲骨学商史论丛初集》，齐鲁大学国学研究所1944年版，第437页。

而神不仅可以降福于人,还可以降祸。为避免神的降祸而获得其降福,人们相信可以通过丰盛精洁的牺牲、粢盛奉侍神来达到目的。就在上文所引晋平公梦黄熊的故事中,子产认为黄熊即是鲧,平公的病可能是"未举夏郊",所以建议祭祀夏郊,五日后平公见子产"赐之莒鼎"①(《国语·晋语八》)。也就是说,通过祭祀,平公的病得以治愈。另一则有关鲧的故事是关于神民关系的,但在此谈及正可对神民与神人两种不同关系进行比较。上文也曾经提到过,《国语·周语上》"有神将于莘"一章中,鲧曾在神的序列中出现,依据内史过所言,其布福或降祸取决于君主德行和民众境况。由此可知,当同一神灵面对个人时,其遵循祭祀得福的准则,而面对民时,则以依德和民为条件。这种差别是非常有趣的,而有关鲧的两则故事将此差别展露尽致。

除此之外,上文所述的诸多事例中,君主对于神的护佑都是非常自信的,每当遇有危难时,君主们首先便会说:"吾享祀丰洁,神必据我。"(虞公言)或者"吾牲牷肥腯,粢盛丰备,何则不信?"(随侯言),连鲁庄公也自信"不爱牲玉于神"便可以得神祝佑而战胜(《周语·鲁语上》)。不仅人们以此自信,甚至在人们眼中,神灵自己也是如此作为的。如楚子玉"梦河神谓己曰:'畀余,余赐女孟诸之麋'"(僖公二十八年),以及赵婴"梦天使谓己:'祭余,余福女'"(成公五年)。由此看来,在当时人的观念中,通过祭祀神灵而得福是理所应当、无可置疑的方式,这同时也是西周沿传而来的普遍观念。在西周金文中,如"用享孝于文神,用匄眉寿,此其万年无疆"、"其敦祀大神,大神绥多福"等都已经成为习语,铭有这些文字的祭器都是用来祭祀过世祖先的,并祈求他们赐

---

① 徐元诰撰:《国语集解》(修订本),中华书局 2002 年版,第 437 页。

寿赐福。①《诗经》中的情形大多也与此相似,如"神之吊矣,诒尔多福"(《天保》)、"神之听之,式穀以女"、"神之听之,介尔景福"(《小明》),"神保是格,报以介福,万寿攸酢"(《楚茨》)。这些大多也都是祭祀祖先神,并祈求降福降寿。除了祖先神,当然也有其他神灵,如"怀柔百神"(《时迈》)中的百神必是囊括众多神灵。② 这之中所透露出的普遍模式即是通过祭祀而获得神灵的福佑。

通过上面的梳理,神人之间的交通关系显露无疑。其实,神人之间的联系很早便已开始,上文有关甲骨卜辞、西周金文以及《诗经》等文献资料的初步介绍,便是很好的说明,而这也正是不同于神民关系的一个关键点。至于这些论述中所体现出的神人关系,也是对上一节"以合神人"的最佳证明。"以合神人"节中,我们知道神人关系体现于祭祀过程中神与人之间和谐融洽,而这正是本节所述神人交通的致力目标。为获得神的降福而避免灾祸,人必须在祭祀时谨小慎微,通过奏乐舞、荐血腥、焚香等方式迎神,而且这几种方式都有各自作用,如奏乐舞是为神灵从远方闻声而至,荐血腥、焚黍稷和焚香、灌鬯则是为使神灵通过气味获知牺牲、粢盛,然后待神灵来到之后,便是祈祷。③ 而这一切的目的,便是和合神人,最终获得神的降福。

---

① 参见张亚初:《殷周金文集成引得》,中华书局 2001 年版,第 972 页;杜正胜:《从眉寿到长生——中国古代生命观念的转变》,《"中央研究院"历史语言研究所集刊》1995 年第 66 本第 2 分,第 388 页。

② 参见(清)阮元校刻:《十三经注疏》,中华书局 1980 年版,第 412、464、468、589 页。

③ 参见詹鄞鑫:《神灵与祭祀——中国传统宗教综论》,江苏古籍出版社 1992 年版,第 301 页。

三、天人论路向

前文讨论的神,基本上都是祖先神、自然神或某些神兽,其中并不包括神灵意义上的天或帝①。之所以将天或帝单独列出,一方面是因为上述所讨论的神确实不包括天或帝,另一方面是因为天与人、民之间的关系与神与人、民之间的关系是完全不同的,其间存在着非常大的差异。天民关系很早便已出现,而神民关系则是至《国语》记述的年代才大量出现,另一方面神人关系也很早就已开始出现,但是天人之间却是很晚才发生联系。

(一)天民

我们在上一节论述神民关系时,曾说到早期文献中并无神民连用的例子,只有到《国语》、《左传》时才大量出现。这种意义上的神便是指非天神意义上的神灵而言,因此,严格限定以字为检索条件,西周及其以前时期的文献中便很少有神与民相对称的用例,但是如果具体到天或帝时,情况便会大不然。

作为周代的至上神,在文献中,天或帝经常与民连同出现。如《诗经》中最为著名的"天生烝民,有物有则"(《烝民》)、"皇矣上帝,临下有赫。监观四方,求民之莫"(《皇矣》),其中便都有涉及天与民或帝与民,而且依照文意来看,天或帝与民之间存在着非常

---

① 在指称神灵的意义上,"天"和"帝"是相同的。陈梦家认为:"西周时代开始有了'天'的观念,代替了殷人的上帝,但上帝与帝在西周金文和《周书》、《周诗》中仍然出现。"(陈梦家:《殷墟卜辞综述》,第562页。)遍览周初金文及文献,确如陈氏所言,周人是在相同意义上使用"天"、"帝"二字的。如《大盂鼎》:"丕显文王,受天有大命",而《大丰鼎》则是"丕显考文王,事喜上帝"。《尚书·召诰》则是天、帝连称:"皇天上帝改厥元子,兹大国殷之命"。除去文字上的证据,胡适等学者也曾使用音韵学方法,证明帝、天相同。参见胡适:《论帝天及九鼎书》,载《古史辨》第一册,上海古籍出版社1982年版,第199页;刘复:《帝与天》,载《古史辨》第二册,上海古籍出版社1982年版,第20页;魏建功:《论〈帝与天〉》,上海古籍出版社1982年版,第27页。

密切的关系。① 而《尚书》中天或帝与民之间的关系则更为明确，如"天聪明，自我民聪明；天明畏，自我民明畏"②（今文《皋陶谟》），以及古文《泰誓》中的"民之所欲，天必从之"、"天视自我民视，天听自我民听"③。需要注意的是，尽管今文《泰誓》中并没有这两句话，但是前者曾被《国语》和《左传》引用④，后者则被《孟子》引用⑤。因此，不管这两句话是否真为周武王所说，依照引用情况来看，其至少是载于春秋之前的文献。另外，《尚书·多士》中也有"惟帝不畀，惟我下民秉为，惟天明畏"，其中帝、天、民三者同时出现。⑥ 从上述《尚书》引文中，我们可以看到，帝或天与民之间关系密切。在论述中，民基本上属于帝或天在世间的代言人，或者可以说，帝或天与民之间是相连通的，民意即天意。由此，周公在《尚书》中屡屡宣扬敬德保民，如"天亦哀于四方民，其眷命用懋，王其疾速德"⑦（《召诰》），也就是说，王之敬德保民是因为"天哀四方民"，民意即天意。⑧ 这种模式显然与上节所述的"民和神

---

① 参见（清）阮元校刻：《十三经注疏》，中华书局1980年版，第568、519页。

② （清）孙星衍撰：《尚书今古文注疏》，中华书局2004年版，第87页。

③ （清）阮元校刻：《十三经注疏》，中华书局1980年版，第181页。

④ 对于《尚书·泰誓》"民之所欲，天必从之"，《国语》是在证明"王叔欲郤至，能勿从乎？"（《国语·周语中》）以及幽王必弊（《国语·郑语》）时引用，而《左传》则是在鲁襄公欲亡必亡（《左传·襄公三十一年》）以及三大夫欲忧必忧（《左传·昭公元年》）时引用。分别见徐元诰撰：《国语集解》（修订本），第76、470页；（清）阮元校刻：《十三经注疏》，中华书局1980年版，第2014、2020页。

⑤ "天视自我民视，天听自我民听"为《孟子·万章上》所引。见（清）阮元校刻：《十三经注疏》，中华书局1980年版，第2737页。

⑥ 参见（清）孙星衍撰：《尚书今古文注疏》，中华书局2004年版，第425页。

⑦ （清）孙星衍撰：《尚书今古文注疏》，中华书局2004年版，第396页。

⑧ 参见陈声柏、张永路：《"天"与中国古代的民本思想——民本思想得以成立的一种结构分析》，《甘肃社会科学》2012年第2期。

"福"相同。在"民和神福"论述中,因为"民为神主",所以民和才会有神降福,这也就促使君主采取措施来和民。

由此看来,这两种方式采用了相同模式的逻辑演变路径,其原因大概就是这种模式中的君民二元政治生态,使得天或神处于二者之上,从而形成三元动态架构。至于天民和神民二者关系,从二者在文献中的出现情况来看,天民对神民关系的形成是有着更大影响力的。[①]

（二）天人

天民关系与天人关系并不相同。虽然天民关系也可归入广义

---

① 天民关系对神民关系的形成,除了正面的影响之外,还有社会思潮方面的消极影响。细而言之,流行于西周晚期的疑天思潮无疑可看作是从另一个角度对神民关系施加了影响。在西周晚期——这一西周与春秋时期的交接点上,早期中国经历着一个非常重要而独特的阶段。在西周王朝统治末期,天灾人祸并发,末世情结笼罩着整个社会。而最后宗周的覆灭无疑是对周人乃至整个华夏地区的一个巨大打击,由此带来的种种变化尤其是心理层面的因素都被凝在这一时期,一系列的变迁发生或加剧,整个社会波诡云谲。其中,与宗教信仰相涉的便非疑天思潮莫属了。这大都被保留在了《诗经》中的同期诗篇中,如"天方荐瘥,丧乱弘多。……不吊昊天,不宜空我师。……昊天不傭,降此鞠讻。昊天不惠,降此大戾。……不吊昊天,乱靡有定"（《诗经·节南山》）,还有"浩浩昊天,不骏其德。降丧饥馑,斩伐四国。旻天疾威,弗虑弗图。舍彼有罪,既伏其辜。若此无罪,沦胥以铺"（《诗经·雨无正》）。这些诗句无疑反映了当时人对天不善、不公、不仁而且暴虐无常的怨愤心理。在这些诗篇中,周人面对天灾人祸、家破国亡等种种灾难,反复申诉天舍其有罪之人不罚,而降灾于无罪之人。在这里,天不再是福仁祸淫的民众保护者,甚至变得反复无常、降丧降饥。对于周人而言,这种沧桑的末世以及由此而来的凄怆绝望的情绪,对于天民到神民的变革无疑产生了很大的影响。当以往作为民众保护者的天不再护佑民众时,其原有职能便泛化到诸神身上,并逐渐建立起神与民的关系。当然,这并不意味着天与民的分离,春秋及其之后的时期,经典的天民关系仍旧存在,只是拥有保民职责的主体更为泛化了。于是对于天神之外的诸神而言,其关联对象便扩展至民,从而形成了所谓神民关系。

的天人关系中,但是因为民是指称君主治下整个群体的政治范畴。就其实质而言,天民关系讨论的并非是普遍意义上的天人。因此,在天民关系之外,还有必要探讨一下天人关系。

天人关系是中国传统哲学的核心话题,从古至今,有关论述多不胜数,而对其首次集中讨论便是在春秋时期。诸子对于天人关系有着各自的理解和定义,诸如"天人合一"、"天人相分"等,其间差异主要是基于各自理论体系以及对"天"的不同理解。但是,关于诸子时代天人关系的讨论却不能无视其思想源头,此源头便是作为至上神的天与人之间的关系变迁。这种宗教信仰意义上的天人关系为诸子时代天人关系奠定了进一步讨论的基础,即为其准备了两个基本要素,也就是天与人二者的联通。这种联通也可放入《国语》"和神人"的信仰秩序中,用"以合神人"、"安靖神人"来理解,同时从另一个角度看,"和神人"也可视为宗教信仰意义上的天人合一。

从文献考察情况来看,天与具有普遍意义的人之间的上下交通联系要到很晚才出现。当然,前文也曾提及天民关系,但是《尚书》中出现的天民关系大多是天对民众的护佑,这无疑属于单向联系。本节所述天人关系,更多是宗教意义上的天人之间的双向交通。从文字起源来看,"天"字最早出现于殷墟卜辞中。但是,此时的"天"的含义与后世一般意义上的"天"截然不同,仅仅是指称"大"的形容词,如卜辞中出现的"天邑商"即是大邑商。那么,"天"字字形与含义如何演变呢?殷商甲骨文中的"天"字,写作"�"①,或"𠀒"②,

---

① 罗振玉编,王宏译:《殷墟书契前编》2.3.7,《殷墟书契》,天津市古籍书店1993年版。
② 董作宾:《殷墟文字甲编》3916,"中央研究院"历史语言研究所1948年版。

或"天"①。周初《大盂鼎》铭文有:"丕显文王,受天有大令",其"天"字作"天"②形。如李孝定先生所言:"天之初形当作天或天,省而为天,又增一画而为天,其实一也。"③从字形来看,甲骨文与金文中的"天"写法都一致,可说明其演变乃一脉相承。从字义来看,《说文解字》:"天,颠也,至高无上,从一、大。"④罗振玉、王国维二位先生据甲骨字形认为"天"字像人形,而天在人之上,所以"天"字之首为颠顶之义,这与许慎之说也相合。⑤ 因此,"天"字本就含有"大"义。从对甲骨卜辞的梳理来看,也并未发现可解释为神明或自然苍穹之义的"天"字,都是用作"大"义。胡厚宣先生说:"卜辞虽亦有天字,但若'天邑商','天戊'之天,皆用为大,与天帝之天无关。"⑥陈梦家先生也认为:"卜辞的'天'没有作'上天'之义的。"⑦对于记述殷商时代的传世古籍如《尚书》"商书"部分出现的天神、天帝,因其文献可靠性存疑故而也并不可信。⑧"天"被用作天神的称谓还需要等到周初才能实现。

---

① 罗振玉编,王宏译:《殷墟书契前编》8.9.2,《殷墟书契》,天津市古籍书店1993年版。

② [日]白川静著,曹兆兰选译:《金文通释选译》,武汉大学出版社2000年版,第69页。

③ 李孝定编:《甲骨文字集释》,"中央研究院"历史语言研究所1970年版,第21页。

④ (汉)许慎撰,(清)段玉裁注:《说文解字注》,浙江古籍出版社2006年版,第1页。

⑤ 参见李孝定编:《甲骨文字集释》,齐鲁大学国学研究所1944年版,第13页。

⑥ 胡厚宣:《殷代之天神崇拜》,《甲骨学商史论丛初集》,齐鲁大学国学研究所1944年版,第328页。

⑦ 陈梦家:《殷墟卜辞综述》,中华书局1988年版,第581页。

⑧ 参见郭沫若:《先秦天道观之进展》,载《中国古代社会研究》(外二种),第308页。

周初"天"的神灵意义是由殷商之帝转变而来的。① 在周初文献中,帝与天都是可以通用的,如《尚书·多士》:"惟帝不畀,惟我下民秉为,惟天明畏",其中帝与天即是同物而异名。② 殷墟卜辞中,帝字大多写作""③或""④。关于其字义的解释,历来众说纷纭,争讼不已。⑤ 未免陷入其中,我们暂且抛开字义的纠缠,只从卜辞中对帝之职能作一归纳。殷商之帝权能巨大,可以令风令雨、降祸降疾、受年受佑,毫无疑问属于殷商的至上神。⑥ 但是,商王求雨求福,却只是向其祖先神以及其他神灵如河、岳祭祀,而非祭祀上帝,正如董作宾先生所说:"卜辞中全不见祭祀上帝的记录。"⑦对此,胡厚宣先生曾指出:"甲骨文大半为卜祭先祖之辞,其祭帝者,则绝未之有。盖以帝之至上独尊,不受人间之享祭,故不

---

① 岛邦男认为卜辞中"帝"的别称为"□",而"□"又作干支之"丁"字用,其形正是颠顶之义。周初时,周人将"□"写作"天",是为字形上与干支之"□"相区别。所以,周人之"天",即是殷人之"帝",只是一字之异体而已。参见[日]岛邦男著,濮茅左、顾伟良译:《殷墟卜辞研究》,上海古籍出版社 2006 年版,第 395—400 页。此观点可备一说。
② 参见(清)孙星衍撰:《尚书今古文注疏》,中华书局 2004 年版,第 425 页。
③ 董作宾:《殷墟文字乙编》6406,"中央研究院"历史语言研究所 1948 年版。
④ 董作宾:《殷墟文字甲编》1164,"中央研究院"历史语言研究所 1948 年版。
⑤ 关于"帝"字解释有:"花蒂说",像花蒂状,喻义为草木之所由生,生物之始;"束薪说",像燎祭的束薪。除此之外,还有"祭器说"、"标识说"等。参见[日]岛邦男著,濮茅左、顾伟良译:《殷墟卜辞研究》,上海古籍出版社 2006 年版,第 344 页。
⑥ 参见陈梦家:《殷墟卜辞综述》,中华书局 1988 年版,第 571 页;胡厚宣:《殷代之天神崇拜》,载《甲骨学商史论丛初集》,齐鲁大学国学研究所 1944 年版,第 283—292 页。
⑦ 董作宾:《中国古代文化的认识》,载《中国现代学术经典·董作宾卷》,河北教育出版社 1996 年版,第 628 页。

能以事祖先之礼事之也。"①这一观点可权作一解,但不管真正原因如何,殷商之帝与人之间并无交通可属确定之事。

殷商之帝对世间拥有无限权威,但是殷王与其之间却并没有过多联系,这无疑说明这一时期至上神与人之间并没有建立联系模式。与此不同的是,周初之天与王之关系更为密切。周成王时期的何尊铭文记载:"唯武王既克大邑商,则廷告于天,曰:'余其宅兹中国,自之乂民。'"作为原始文献,何尊铭文明确显示出,武王可以向天卜告,这一行为无疑已经超越了殷王与上帝的关系。②随后,康王时期的井侯簋、麦尊等铭文上出现了"天子"的称谓,这更明白无误地表明周王已经具有天之子的身份,而后金文或传世典籍中"天子"便成为周王的固定称谓。③ 作为天子,祭天也就成为了周王的职责和特权。如子产便曾说道:"夫鬼神之所及,非其族类,则绍其同位,是故天子祀上帝,公侯祀百辟,自卿以下,不过其族。"④(《国语·晋语八》)当然,这种礼制规范在西周时期或许能够得到较好地执行。但随着周天子权威衰落,周天子与天的专属关系逐渐被破坏,诸侯、贵族也开始与天产生了联系。

周宣王时,大臣尹吉甫作《烝民》,其中有:"天监有周,昭假于下。保兹天子,生仲山甫"(《诗经·大雅·烝民》),郑玄笺曰:

---

① 胡厚宣:《殷代之天神崇拜》,载《甲骨学商史论丛初集》,齐鲁大学国学研究所 1944 年版,第 292 页。

② 参见王辉:《商周金文》,文物出版社 2006 年版,第 42 页。

③ 参见陈梦家:《殷墟卜辞综述》,中华书局 1988 年版,第 581 页。

④ 徐元诰撰:《国语集解》(修订本),中华书局 2002 年版,第 437 页。《鲁语上》也记载曹刿劝谏鲁庄公勿为非礼之事,曰:"夫礼,所以正民也。是故先王制诸侯,使五年四王、一相朝。……天子祀上帝,诸侯会之受命焉。诸侯祀先王先公,卿大夫佐之受事焉。"徐元诰撰:《国语集解》(修订本),中华书局 2002 年版,第 144—146 页。

"天安爱此天子宣王,故生樊侯仲山甫,使佐之"①,也就是天生仲山甫以辅佐周王。仲山甫作为周室大臣与天拥有如此关系,这不能不说是天直接影响范围的扩大。虽然依照周代礼制,诸侯及其他贵族不得祭天,但是作为至上神,天直接影响于人的范围逐渐扩展,不再止于周天子一人。上文中所举神人交通的例子中,很多便有天的身影。如《国语·晋语二》中的蓐收,其作为天之刑神而奉帝命为虢公示警,这其中天神的形象更为丰满。由此趋势而下,至孔子的时代,其言"获罪于天,无所祷也"②(《论语·八佾篇》)便不再奇怪了。总之,终周一世,原来高高在上只有周天子可独享的"天"逐渐与天子以下的阶级发生联系。③ 如果说周天子属于"人"范畴之中的特例,那么随着"人"指称范围扩展至普通人,天人之间最终实现了最具普遍意义上的联系,这无疑为诸子时代的天人关系讨论奠定了对象基础。

同时,在祭天的仪式中,天人合一得到了另一种宗教形态的呈现,而这也正符合《国语》"以合神人"的论述。但是,因为战国时期衍生的五帝问题,关于天帝的祭祀在秦汉时已经需要重新规划,由此后世关于周代的祭天礼仪也变得混乱不堪。④ 不过,具体的琐碎考证并不是本文的任务,我们在此只是力图呈现周代祭天的大致过程,以此梳理清楚祭祀过程中的天人交通。

据清人秦蕙田的考证,周人的郊祀需要二十多个仪式,诸如卜日、誓戒择士、斋戒、出郊、蟠柴、作乐降神、迎尸、迎牲杀牲、荐血

---

① (清)阮元校刻:《十三经注疏》,中华书局 1980 年版,第 568 页。
② (清)阮元校刻:《十三经注疏》,中华书局 1980 年版,第 2467 页。
③ 参见杜正胜:《从眉寿到长生——中国古代生命观念的转变》,《"中央研究院"历史语言研究所集刊》1995 年第 66 本第 2 分,第 403 页。
④ 参见孙家洲:《秦汉祭天礼仪与儒家文化》,《孔子研究》1994 年第 2 期。

腥、祝号、享牲、荐牲、荐熟、荐黍稷、告事毕等。秦氏的考证依据的是《礼记》和《周礼》,因此对于能否完全还原周代礼制,我们并不能确信,但其中肯定有符合周礼的程序。① 其中,"作乐降神"便是一个重要仪式。关于这一点,我们在上一节论述《国语》"以合神人"时已经提及。在原始阶段,乐舞是巫觋降神的重要手段,不过至周时,乐舞的巫觋元素已经消除,而完全祭祀化了,但是其中的宗教因素仍然存在,因此对于降神而言,其仍是极为重要的仪式。《周礼·春官·大司乐》记:"乃奏黄钟,歌大吕,舞云门,以祀天神"②,也就是奏乐舞来祭祀天神。除此之外,还有"凡六乐者,一变而致羽物,及川泽之示。再变而致嬴物,及山林之示。三变而示鳞物,及丘陵之示。四变而致毛物,及坟衍之示。五变而致介物,及土示。六变而致象物,及天神",郑玄注:"变犹更也,乐成则更奏也"③。也就是说,奏乐舞以祭祀天神,而乐六变之后,天神便会降下,所以《大司乐》随后又言:"若乐六变,则天神皆降,可得而礼矣",贾公彦疏曰:"周之礼,凡祭祀,皆先作乐下神,乃荐献。荐献讫,乃合乐也。"④于是,在这一系列程序之后,天神降下,而人得以礼天神以献祭祀,在这种祭祀宴乐之中,天神与人融洽为一。就其性质而言,这就是宗教意义上的天人合一,而这也重新回到了《国语》的"以合神人"的论述语境,属于其观照范围。

综上所述,《国语》中"和神人"的信仰秩序不仅是理解传统中国信仰世界的关键,而且还对后世天人关系有着直接的影响。就神与民而言,传统信仰所规定的秩序便是二者不相杂糅,这也就是

---

① 参见张鹤泉:《周代郊天之祭初探》,《史学集刊》1990 年第 1 期。
② (清)阮元校刻:《十三经注疏》,中华书局 2002 年版,第 788 页。
③ (清)阮元校刻:《十三经注疏》,中华书局 2002 年版,第 789 页。
④ (清)阮元校刻:《十三经注疏》,中华书局 2002 年版,第 790 页。

二者关系之和合的体现。对于神与人来说,其间的和合关系则体现在祭祀宴乐中的和谐、和洽。这种关系也同样适用于天与人之间,对于未经自然化的宗教意义上的天而言,其与人之间的合一便首先体现在祭祀宴乐中的和合关系上。虽然至诸子时代,对天之理解多样化,由此天人关系也变得更为复杂,但是追溯天人关系之根源,《国语》"和神人"的信仰秩序所起的影响作用是不可忽视的。

结　语

一、《国语》的天、人、地相参

在《国语》全书论述的结尾，越王勾践与谋臣范蠡之间围绕着伐吴之事进行了一系列对话。《越语下》记载：

> 越王句践即位三年而欲伐吴，范蠡进谏曰："夫国家之事，有持盈，有定倾，有节事。"王曰："为三者奈何?"范蠡对曰："持盈者与天，定倾者与人，节事者与地。"①

越王勾践即位三年便要伐吴，范蠡进谏指出治国需注意三事，即"持盈"、"定倾"、"节事"，韦昭注："持，守也"，"盈，满也"，"定，安也"，"倾，危也"，"节，制也"。② 治国三事也就是所谓持守成满、扶定危局、节制用事。随后，勾践问如何行此三事，范蠡提出"与"天、人、地三者。对此，韦昭注："与天，法天也"，"与人，取人之心也"，"与地，法地也"。③ 在范蠡看来，治国三事，必须分别取法天、人、地。那天、人、地又有何蕴意呢? 范蠡说：

> 天道盈而不溢，盛而不骄，劳而不矜其功。夫圣人随时以

---

① 徐元诰撰：《国语集解》(修订本)，中华书局 2002 年版，第 575 页。
② 徐元诰撰：《国语集解》(修订本)，中华书局 2002 年版，第 575 页。
③ 徐元诰撰：《国语集解》(修订本)，中华书局 2002 年版，第 575 页。

行,是谓守时。天时不作,弗为人客;人事不起,弗为之始。今
君王未盈而溢,未盛而骄,不劳而矜其功,天时不作,而先为人
客,人事不起,而创为之始,此逆于天而不和于人。王若行之,
将妨于国家,靡王躬身。①

范蠡认为持盈者法天,而天道盈满而不外溢,气盛而不纵驰,劳力
而不矜夸其功,特别是圣人随天时而行,天时不起,便不会行动。
其次,定倾者取人之心,即着眼于一"和"字,强调人之间关系之和
合。因此,对于"持盈者与天"及"定倾者与人"而言,其根本蕴意
便在于顺天而和人。至于"节事者与地",范蠡说:

> 唯地能包万物以为一,其事不失,生万物,容畜禽兽,然后
> 受其名而兼其利。美恶皆成,以养其生。时不至,不可强生;
> 事不究,不可强成。自若以处,以度天下,待其来者而正之,因
> 时之所宜而定之。同男女之功,除民之害,以避天殃,田野开
> 辟,府仓实,民众殷。无旷其众,以为乱梯。时将有反,事将有
> 闲,必有以知天地之恒制,乃可以有天下之成利。事无闲,时
> 无反,则抚民保教以须之。②

在范蠡看来,只有地能够包容万物,生长万物,蓄养禽兽,然后受其
名利。无论好坏善恶,都可使其生长。而对于万物生长来说,
"时"的观念仍然非常重要,"时不至,不可强生"以及"因时之所宜
而定之"都在强调这一点。但是,更重要的除害避殃,开辟田野,
充实府库,为民兴利,使民富足。有时机则可,无时机则安抚教养
民众。在范蠡关于天、人、地的一系列言论之后,他点出了最终的
主旨,即:

---

① 徐元诰撰:《国语集解》(修订本),中华书局 2002 年版,第 575、576 页。
② 徐元诰撰:《国语集解》(修订本),中华书局 2002 年版,第 578 页。

　　　　　夫人事必将与天地相参,然后乃可以成功。①

韦昭注:"参,三也。天、地、人事三合,乃可以成大功。"②也就是说,对天、人、地的取法尽管是各有其用,但三者并非各自独立的,而是相互关联,构成一个整体,依照范蠡所说即是天、地、人相合才能成大功。

　　对于勾践与范蠡的这一系列对话来说,尽管其主题是伐吴之事,但其主旨却并非全在胜吴复仇。如果我们将其置入《国语》全书语境中,那么或许就会察觉其中所蕴含的深层意义。一旦我们将其放入《国语》全书语境中,那天、地、人相合的论述与《国语》和合思想的联系便显现出来,而天、地、人的三层划分也与前述和合思想诸种维度相契合。《国语》和合思想的四个维度,即生存、价值、政治、信仰,从其本质来看,生存维度是一种世界图式,其核心是解释万物生成的"和生"之理,而其所涉及的范围不出生存世界,特别是饮食、音乐等经验性条目。而范蠡所说之"地"的范畴则包含万物生成、农事耕稼等,这些也都属于生存世界范围。因此,和合思想中的生存维度与范蠡所说之"地"正相契合。而范蠡所说之"人",主要着眼于关系之"和",与此相对应,和合思想中的政治维度即"和民"也旨在于使民众之关系达到和谐辑睦的状态,而且不只是一国之人,还包括一家之人,这种关系之"和"也同样与范蠡所说之"人"范畴相契合。至于和合思想的价值范畴,其实质也是指人而言,如果可以脱离范蠡言论的具体所指,那其仍然可以归入"人"的范围。和合思想的信仰维度是指"和神人"的信仰秩序,其中所涉及的"神"、"天"主要是宗教意义上的神灵,这当然

---

①　徐元诰撰:《国语集解》(修订本),中华书局 2002 年版,第 582 页。

②　徐元诰撰:《国语集解》(修订本),中华书局 2002 年版,第 582 页。

与范蠡所说之"天"不相符合,彼所谓"天"是指天道、天时,意在于顺天时而行。不过,就顺天时而言,其无疑属于"天人合一"思想,而"天人合一"即是"和神人"的发展。在这个意义上,我们仍可将和合思想的信仰维度归于范蠡所说之"天"。因此,《越语下》的"天"、"人"、"地"可被视为《国语》和合思想的总括性范畴。

最后,范蠡指出:"夫人事必将与天地相参,然后乃可以成功。"韦昭注:"参,三也。天、地、人事三合,乃可以成大功。"①在此,范蠡所言反映出《国语》和合思想的关键之处,即天、地、人事三合,成大功者必以天、地、人和合为归旨。对于《国语》和合思想来说,这无疑是全书结尾处的点睛之笔。

二、和合思想的四个维度与四个路向

在《国语》中,和合思想是以"和合"、"和"以及"合"的表述形式呈现的。无论是从字义考察来看,还是从语境中的使用来看,这三个概念都具有和合思想的表意能力,而且将其完整地、多维度地呈现出来。由诸概念呈现的和合思想,在《国语》中蕴含着四个维度,即生存维度、价值维度、政治维度以及信仰维度。这四个维度之间相互关联,渐次转进,由生存维度提升为价值维度,再由价值维度落实于政治维度,最后达至"和神人"的信仰维度,共同组成了《国语》和合思想。

在《国语》和合思想的生存维度上,"和生"是其主要表现形式。"和生"也就是史伯所说的"和实生物",是先民对万物生成的

———————
① 徐元诰撰:《国语集解》(修订本),中华书局 2002 年版,第 582 页。

形上理解,是先民视野中的世界图式。由此,我们可将其称为"和生"之理。"和生"之理的内核即是诸多差分元素或形相和合而生成新事物。在当时的思想背景下,此内核与五行、阴阳相结合,便成为了那个时代对于万物生成的共识性理解。而对于"和生"之理来说,其产生又与当时的时代背景密不可分,这也就是先民所生活其中的生存之境。或者更为准确地说,"和生"之理即是基于生存之境的反思和理解,是对生存之境诸种经验的形上超越。因此,生存之境与"和生"之理共同组成了生存世界,进而成为和合思想的基础性维度。

基于和合思想的生存维度,《国语》"听和德昭"的论述提供了由生存世界向主体人的价值规范转进的途径,这也便是《国语》和合思想的价值维度。在这一维度上,"和德"所代表的主体价值品质集中体现了和合思想对于主体价值规范的描述。在此,"和德"主要表现为主体对自身性情调适后的状态,也就是后世通常所说的"和蔼"、"慈和"等品质。因此,这种"和德"的获得是主体自我修养的结果,具体而言,即是主体通过"中和"之法对自身处于原初状态之性情的修养与调适,由此主体获得自身道德规范性。从其本质来看,这是和合思想在主体自我修养上的应用和呈现,同时也相应成为和合思想的价值维度。

主体自身道德修养以及相应价值品质在人世间的落实,也就是传统的内圣而外王的路径,这为和合思想价值维度向下一层次的继续转进提供了逻辑通道。这种外王实践主要以民本的形式体现出来,即是针对民众的善政,这也是传统政治的重要维度。而《国语》和合思想在此政治维度上的表现形式即是"和民",这种"和民"是指民众生活的和谐融洽,其不仅体现在国家的范围上,还体现在家族的范围上。从其表现形式上看,"和民"无疑是民本思想的最高体现。这既是指"和谐融洽"所体现的状态层次之高，也是指其中所含"内圣外王"、"家国同构"的理论层次之深。这一切共同构成了和合思想的政治维度。

在《国语》的信仰世界中，"神人"关系为和合思想的政治维度与信仰维度之间的过渡提供了可能。和合思想视野下的"神人"关系，主要体现在《国语》对"和神人"信仰秩序的规定上。不过，由于"神"、"人"两范畴指称对象的多样性，《国语》中的"神人"关系也呈现出多层次，具体即是"神人"、"神民"、"天民"、"天人"。尽管表现形式各异，但其关系都可归入"和神人"的信仰秩序中。因此，和合思想的信仰维度主要着眼于对神世界与人世界之间关系的规范上，其目的是避免两个世界之间的淆乱，最终防止信仰秩序的崩解。在古代中国，特别是在信仰对人之精神世界起着支撑作用的时代，和合思想的信仰维度对信仰秩序的规范无疑有着重要的作用。

综上所述，生存、价值、政治以及信仰这四个维度共同构成了《国语》和合思想的完整架构。而这四个维度在《国语》所记述的时代之后，特别是在诸子时代，分别有了更进一步的发展，总括起来，可将其分为四个路向，也就是和合思想在诸子时代的新进展。

首先，就生存维度来说，诸子时期的生成论路向无疑是受其影响的，这主要表现在《老子》、《庄子》、《吕氏春秋》等典籍中阴阳和生万物的思想上。这些思想表述大多是以阴阳作为生成万物的原始材料，而其生成过程的内核则完全是"和生"之理，也就是诸种差异元素或形相之间的和合。这是《国语》"和实生物"论述的核心，也是《国语》和合思想生存维度的核心。因此，从这个角度来看，《国语》和合思想的生存维度深刻影响了后世和合思想的生成论路向发展。

　　其次,《国语》和合思想的价值维度在诸子时代的发展主要体现在情感论上,也就是《论语》、《中庸》所蕴含的"中和"思想,尤其是后者所明确提出的"喜怒哀乐之未发,谓之中,发而皆中节,谓之和"①的情感论路向。《国语》和合思想的价值维度主要是指作为主体价值品质的"和德",这是主体对自身道德修养的结果,而这其中所蕴含的"中和"思想对于后世情感论的发展无疑有着重要影响。

　　再次,《国语》和合思想的政治维度即"和民"的外王实践,对诸子时代的影响不仅体现在民本思想的发展上,还体现在对理想社会的建构上。前者是在整个先秦时期保民重民大背景下对"和民"进行的理解,而"和民"也正是先秦民本思想中的一个重要维度,至于后者则是对于"和民"所致力构建的理想社会而言的。其在诸子时代的影响所及,不仅有《孟子》"天时、地利、人和"的思想,还有《礼记·礼运》的"大同社会"。

　　最后,《国语》和合思想的信仰维度,也就是"和神人"的信仰秩序,这主要是基于宗教信仰意义的表述。对于这一点来说,诸子时代的宗教信仰自然有其承继。不过从更深一层意义上看,"和神人"的信仰秩序对于诸子时代"天人合一"思想也是有其影响的。"天人合一"是和合思想在诸子时代的重要发展,对于后世影响更是深远,而如果追溯其思想源头,《国语》"和神人"的信仰秩序无疑会在其中占有重要位置。

　　总而言之,《国语》和合思想本身由四个维度组成,而此四维度又分别影响了诸子时代和合思想四个路向的发展。可以说,在前诸子时代的孕育之后,和合思想在诸子时代迎来了一个大发展

---

①　(清)阮元校刻:《十三经注疏》,中华书局1980年版,第1625页。

期,这是诸子时代思想兴盛的一个重要面相。此时,和合思想已经渗透进诸子百家思想之中,成为时代思潮的底色,并在先秦之后,继续以儒、释、道为主体影响着整个民族的思维方式和精神气质以至整个传统文化。

三、和合思想的现代价值与意义

和合思想在经过前诸子时代的孕育期以及诸子时代的发展期之后,继续伴随着历史和文明的进程而发展,最终成为中国传统文化的基本精神。因此,和合思想不仅源远流长,而且历久弥新,特别是进入现代社会后,和合思想经由和合学转生,愈发彰显出其本身所蕴含的现代价值和意义。

在新世纪的背景下,人类面临着诸多挑战和危机,依照张立文先生的梳理,人类所面临的问题可归为五大冲突,即"人与自然、人与社会、人与人、人自身心灵以及不同文明之间的冲突"①。这五大冲突又带来了现代社会的五大危机,也就是生态危机、人文危机、道德危机、信仰危机以及价值危机。顾名思义,人与自然的冲突及其生态危机主要是指现代社会中人类对自然的开发无度,导致地球生态环境恶化,人的生存世界面临危机;人与社会的冲突及其人文危机则是指人类社会所面临的种种问题,如贫富差距、社会冲突等,这是人作为群体所面临的危机;人与人的冲突及其道德危机主要是就人与人关系言,现代社会中人与人如何相处是其主要

---

① 张立文:《和合学——21 世纪文化战略的构想》,中国人民大学出版社2006 年版,第 434 页。

关注点;人自身心灵冲突及其信仰危机则是指现代人心灵世界的孤独、苦闷以及焦虑等心理问题,如何调适心灵从而使其得到寄托和慰藉是其主要话题;不同文明之间的冲突及其价值危机是从全球视野出发,指世界不同文明间的对抗和冲突。① 总而言之,这五大冲突和危机是现代人类所面临的共同问题,因此也是人类进入新文明期发展必须解决的问题。

对于上述种种冲突和危机,"和合"无疑是最佳的化解之道。从我们对《国语》和合思想的梳理来看,和合思想的四个维度都旨在于解决各自所面对的问题。其中,生存维度是对万物生成的解答。在先民视野中,万物何以生是一个终极问题,特别是在宗教色彩浓重的时代,作为非神创论的"和实生物"的提出对于整个时代而言,其所具有的价值和意义是如何评价都不为过的。价值维度是对人自身道德的修养,人与人如何相处,人如何在他人面前展现自己,展现一个怎样的自己,这是人类亘古不变的关注,因此人自身道德的修养便成为必要。政治维度是对民众治理以及理想社会的回应,传统政治的合法性来源之一便是民众的认同,由此"和民"便成为其中的重要举措,而其所蕴含的对理想社会的向往更是人类永远的情结,因此"和民"是那个时代对何为一个好社会的解答。信仰维度是对人信仰秩序的规范,在人类历史上,宗教信仰是贯穿始终的重要问题,人类心灵世界的种种问题在很大程度上是通过信仰得到化解的,而和合思想的信仰维度主要是解决神人关系问题,以避免人类信仰世界的崩解。因此在这个意义上,我们可以说《国语》和合思想即是对前诸子时代诸种问题的回应和

---

① 参见张立文:《和合学——21世纪文化战略的构想》,中国人民大学出版社2006年版,第435—477页。

解答。

　　人类所面临的问题很多是贯穿人类历史始终的,是人类永恒的话题,就这一点而言,《国语》和合思想四个维度对我们今天所面临的问题仍有着参考价值。当然,其提供的化解之道在很大程度上受其时代限制,但是其中的核心思想则是有其永恒价值的,这也就是"和合"。张立文先生从传统文化中将"和合"体贴出来,并以其为核心范畴建构起和合学理论体系,这本身就是对和合思想的转生。据此,张立文先生就人类所面临的五大冲突和危机提出了五大原理,即和生、和处、和立、和达、和爱。和生原理是指人与自然、人与社会、人与人、人与自我心灵以及各文明之间不以对方为敌,而是共生共荣;和处原理与和生紧密相连,是指人与他者在相处过程中和平相待,始终抱谦和、温和的态度;和立原理主要关注多样性,即以开放、包容的态度接纳自然、社会、人际、心灵、文明按其自己的特性发展;和达原理是指人与自然、社会、他人、他文明、心灵都共同发达,这也就是孔子说的"己欲达而达人"的思想;和爱原理是前四大原理的基础和核心,也就是孔子的"泛爱众"和墨子的"兼爱"思想。①

　　从历史上来看,人类社会自产生始,便充满着各自冲突和对抗。进入现代社会之后,美苏两大阵营之间的冷战更是将这种冲突和对抗推至极致。冷战结束后,"911"恐怖袭击的发生又成为人类冲突与对抗的新形式。其实,除了这种政治意义上的冲突之外,现代性所施加于人自身之上的张力,也使得人与自然、人自身心灵以及人与人之间的冲突无比激烈。因此,如何化解冲突和对

────────────────

①　参见张立文:《和合学——21 世纪文化战略的构想》,中国人民大学出版
　　社 2006 年版,第 477—481 页。

抗,如何解救人类自身,成为整个世界在21世纪关注的焦点。而和合学五大原理,无疑即是化解种种矛盾的最优尝试。在"和合"的指导下,人类世界树立起自身发展的标的,其旨就是要消除人类社会所存在的种种冲突和对抗,实现人类社会的共同繁荣。在具体操作上,和合学的和生、和处、和立、和达、和爱五大原理提供了有效可行的方法。因此,在和合学理论的观照下,人类社会化解种种冲突和危机的努力,得到了理论上的保障。

总而言之,和合学的五大原理是对人类社会五大冲突和危机的化解之道,同时也是对《国语》和合思想四个维度的现代转生。《国语》和合思想是生活于先秦世界中人们的经验总结与智慧结晶,深刻影响了诸子时代以及之后的传统社会发展。在现代社会,面对种种冲突与危机,《国语》和合思想再次展现出丰富蕴意,并通由和合学的转生彰显出其应有的现代价值和意义。

附录:古代《国语》作者等问题研究资料汇编

1."左丘失明,厥有《国语》。"①——(汉)司马迁:《史记·太史公自序》

2."及孔子因鲁史记而作《春秋》,而左丘明论辑其本事以为之传,又篹异同为《国语》。"②——(汉)班固:《汉书·司马迁传》

3."《国语》,《左氏》之外传也。《左氏》传经,辞语尚略,故复选录《国语》之辞以实。"③——(汉)王充:《论衡·案书篇》

4."《国语》记诸国君臣相与言语谋议之得失也,又曰《外传》,《春秋》以鲁为内,以诸国为外,外国所传之事也。"④——(汉)刘熙:《释名·释典艺》

5."昔孔子发愤于旧史,垂法于素王。左丘明因圣言以摅意,托王义以流藻,其渊源深大,沈懿雅丽,可谓命世之才,博物善作者也。其明识高远,雅思未尽,故复采录前世穆王以来,下讫鲁悼、智伯之诛,邦国成败,嘉言善语,阴阳律吕,天时人事逆顺之数,以为《国语》。其文不主于经,故号曰'外传'。所以包罗天地,探测祸

---

① (汉)司马迁撰:《史记》,中华书局1959年版,第3300页。
② (汉)班固撰:《汉书》,中华书局1962年版,第2737页。
③ 黄晖撰:《论衡校释》,中华书局1990年版,第1165页。
④ (汉)刘熙:《释名》卷六,中华书局1985年版,第100页。

福,发起幽微,章表善恶者,昭然甚明,实与经艺并陈,非特诸子之伦也。"①——(三国)韦昭:《国语解叙》

6."《国语》非丘明所作,凡有共说一事而二文不同,必《国语》虚而《左传》实,其言相反不可强合也。"②——(晋)傅玄:《左传·哀公十三年》"乃先晋人"句下孔颖达疏引

7."左丘明集其典雅令辞与经相发明者,以为《春秋传》,其高论善言别为《国语》。凡《左传》、《国语》有事同而辞异者,以其详于《左传》而略于《国语》,详于《国语》而略于《左传》。"③——(晋)孔晁:《左传·僖公十一年》"天王使召武公"句下孔颖达疏引

8."《国语》非丘明所作。"④——(隋)刘炫:《左传·襄公二十六年》"栾范易行以诱之"句下孔颖达疏引

9."《左传》、《国语》文体不伦,序事又多乖刺,定非一人所为也。盖左氏广集诸国之史以释《春秋》,传成之后,盖其家子弟及门人,见嘉谋事迹多不入传,或有虽入传而复不同,故各随国编之,而成此书,以广异闻尔。自古岂止有一丘明姓左乎? 何乃见题左氏悉称丘明?"⑤——(唐)陆淳《春秋啖赵集传纂例·赵氏损益义第五》引赵匡语

10."《国语》家者,其先亦出于左丘明。既为《春秋内传》,又稽其逸文,纂其别说,分周、鲁、齐、晋、郑、楚、吴、越八国事,起自周穆王,终于鲁悼公,别为《春秋外传国语》,合为二十一篇。其文以

---

① 徐元诰撰:《国语集解》(修订本),中华书局 2002 年版,第 594 页。
② (清)阮元校刻:《十三经注疏》,中华书局 1980 年版,第 2171 页。
③ (清)阮元校刻:《十三经注疏》,中华书局 1980 年版,第 1802 页。
④ (清)阮元校刻:《十三经注疏》,中华书局 1980 年版,第 1992 页。
⑤ (唐)陆淳纂:《春秋啖赵集传纂例》卷一,商务印书馆 1936 年版,第 9 页。

方《内传》，或重出而小异。然自古名儒贾逵、王肃、虞翻、韦曜之徒，并申以注释，治其章句，此亦六经之流，三传之亚也。"①——（唐）刘知几:《史通·六家》

11."仲尼作《春秋经》，鲁史左丘明作《传》，合三十篇，故曰《左氏传》。《国语》亦丘明所撰。"②——（唐）司马贞注:裴骃《史记集解序》语

12."左氏《国语》，其文深闳杰异，固世之所耽嗜而不已也。而其说多诬淫，不概于圣。余惧世之学者溺其文采而沦于是非，是不得由中庸以入尧、舜之道。本诸理，作《非国语》。"③——（唐）柳宗元:《非国语序》

13."左丘明既作传以解《春秋》，又采简牍以作《国语》，其文不主于经，故谓之外传，俱是丘明所作，亦得云《左传》曰。"④——（宋）邢昺:《尔雅注疏·释天》"《左传》曰:今又荐饥"句疏

14."班固《艺文志》种别《六经》，其《春秋》家有《国语》二十一篇，注左丘明著。至汉司马子长撰《史记》，遂据《国语》、《世本》、《战国策》以成其书。当汉出，《左传》秘而未行，又不立于学官，故此书亦弗显，唯上贤达识之士好而尊之，俗儒弗识也。逮东汉，《左传》渐布，名儒始悟向来《公》、《谷》肤近之说，而多归《左氏》。及杜元凯研精训诂，木铎天下，古今真谬之学一旦冰释，虽《国语》亦从而大行，盖其书并出丘明。自魏、晋以后，书录所题，

---

① （唐）刘知几撰，（清）浦起龙释:《史通通释》，上海古籍出版社1978年版，第14页。

② （南朝宋）裴骃:《史记集解序》，载（汉）司马迁撰:《史记》第十册，中华书局1959年版，第2页。

③ （唐）柳宗元:《柳宗元集》卷四十四，中华书局1979年版，第1265页。

④ （清）阮元校刻:《十三经注疏》，中华书局1980年版，第2607页。

皆曰《春秋外传国语》。是则《左传》为内,《国语》为外,二书相副,以成大业。凡事详于内者略于外,备于外者简于内,先儒孔晁亦以为然。自郑众、贾逵、王肃、虞翻、唐固、韦昭之徒并治其章句,申之注释,为六经流亚,非复诸子之伦。自余名儒硕生好是学者不可胜纪。历世离乱,经籍亡逸,今此书唯韦氏所解传于世,诸家章句遂无存者。然观韦氏所叙,以郑众、贾逵、虞翻、唐固为主而增损之,故其注备而有体,可谓一家之名学。唯唐文人柳子厚作《非国语》二篇,捃摭左氏意外微细以为诋訾,然未足掩其洪美。……古今卷第多不同,或云二十一篇,或云二十二,或云二十卷,然据《班志》最先出,贾逵次之,皆云二十一篇,此实旧书之定数。其后或互有损益,盖诸儒章句烦简不同,析简并篇,自名其学,盖不足疑也。要之《艺志》为审矣。又按:先儒未有为《国语》音者,盖《外》、《内传》文多相涉,字音亦通故邪。"①——(宋)宋庠:《国语补音叙录》

15."先儒多怪左丘明既传《春秋》,又作《国语》,为之说者多矣,皆未通也。先君以为:丘明将传《春秋》乃先采集列国之史,因别分之,取其精英者为《春秋传》,而先所采集之稿,因为时人所传,命曰《国语》,非丘明之本志也。故其辞语繁重,序事过详,不若《春秋传》之简直精明,浑厚遒峻也;又多驳杂不粹之文,诚由列国之史学有厚薄,才有浅深,不能醇一故也;不然丘明作此重复之书何为邪?"②——(宋)司马光:《经义考》卷二百九引

16."《国语》亦左丘明所著,载《内传》遗事,或言理差殊,而文词富美,为书别行。自周穆王尽晋智伯、赵襄子当贞定王时,凡五

---

① 徐元诰撰:《国语集解》(修订本),中华书局 2002 年版,第 596 页。
② (清)朱彝尊撰:《经义考新校》,上海古籍出版社 2010 年版,第 3800 页。

百余年,虽事不连属,于史官盖有补焉。"①——(宋)刘恕:《资治通鉴外纪》

17."昔左丘明将传《春秋》,乃先采集列国之史,国别为语,旋猎其英华作《春秋传》,而先所采集之语,草稿具存,时人共传习之,号曰《国语》,殆非丘明本志也。故其辞多枝叶,不若内传之简直峻健,甚者驳杂不类,如出他手,盖由当时列国之史,材有厚薄,学有浅深,故不能醇一耳。不然丘明特为此重复之书,何邪?先儒或谓《春秋传》先成,《国语》继作,误矣,惟本朝司马温公父子能识之。"②——(宋)李焘:《经义考》卷二百九引

18."班固《艺文志》有《国语》二十一篇,《隋志》云二十二卷,《唐志》云二十一卷。今书篇次与《汉志》同,盖历代儒者析简并篇,互有损益,不足疑也,要之《艺文志》审矣。陆淳谓'与《左传》文体不伦,定非一人所为',盖未必然。范宁云'《左氏》艳而富',韩愈云'《左氏》浮夸',今观此书,信乎其富艳且浮夸也,非左氏而谁?柳宗元称《越语》尤奇骏,岂特《越》哉!自《楚》以下类如此。"③——(宋)晁公武:《郡斋读书志》

19."《国语》委靡繁絮,真衰世之文耳。是时语言议论如此,宜乎周之不能振起也。"④——(宋)朱熹:《朱子语类》卷一百三十九

20."以《国语》、《左传》二书参校,《左氏》虽有全用《国语》文

---

① (宋)刘恕撰:《资治通鉴外纪》卷十,载(宋)司马光编著:《资治通鉴》,上海古籍出版社1987年版,第101页。

② (清)朱彝尊撰:《经义考新校》,上海古籍出版社2010年版,第3801页。

③ (宋)晁公武撰,孙猛校证:《郡斋读书志》卷三,上海古籍出版社1990年版,第120页。

④ (宋)黎靖德编:《朱子语类》卷一百三十九,中华书局1986年版,第3297页。

字者,然所采次仅十一而已。至《齐语》不复用,《吴》、《越语》则采用绝少,盖徒空文,非事实也。《左氏》合诸国记载成一家之言,工拙烦简自应若此,惜他书不存,无以遍观也。而汉魏相传,以《左传》《国语》一人所为,《左氏》雅志未尽,故别著外传。余人为此语不足怪,若贾谊、司马迁、刘向不加订正,乃异事耳。"①——(宋)叶适:《习学记言·国语》

21."自班固志《艺文》,有《国语》二十一篇,左丘明所著,至今与《春秋传》并行,号为外传。今考二书,虽相出入,而事辞或多异同,文体亦不类。意必非出一人之手也。司马子长云:'左丘失明,厥有《国语》',又似不知所谓。唐啖助亦尝辨之。"②——(宋)陈振孙:《直斋书录解题》

22."左丘明传记诸国事既备矣,复为《国语》,二书之事,大同小异者,多或疑之。盖传在先秦古书六经之亚也,纪史以释经,文婉而丽;《国语》要是传体,而其文壮,其辞奇。"③——(宋)陈造:《经义考》卷二百九引

23."《国语》事必稽典型,言必主恭敬,衰周之邪说,一语无之,是足昭万世也。"④——(宋)黄震:《经义考》卷二百九引

24."此书不专载事,遂称《国语》。先儒奇太史公变编年为杂体,有作古之材,以余观之,殆仿于《国语》而为之也。"⑤——(元)戴表元:《剡源集·读国语》

25."昔左氏罗集国史实书以传《春秋》,其释丽之余,溢为《外

---

① (宋)叶适:《习学记言序目》,中华书局 1977 年版,第 173 页。
② (宋)陈振孙撰:《直斋书录解题》,上海古籍出版社 1987 年版,第 54 页。
③ (清)朱彝尊撰:《经义考新校》,上海古籍出版社 2010 年版,第 3802 页。
④ (清)朱彝尊撰:《经义考新校》,上海古籍出版社 2010 年版,第 3802 页。
⑤ (清)朱彝尊撰:《经义考新校》,上海古籍出版社 2010 年版,第 3802 页。

传》，实多先王之明训。自张苍、贾生、马迁以来千数百年，播诵于艺林不衰，世儒虽以浮夸阔诞者为病，然而文辞高妙精理，非后之操觚者可及。"①——（明）黄省曾：《五岳山人集》

26."昔孔子因鲁史以作《经》，而左氏翼《经》以立《传》，复作《外传》以补所未备。其所著记，盖列国辞命载书训诫谏说之辞也。商略帝王，包括宇宙，该治乱，迹善败，按籍而索之，班班详核。其论古今天道人事备矣。即寥寥数语，靡不悉张驰之义，畅彼我之怀，极组织之工，鼓陶铸之巧，学者稍稍掇拾其芬艳，犹足以文藻群流，黼黻当代，信文章之巨丽也。"②——（明）王世贞：《弇州山人四部稿》

27."《国语》一书，深厚浑朴，周鲁尚矣，《周语》辞胜事，《晋语》事胜辞，《齐语》单记桓公霸业，大略与《管子》同。如其妙理玮辞，骤读之而心惊，潜玩之而味永，还须以《越语》压卷。"③——（明）陶望龄：《经义考》卷二百九引

28."《史记》自序云：'左丘失明，厥有《国语》'，由是世儒皆谓《国语》与《春秋传》，为一人所撰。东汉之儒，遂题之曰《春秋外传》。余按《左传》之文，年月井井，事多实录。而《国语》荒唐诬妄，自相矛盾者甚多。《左传》纪事简洁，措词亦多体要。而《国语》文词支蔓，冗弱无骨，断不出于一人之手明甚。且《国语》周、鲁多平衍，晋、楚多尖颖，吴、越多恣放。即《国语》亦非一人之所为也。盖《左传》一书，采之各国之史……《国语》则后人取古人之事而拟之为文者，是以事少而词多。《左传》一言可毕者，《国语》累章而未足也，故名之曰《国语》。语也者，别于纪事而为言者也。

黑白迥殊,云泥远隔。而世以为一人所作亦已异矣。"①——(清)崔述:《洙泗考信余录》

29."《国语》出自何人? 说者不一,然终以汉人所说为近古。所记之事,与《左传》俱迄智伯之亡,时代亦复相合。中有与《左传》未符者,犹《新序》、《说苑》同出刘向,而时复抵牾。盖古人著书,各据所见之旧文,疑以存疑,不似后人轻改也。……考《国语》上包周穆王,下暨鲁悼公,与《春秋》时代首尾皆不相应,其事亦多与《春秋》无关。系之《春秋》,殊为不类。至书中明有《鲁语》,而刘熙以为外国所传,尤为舛迕。附之于经,于义未允。《史通》六家,《国语》居一,实古左史之遗。今改隶之杂史类焉。"②——《四库全书总目》

30."太史公《自序》:'丘失明,厥有《国语》',《汉书·艺文志》:'《国语》二十一篇,左丘明著',汉儒之说彰矣。隋刘光伯,唐陆淳、柳宗元始有异议,摭拾异同,毛举细故。后人遂指《鲁语》'皇华五善'语,言'六德'文与《左》违;《内传》谓鲁哀十七年楚灭陈,鲁哀二十二年越灭吴,《外传》谓吴既灭之后,尚有陈、蔡之君,执玉朝越;黄池之会,《内传》先晋人,《外传》先吴人;《周语》自穆王至幽王,《郑语》独载桓、武而庄公以下无闻,皆《春秋》以前事,以傅会刘、柳之说。然宏嗣明言《国语》之作,其文不主于经,则固不必以经为限矣,至内、外《传》同出一人而文有异同。……班氏《艺文志》言《公羊传》十一卷,《公羊外传》五十篇,《谷梁传》十一卷,《谷梁外传》二十一篇,则作传者必有《外传》以曲畅其支派。

《国语》之为《左氏外传》正同一例。《公》、《谷》二家外传已逸,安知彼之《外传》不与其《内传》亦有牴牾乎?故宏嗣断以为出左氏之手。《内传》之出,献自北平侯张苍,《外传》不知何时始出。贾子《新书·礼容下篇》载单靖公、单襄公事,皆采《国语》,则《国语》之出亦当在汉文帝之世。《儒林传》载贾生治《春秋左氏传》,今又兼述《国语》,则贾生亦以《内传》、《外传》之同出《左氏》也。班氏《艺文志》既载《国语》二十一篇,又载《新国语》五十四篇,刘向所分,则汉时《国语》有两本,今所传二十一篇与班《志》合。……说者又谓《越语》下卷,疑非《国语》本文,其与他卷不类。又《国语》叙事虽不尽有年月,然未尝越次,今上卷已书越灭吴,下卷复从句践即位三年起,他国无此例。《内传》无范蠡姓名,《外传》止《吴语》一见,在五大夫之列,旅进旅退而已,至此卷乃专载蠡策,若灭吴之事蠡独任之者,殊非事实。《艺文志·兵权谋》有《范蠡》二篇,此殆其一,但搀入当在刘向以前。龄案:孔晁本二十卷,则第二十一卷孔博士已不信《国语》真文矣。"①——(清)董增龄:《国语正义序》

31."《汉书·司马迁传》称:'司马迁据《左氏》、《国语》,采《世本》、《战国策》,述《楚汉春秋》。'《史记·太史公自序》及《报任安书》俱言:'左丘失明,厥有《国语》。'《报任安书》下又云:'乃如左丘无目,孙子断足,终不可用,退论书策,以抒其愤。'凡三言左丘明,俱称《国语》。然则左丘明所作,史迁所据,《国语》而已,无所谓《春秋传》也。歆以其非博之学,欲夺孔子之经,而自立新说以惑天下。知孔子制作之学首在《春秋》,《春秋》之传在《公》《谷》,《公》《谷》之法与六经通,于是思所以夺《公》《谷》者。

---

① (清)董增龄:《国语正义》,巴蜀书社1985年版,第1页。

以《公》《谷》多虚言,可以实事夺之,人必听实事而不听虚言也。求之古书,得《国语》与《春秋》同时,可以改易窜附。于是毅然削去平王以前事,依《春秋》以编年,比附经文,分《国语》以释经,而为《左氏传》。……则《左氏传》之与《国语》分为二书,亦其狡伪之同例,尤无可疑。况《左氏传》不见于《史记》而力争于歆者乎?或据《史记·十二诸侯年表》云'鲁君子左丘明,惧弟子人人异端,各安其意,失其真,故因孔子史记具论其语,成《左氏春秋》'以相难,则亦歆所窜入者,辨见前。《国语》仅一书,而《志》以为二种,可异一也。其一'二十一篇',即今传本也;其一刘向所分之'《新国语》五十四篇'。同一《国语》,何篇数相去数倍?可异二也。刘向之书皆传于后汉,而五十四篇之《新国语》,后汉人无及之者,可异三也。盖五十四篇者,左丘明之原本也,歆既分其大半凡三十篇以为《春秋传》,于是留其残膡,掇拾杂书,加以附益,而为今本之《国语》,故仅得二十一篇也。考今本《国语》,《周语》、《晋语》、《郑语》多春秋前事,《鲁语》则大半敬姜一妇人语,《齐语》则全取《管子·小匡篇》,《吴语》、《越语》笔墨不同,不知掇自何书。然则其为《左传》之残余,而歆补缀为之至明。歆以《国语》原本五十四篇,天下人或有知之者,故复分一书以当之,又托之刘向所分非原本以灭其迹,其作伪之情可见。"①——康有为:《新学伪经考》

---

①　康有为:《新学伪经考》,宏业书局1987年版,第71、74页。

参 考 文 献

一、古籍

（一）《国语》类

1.徐元诰撰:《国语集解》(修订本),中华书局 2002 年版。

2.上海师范大学古籍整理研究所校点:《国语》,上海古籍出版社 1998年版。

3.宋志英选编:《〈国语〉研究文献辑刊》,国家图书馆出版社 2012 年版。

4.(吴)韦昭注,(清)黄丕烈札:《国语》,《四部备要》本。

5.(吴)韦昭注:《国语》,《四部丛刊》本。

6.(清)陈瑑撰:《国语翼解》,《丛书集成初编》,中华书局 1991 年版。

7.(清)董增龄撰:《国语正义》,巴蜀书社 1985 年版。

8.(清)黄奭辑:《黄氏逸书考》,清道光黄氏刻民国二十三年朱长圻补刻本。

9.(清)黄丕烈:《国语札记》,《国语》四库备要本。

10.(清)洪亮吉:《国语韦解注疏》,《四部丛刊》本。

11.(清)刘台拱:《国语补校》,《皇清经解续编》本。

12.(清)马国翰辑:《玉函山房辑佚书》,光绪九年(1883)长沙嫏嬛馆刊本。

13.(清)王仁俊辑:《玉函山房辑佚书续编三种》,上海古籍出版社 1989年版。

14.(清)王引之:《经义述闻·国语》,商务印书馆 1935 年版。

15.(清)汪远孙:《〈国语〉三君注辑存》,道光丙午年振绮堂刊本。

16.(清)汪远孙:《国语发正》,《皇清经解续编》本。

17.(清)俞樾:《群经评议·春秋外传国语》,《皇清经解续编》本。

18.(清)姚鼎:《国语补注》第九册,南菁书院丛书,清光绪 14 年(1885)。

(二)其他类

1.(汉)司马迁:《史记》,中华书局 1959 年版。

2.(汉)韩婴撰,许维遹校释:《韩诗外传集释》,中华书局 1980 年版。

3.(汉)严遵著,王德有点校:《老子指归》,中华书局 1994 年版。

4.(汉)许慎撰,(清)段玉裁注:《说文解字注》,中华书局 1980 年版。

5.(汉)班固撰:《汉书》,中华书局 1962 年版。

6.(魏)王弼注,楼宇烈校释:《老子道德经注校释》,中华书局 2008 年版。

7.(唐)陆德明:《经典释文》,《四部丛刊》本。

8.(宋)朱熹撰:《四书章句集注》,中华书局 1983 年版。

9.(清)顾栋高:《春秋大事表》,中华书局 1997 年版。

10.(清)高士奇:《左传纪事本末》,中华书局 1979 年版。

11.(清)郭庆藩撰:《庄子集释》,中华书局 2004 年版。

12.(清)焦循撰:《孟子正义》,中华书局 1987 年版。

13.(清)刘宝楠撰:《论语正义》,中华书局 1990 年版。

14.(清)马瑞辰撰:《毛诗传笺通释》,中华书局 1989 年版。

15.(清)皮锡瑞撰:《今文尚书考证》,中华书局 1989 年版。

16.(清)阮元校刻:《十三经注疏》,中华书局 1980 年版。

17.(清)孙星衍撰:《尚书今古文注疏》,中华书局 2004 年版。

18.(清)孙诒让撰:《周礼正义》,中华书局 1987 年版。

19.(清)孙诒让撰:《墨子间诂》,中华书局 2001 年版。

20.(清)孙希旦撰:《礼记集解》,中华书局 1989 年版。

21.(清)王聘珍撰:《大戴礼记解诂》,中华书局 1983 年版。

22.(清)王先慎撰:《韩非子集解》,中华书局 1998 年版。

23.(清)王先谦撰:《荀子集解》,中华书局 1988 年版。

24.(清)王先谦撰:《诗三家义集疏》,中华书局 1987 年版。

25.(清)朱彝尊撰,林庆彰等主编:《经义考新校》,上海古籍出版社 2010 年版。

26.陈鼓应注译:《老子今注今译》(参照简帛本最新修订版),商务印书馆 2003 年版。

27.郭沫若、闻一多、许维遹撰:《管子集校》,科学出版社 1956 年版。

28.黄怀信、张懋镕、田旭东撰:《逸周书汇校集注》,上海古籍出版社

1995 年版。

29.荆门市博物馆编:《郭店楚墓竹简》,文物出版社 1998 年版。

30.刘文典撰:《淮南鸿烈集解》,中华书局 1989 年版。

31.李学勤主编:《清华大学藏战国竹简(壹)》,上海文艺出版集团 2010 年版。

32.苏舆撰,钟哲点校:《春秋繁露义证》,中华书局 1992 年版。

33.王恒杰辑:《春秋后语辑考》,齐鲁书社 1993 年版。

34.许维通撰:《吕氏春秋集释》,中华书局 2009 年版。

35.杨伯峻撰:《春秋左传注》,中华书局 2009 年版。

36.袁珂:《山海经校注》(修订本),巴蜀书社 1992 年版。

37.周承源主编:《上海博物馆藏战国楚竹书》(全五册),上海古籍出版社 2001 年版。

38.中国社会科学院考古研究所编:《殷周金文集成释文》,香港中文大学出版社 2001 年版。

二、专著

(一)《国语》类

1.陈新雄、于大成编:《左传论文集》,木铎出版社 1976 年版。

2.顾颉刚:《春秋三传及国语之综合研究》,巴蜀书社 1988 年版。

3.顾立三:《〈左传〉与〈国语〉之比较研究》,文史哲出版社 1983 年版。

4.何志华等编:《唐宋类书征引〈国语〉资料汇编》,香港中文大学出版社 2010 年版。

5.李佳:《〈国语〉研究》,中国社会科学出版社 2015 年版。

6.刘伟:《史之思——〈国语〉的思想视界》,山东人民出版社 2013 年版。

7.吴增祺:《国语韦解补正》,商务印书馆 1933 年版。

8.夏德靠:《〈国语〉研究》,知识产权出版社 2014 年版。

9.徐仁甫:《〈左传〉疏证》,四川人民出版社 1981 年版。

10.俞志慧:《〈国语〉韦昭注辨正》,中华书局 2009 年版。

11.俞志慧:《古"语"有之——先秦思想的一种背景与资源》,华东师范大学出版社 2010 年版。

12.张鹤:《〈国语〉研究》,学苑出版社 2013 年版。

13.张以仁:《国语斠证》,台湾商务印书馆 1968 年版。

14.张以仁:《〈国语〉〈左传〉论集》,东升出版事业公司 1980 年版。

15.张以仁:《春秋史论集》,联经出版事业公司 1990 年版。

16.张以仁:《张以仁先秦史论集》,上海古籍出版社 2010 年版。

(二)和合思想类

1.李振刚、方国根:《和合之境——中国哲学与 21 世纪》,华东师范大学出版社 2001 年版。

2.李甦平、何成轩:《东亚与和合——儒释道的一种诠释》,百花洲文艺出版社 2005 年版。

3.杨建华:《中华早期和合文化》,浙江人民出版社 1999 年版。

4.张立文:《中华和合文化导论》,中共中央党校出版社 2001 年版。

5.张立文:《和合与东亚意识——21 世纪东亚和合哲学的价值共享》,华东师范大学出版社 2001 年版。

6.张立文:《和合哲学论》,人民出版社 2004 年版。

7.张立文:《和合学——21 世纪文化战略的构想》,中国人民大学出版社 2006 年版。

8.郑涵:《中国的和文化意识》,学林出版社 2005 年版。

9.左亚文:《和合思想的当代阐释——唯物辩证法与东方智慧的对话》,湖北教育出版社 2003 年版。

(三)其他类

1.艾兰等主编:《中国古代思维模式与阴阳五行说探源》,江苏古籍出版社 1998 年版。

2.程潮:《儒家内圣外王之道通论》,湖南人民出版社 2005 年版。

3.陈来:《古代思想文化的世界——春秋时代的宗教伦理与社会思想》,三联书店 2002 年版。

4.陈来:《古代宗教与伦理》,三联书店 2009 年版。

5.陈梦家:《尚书通论》,中华书局 1985 年版。

6.陈梦家:《殷墟卜辞综述》,中华书局 1988 年版。

7.陈戍国:《先秦礼制研究》,湖南教育出版社 1991 年版。

8.杜正胜编:《中国上古史论文选集》,华世出版社 1979 年版。

9.杜正胜:《古代社会与国家》,允辰文化实业股份有限公司 1992 年版。

10.傅斯年:《傅斯年全集》,湖南教育出版社 2003 年版。

11.冯友兰:《三松堂文集》,河南人民出版社2001年版。

12.顾颉刚等主编:《古史辨》,上海古籍出版社1982年版。

13.顾颉刚、刘起釪:《尚书校释译论》,中华书局2005年版。

14.郭沫若:《郭沫若全集》,科学出版社1982年版。

15.郭沫若主编,胡厚宣总编辑:《甲骨文合集》,中华书局1982年版。

16.葛兆光:《中国思想史》,复旦大学出版社2004年版。

17.胡厚宣:《甲骨学商史论丛初集》,齐鲁大学国学研究所1944年版。

18.侯志义编:《西周金文选编》,西北大学出版社1990年版。

19.金耀基:《中国民本思想史》,台湾商务印书馆1993年版。

20.李峰:《西周的政体——中国早期的官僚制度和国家》,三联书店2010年版。

21.李零:《李零自选集》,广西师范大学出版社1998年版。

22.李零:《简帛古书与学术源流》,三联书店2004年版。

23.李孝定:《甲骨文字集释》,"中央研究院"历史语言研究所1970年版。

24.李宗侗:《中国古代社会新研》,中华书局2010年版。

25.刘起釪:《古史续辨》,中国社会科学出版社1991年版。

26.罗焌:《诸子学述》,华东师范大学出版社2008年版。

27.罗安宪主编:《中国孔学史》,人民出版社2008年版。

28.梁启超:《先秦政治思想史》,天津古籍出版社2003年版。

29.蒙文通:《古史甄微》,商务印书馆1933年版。

30.蒲慕州:《追寻一己之福——中国古代的信仰世界》,上海古籍出版社2007年版。

31.钱杭:《周代宗法制度史研究》,学林出版社1991年版。

32.钱穆:《先秦诸子系年》,商务印书馆2001年版。

33.庞朴:《庞朴文集》,山东大学出版社2005年版。

34.唐兰:《殷墟文字记》,中华书局1981年版。

35.童书业:《春秋左传研究》,上海人民出版社1980年版。

36.童书业:《春秋史》,山东大学出版社1987年版。

37.王辉:《商周金文》,文物出版社2006年版。

38.王国维:《观堂集林》,中华书局1959年版。

39.王元化主编:《释中国》,上海文艺出版社1998年版。

40.王幼平:《中国远古人类文化的源流》,科学出版社2005年版。

41.王震中:《中国文明起源的比较研究》,陕西人民出版社 1994 年版。

42.夏鼐:《中国文明的起源》,文物出版社 1985 年版。

43.谢维扬:《中国早期国家》,浙江人民出版社 1995 年版。

44.徐复观:《中国人性论史(先秦篇)》,上海三联书店 2001 年版。

45.徐复观:《中国思想史论集》,上海书店出版社 2004 年版。

46.徐复观:《中国思想史论集续编》,上海书店出版社 2004 年版。

47.徐复观:《徐复观论经学史二种》,上海书店出版社 2005 年版。

48.徐旭生:《中国古史的传说时代》(增订本),文物出版社 1985 年版。

49.许倬云:《西周史》(增订本),三联书店 1994 年版。

50.许倬云:《求古编》,新星出版社 2006 年版。

51.杨向奎:《中国古代社会与古代思想研究》,上海人民出版社 1962 年版。

52.张立文:《中国哲学范畴发展史》(天道篇),中国人民大学出版社 1988 年版。

53.张立文:《中国哲学范畴发展史》(人道篇),中国人民大学出版社 1995 年版。

54.张立文:《新人学导论》,广东人民出版社 2000 年版。

55.张立文:《中国哲学逻辑结构论》(修订本),中国社会科学出版社 2002 年版。

56.张立文:《"自己讲"、"讲自己"——中国哲学的重建与传统现代的度越》,北京师范大学出版社 2007 年版。

57.张立文:《传统学七讲》,长春出版社 2008 年版。

58.张立文:《帛书周易注译》,中州古籍出版社 2008 年版。

59.张立文:《中国哲学思潮发展史》,人民出版社 2014 年版。

60.张光直:《中国青铜时代》,三联书店 1983 年版。

61.张光直:《美术、神话与祭祀》,辽宁教育出版社 1988 年版。

62.张光直:《中国青铜时代二集》,三联书店 1990 年版。

63.张树国:《宗教伦理与中国上古祭歌形态研究》,人民出版社 2007 年版。

64.张舜徽:《说文解字约注》,华中师范大学出版社 2009 年版。

65.张亚初:《殷周金文集成引得》,中华书局 2001 年版。

66.郑开:《德礼之间——前诸子时期的思想史》,三联书店 2009 年版。

67.詹鄞鑫:《神灵与祭祀——中国传统宗教综论》,江苏古籍出版社1992年版。

68.周桂钿:《中国传统政治哲学》,河北人民出版社2007年版。

69.周策纵:《古巫医与"六诗"考》,上海古籍出版社2009年版。

70.[美]史华兹著,程刚译:《古代中国的思想世界》,江苏人民出版社2004年版。

71.[美]王爱和著,金蕾、徐峰译,徐峰校:《中国古代宇宙观与政治文化》,上海古籍出版社2011年版。

72.[美]夏含夷编:《远方的时习——〈古代中国〉精选集》,上海古籍出版社2008年版。

73.[瑞典]高本汉:《汉文典》,上海辞书出版社出版1997年版。

74.[日]白川静著,温天河、蔡哲茂译:《金文的世界》,联经出版事业公司1989年版。

75.[日]白川静著,袁林译:《西周史略》,三秦出版社1992年版。

76.[日]白川静著,曹兆兰选译:《金文通释选译》,武汉大学出版社2000年版。

77.[日]岛邦男著,濮茅左、顾伟良译:《殷墟卜辞研究》,上海古籍出版社2006年版。

78.[日]高木智见著,何晓毅译:《先秦社会与思想——试论中国文化的核心》,上海古籍出版社2011年版。

79.[日]谷中信一著,孙佩霞译:《先秦秦汉思想史研究》,上海古籍出版社2015年版。

三、论文

(一)《国语》类

1.白寿彝:《国语散论》,《人民日报》1962年10月16日。

2.白奚:《从〈左传〉、〈国语〉的"仁"观念看孔子对"仁"的价值提升》,《首都师范大学学报》(社会科学版)2007年第4期。

3.卜德:《〈左传〉与〈国语〉》,《燕京学报》1934年第16期。

4.程水金:《从鉴古思潮看〈国语〉之编纂目的及其叙述方式——兼论〈国语〉与〈左传〉之关系》,《武汉大学学报》(人文科学版)2008年第4期。

5.傅庚生:《〈国语选〉前言》,载《国语选》,人民文学出版社 1959 年版。

6.李坤:《〈国语〉的编撰》,《史学史研究》1988 年第 4 期。

7.刘宗迪:《古史、故事、警史》,《读书》2003 年第 1 期。

8.梁涛:《20 世纪以来〈左传〉、〈国语〉成书、作者及性质的讨论》,《邯郸学院学报》2005 年第 4 期。

9.马王堆汉墓整理小组:《〈春秋事语〉释文》,《文物》1977 年第 1 期。

10.邱峰:《〈国语〉名称演变探源》,《管子学刊》2006 年第 2 期。

11.饶恒久:《先秦时期历史档案的口述者——瞽矇职守与〈国语〉、〈左传〉的讲诵增饰》,《社会科学战线》2006 年第 6 期。

12.戎辉兵:《〈国语〉流布、研究及版本概述》,《唐山师范学院学报》2009 年第 11 期。

13.石光瑛:《国语韦解补正》,《国立中山大学文学院专刊》1933 年第 1 期。

14.孙海波:《〈国语〉真伪考》,《燕京学报》1934 年第 16 期。

15.沈长云:《〈国语〉编纂考》,载《上古史探研》,中华书局 2002 年版。

16.谭家健:《关于〈国语〉的成书时代和作者问题》,《河北师院学报》(哲学社会科学版)1985 年第 2 期。

17.谭家健:《历代关于〈国语〉作者问题的不同意见综述》,《中国史研究动态》1994 年第 7 期。

18.王树民:《〈国语〉的作者和编者》,载徐元诰撰:《国语集解》(修订本),中华书局 2002 年版。

19.徐仁甫:《左丘明是〈左传〉还是〈国语〉的作者?》,《社会科学研究》1979 年第 3 期。

20.殷孟伦:《〈国语〉哲学思想研究》,《中国哲学史研究》1984 年第 1 期。

21.俞志慧:《〈国语〉版本源流及公序本系统二子本之对比》,载《〈春秋〉三传与经学文化》,长春出版社 2009 年版。

22.张政烺:《〈春秋事语〉解题》,《文物》1977 年第 1 期。

23.张居三:《〈国语〉研究》,东北师范大学,博士学位论文,2008 年。

24.张永路:《〈国语〉作者与年代问题综论——以开放文本为分析视角》,《经学研究集刊》2010 年第 9 期。

(二)和合思想类

1.蔡方鹿:《中华和合文化研究及其时代意义》,《社会科学研究》1997 年第 6 期。

2.陈忠宁:《传统和合思想与中国社会发展》,中共中央党校,博士学位论文,2008 年。

3.方国根:《民族智慧与哲学创新——读张立文教授〈和合哲学论〉》,《中山大学学报》(社会科学版)2007 年第 4 期。

4.方国根:《世纪之交的文化抉择——读〈和合学论〉》,《现代哲学》1997年第 4 期。

5.郭齐:《"和合"析论》,《四川大学学报》(哲学社会科学版)1999 年第2 期。

6.李刚:《和合思想及其演变》,《西北大学学报》(哲学社会科学版)2001年第 1 期。

7.刘景钊、韩进军:《和合之路:中国哲学"自己讲"的努力与贡献》,《晋阳学刊》2006 年第 3 期。

8.罗安宪:《容纳百川与创新学术——和合学的文化理路及其当代意义》,《社会科学家》2000 年第 1 期。

9.陆玉林:《简论传统和合思想的现代性转生》,《中华文化论坛》2000 年第 3 期。

10.彭永捷:《张立文的和合学》,《探索与争鸣》1998 年第 8 期。

11.彭永捷:《和生与仁生——论和合学之新仁学面向》,《学术界》2011年第 11 期。

12.王颢:《中华和合思想研究》,中国人民大学,博士学位论文,2009 年。

13.吴显庆:《〈管子〉"和合"思想辨析》,《社会科学研究》1998 年第1 期。

14.夏澍耘:《荀子和合观简论》,《武汉大学学报》(哲学社会科学版)2006 年第 5 期。

15.张立文:《中国哲学的创新与和合学的使命》,《中国人民大学学报》2003 年第 1 期。

16.张立文:《和合思想的现代意义》,《国家图书馆学刊》2006 年第 1 期。

17.张立文:《和谐、和合的中华哲学资源》,《中国哲学年鉴》,2007 年。

18.张立文:《和合、和谐与现代意义》,《江汉论坛》2007 年第 2 期。

19.张立文:《管子道德和合新释》,《社会科学战线》2010 年第 2 期。

20.张立文:《和合中华哲学思潮的探析》,《北京大学学报》(哲学社会科学版)2014 年第 4 期。

21.张岱年:《漫谈和合》,《社会科学研究》1997 年第 5 期。

22.张永路:《"和合"考释》,《鹅湖月刊》2011 年总第 429 期。

(三)其他类

1.白奚:《中国古代阴阳与五行说的合流——〈管子〉阴阳五行思想新探》,《中国社会科学》1997 年第 5 期。

2.陈梦家:《商代的神话与巫术》,《燕京学报》1936 年第 20 期。

3.陈祖怀:《先秦儒道"内圣外王"说会议》,《史林》2008 年第 6 期。

4.杜正胜:《从眉寿到长生——中国古代生命观念的转变》,《中央研究院历史语言研究所集刊》1995 年第 66 本第 2 分。

5.黄人二:《上博藏简〈昭王毁室〉试释》,《考古学报》2008 年第 4 期。

6.李天虹:《〈性自命出〉与传世先秦文献"情"字解诂》,《中国哲学史》2001 年第 3 期。

7.刘宝才:《先秦思想史上的阴阳五行学说》,《人文杂志》1986 年第 3 期。

8.廖名春:《清华简〈保训〉篇"中"字释义及其他》,《孔子研究》2011 年第 2 期。

9.彭华:《阴阳五行研究》(先秦篇),博士学位论文,华东师范大学,2004 年。

10.孙家洲:《秦汉祭天礼仪与儒家文化》,《孔子研究》1994 年第 2 期。

11.王洪军:《〈国语·周语下〉的钟律文献再解读》,《中国音乐学》2006 年第 4 期。

12.张立文:《内圣外王新释》,《中共桂林市委党校学报》2001 年第 1 期。

13.张鹤泉:《周代郊天之祭初探》,《史学集刊》1990 年第 1 期。

14.竺可桢:《中国近五千年来气候变迁的初步研究》,《考古学报》1972 年第 1 期。

15.周粟:《周代饮食文化研究》,吉林大学,博士学位论文,2007 年。

16.[美]布雷特·辛斯基:《气候变迁和中国历史》,《中国历史地理论丛》2003 年第 2 辑。

索　引

主　题　词

后　记

书稿终于修改完成，此时距毕业答辩已整整四年。

犹记当时写毕业论文，从动笔到停笔也刚好一年。和此时一样，那时宿舍窗外成排的杨树绿荫繁茂。渐渐地，文章越来越厚，叶子却越来越少。当写作最艰难时，已然寒冬。那段时间几乎都是通宵写作，写累了便自己在宿舍楼道来回踱几步，待到窗前渐白，才发觉已肚饿难耐。自己曾言，写作毕业论文是一种非常态的生活，其中的坎坷与艰辛，只有饮水者自知。而众人所见，只是一本论文。水平不知几何，努力便会心安。

其实，自己的驽钝，自己是知道的。当初在选题时，无知无畏地选择了一个艰巨的任务。从整个哲学思潮发展史来看，每个时代都有与之相契合的哲学思潮，其中核心话题、人文语境、诠释文本就是哲学创新的三规则。在经历了先秦百家之学、两汉经学、魏晋玄学、隋唐儒释道三家之学、宋元明清理学的演变之后，现代社会中人文语境已经发生转移，核心话题也实现了转向，而诠释文本也需要转换。作为实现中国哲学现代转生的和合学，其诠释文本就是《国语》，因此《国语》和合思想研究就显得尤为重要。而对于这个选题的重要性和复杂性，刚入学时的自己并没有充分认识，更没有预料到写作过程中可能出现的问题和困难。等到逐渐深入研究之中，才发觉自己的无知无畏带给自己怎样的压力。随之而来的是紧张和惶恐,怕无法胜任,怕辜负恩师的嘱托,怕荒废如此关键的选题。幸运的是,无论是论文开题,还是写作过程中,张立文先生一直鼓励和指导,才让我鼓起勇气,开始了这段刻骨铭心的写作之旅。毕业之后,仍然会不时回忆起写作论文时的情景,这是学术生涯的宝贵财富。

在学术之路上最为关键的读博期间,能够师从张立文先生,是最大的幸运。犹记刚获知入师门时的激动和兴奋,也还记得刚入学时的懵懂和青稚。最初博士生考试面试时,面对张立文先生和数位仰慕的教授,紧张地有些语塞,而先生却始终带着温良的笑容,这让我逐渐放松下来。自知驽钝,先生不弃收我入师门,这最初的师恩已经铭记在心。入学之后,先生指引学路,循径而前,方得窥见"宗庙之美,百官之富"。从《和合学》、《和合哲学论》入手,探和合学体系之广大精微,明中国哲学创新之规则;又上溯至《新人学》、《传统学》,知和合学理论之关怀与由来;读《中国哲学逻辑结构论》,参照先生关于朱熹、陆九渊、王夫之、戴震等理学诸研究,方知先生之学一以贯之。其间,读书有不明处,又可时时入室请益。每每相问,先生讲解一二小时不辍,不仅谈学理,更有数十年的人生体悟。有时也和先生和师母聊些家庭闲事,只随口提及,但先生时隔多日后仍会询问关心,知道一切安好之后才会安心。先生和师母知我们求学不易,还常常问起生活境况。至今思来,觉得自己实在太过幸运。从踏入学门的第一步,一路走来,每一步成长都凝含着张立文先生的教导和期望。此时,我要献上最诚挚的谢意,感谢先生一直以来的培养和教诲。

读博以来,感谢教研室宋志明教授、向世陵教授、罗安宪教授、彭永捷教授、杨庆中教授、干春松教授和温海明教授,诸位老师的指导帮助了我的成长。特别是罗安宪老师和彭永捷老师,在很多

后记

方面都帮助了我。感谢答辩委员会诸位老师的鼓励和肯定,周桂钿教授、方国根编审、陆玉林教授和彭永捷教授都提供了中肯而精准的修改建议。特别要感谢方国根老师,从我读博开始,就一直受其热心相助之恩,本书的出版便仰赖方老师的支持。感谢师兄段海宝、王灏、张瑞涛,师姐朱璐,师妹陈欣雨、石双华,师弟李莽、肖永奎等同门在求学期间给予的各种帮助。在人大期间,结识了很多朋友,那时的生活很简单,身边总有一群友人,结伴而餐,啸聚而饮。

特别感谢我的硕士导师陈声柏教授。自入兰州大学哲学系,亲炙师教,无一时不受其教授之惠。从对哲学一无所知的大一新生,到硕士期间初探学径,全受陈声柏老师的指引和教导。离开兰州八年,仍然常常关心、帮助我的学习和工作,师生之情谊,永难忘怀。还有王晓兴教授、李创同教授一如既往地给予我帮助,仲辉师兄在我遇到困难时经常开导和安慰,此时要一并献上我诚挚的谢意。高炜、寿晨曦、俞颖杰和张涪云诸友十几年来相伴左右,感念至深。

来天津工作之后,尽管又是一个陌生的城市,但是同事们的热情让我在最快的时间内安定下来。感谢天津社会科学院哲学所这个大家庭,感谢王伟凯研究员,感谢杨晓东、赵建永、李会富、杨东柱、李琴、耿静波、李杨等诸位同事,是你们的热情相助、热心相待,让我喜欢上天津这个城市,喜欢上社科院哲学所。

本书有幸得到天津社会科学院后期出版资助,感谢天津社会科学院学术委员会,感谢院领导和诸位专家对本书给予后期出版资助的鼓励和认可,感谢评审专家提出的修改意见。能够获得这一资助,主要获益于院领导对青年科研人员一直以来的关怀和帮助,学术委员会各位专家老师在出版资助申请过程中都给予了大力支持,使得本书最终获得宝贵的出版机会。在此,向院领导和各位专家老师致以衷心的感谢!

特别感谢我的父母。自 2001 年离乡赴兰州求学,于今已 15年。每年只得放假时短暂回家,初时并不觉离别之苦。随着年龄渐长,特别是为人父母后才真切感受到父母养育的含辛茹苦。如今已定业安居,父母能陪在身旁是最大的幸福。还有我的妻子,从兰州到北京再到天津,相濡以沫,不离不弃。每念及此,感叹不已。而今女儿已两岁多,愿多年以后,她会翻起这本书,读到爸爸的这些故事。

张永路

2016 年 5 月 8 日

后
记